教也爱育和成长智慧

吴伟 著

文心出版社
·郑州·

图书在版编目(CIP)数据

敬业爱岗和成长智慧/吴伟著. —郑州：文心出版社，
2022.12
　ISBN 978-7-5510-2538-6

　Ⅰ.①敬… Ⅱ.①吴… Ⅲ.①师德—研究 Ⅳ.①G451.6

中国版本图书馆CIP数据核字(2021)第266217号

出　　版	文心出版社
	(地址:郑州市郑东新区祥盛街27号　邮政编码:450016)
发　　行	新华书店
印　　刷	河南日报报业集团大河印刷有限公司
版　　次	2022年12月第1版
印　　次	2022年12月第1次印刷
开　　本	787毫米×1092毫米　1/16
印　　张	19
字　　数	300千字
书　　号	ISBN 978-7-5510-2538-6
定　　价	98.00元

如发现印装质量问题　请与印刷厂联系　电话:0371-65954125

教书
读书
著书

吴传伟先生嘱

冰心

解决实际问题的才能来自实践。实践需要知识，但知识不是智能。知识、实践转化为智能端赖思考。帮助学生尽早体会实践、思考、知识三者结合的重要性，在教学过程中必须贯彻始终，它是教师的中心任务之一。

书赠吴伟同志

一九九〇年·国庆节 吴晗平

有志者，事竟成

赠吴伟同志

王选
2003.5.30

吴伟 同志

学无止境

庚辰岁尾
王文元

为科教兴国、科研兴教
而奋斗

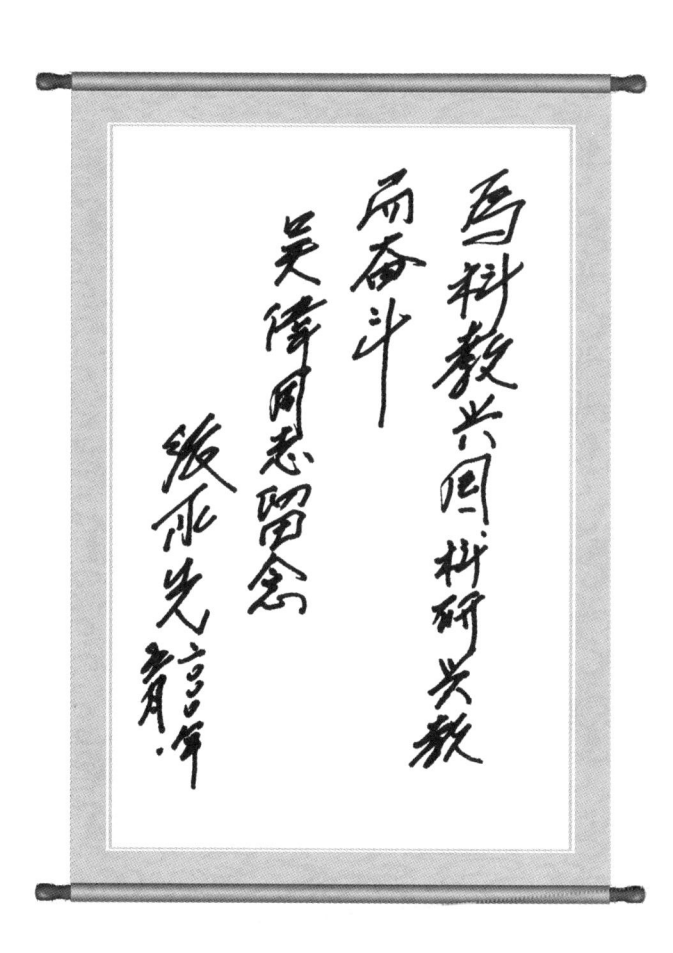

吴阶同志留念

张承先 二〇〇〇年八月

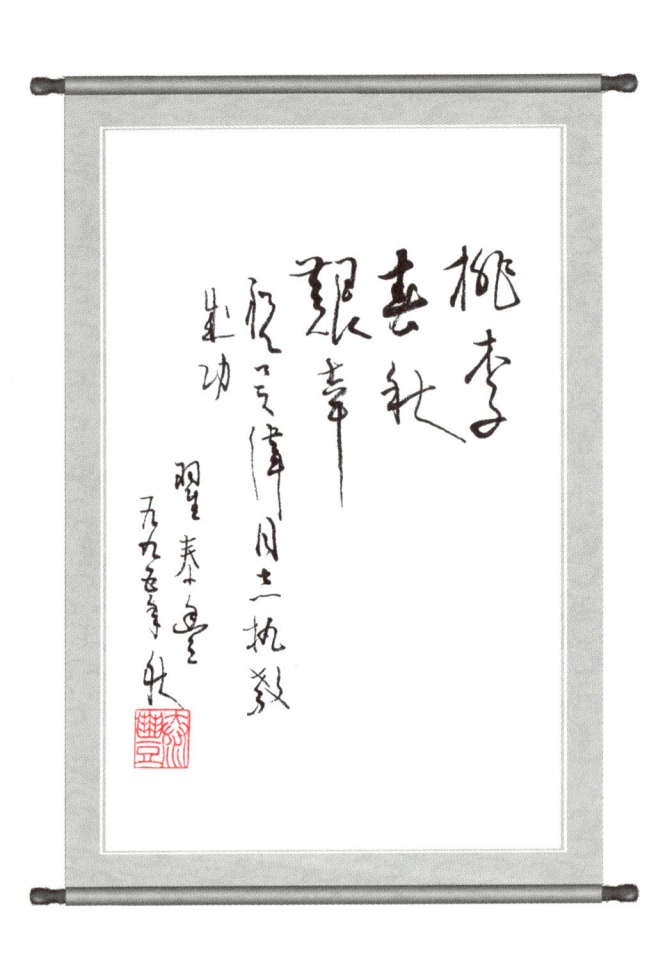

桃李春秋
跟隨
恩師受津月十一執教
紀功

習奉書
五九五六
[印]

学而不厌 教而不倦

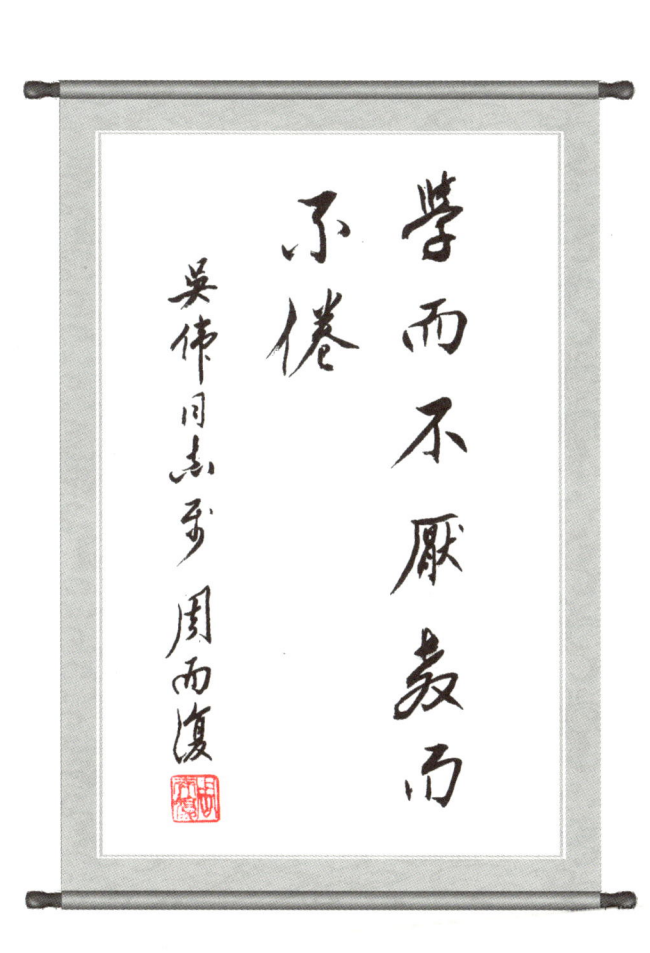

吴伟同志 周西渡

教师是知识的传播者，智慧的启迪者，情操的陶冶者，心灵的塑造者。

教师的工作是平凡而伟大的。他没有轰轰烈烈的事业，但用自己的汗水像春风细雨似的浇灌着学生的心田。 为青年教师

吴伟(同志题)

张凤遗
一九九七年九月十之日

业精于勤

吴伟先生 雅正

庚辰年春月

刘济民书

爱岗是敬业的基石
敬业是爱岗的升华
《敬业爱岗和成长智慧》出版
书此致贺
钱梦龙
二〇二〇年七月十日

目 录

序 ………………………………………………………………………… 1

前言 ………………………………………………………………………… 1

第一章　认真工作是真正的智慧，人贵在自我约束 ……………… 1

第一节　五平生活最幸福 ……………………………………… 1

一、水滴石穿是重复的力量，坚持的力量 ………………… 1

二、远离负能量，让心更明朗 ……………………………… 3

三、做平凡人，过好平常的日子 …………………………… 3

第二节　认真工作才是真正的智慧 …………………………… 7

一、认真工作是你的天职 …………………………………… 7

二、我的单位观 ……………………………………………… 8

第三节　自律是人生的最高境界 ……………………………… 21

一、美好的人生从自律来 …………………………………… 22

二、自律也是一种生活态度和方式 ………………………… 23

三、自律是人生成功的法宝 ………………………………… 23

四、顶级的自律 ……………………………………………… 27

第四节　做人十句话 …………………………………………… 32

第二章　对工作心怀感激，感激他人，成就自己 ………………… 34

第一节　让自己成为勤勤恳恳、努力向上的人 ……………… 34

第二节　珍惜工作缘分，发展弟兄友谊 ……………………… 40

一、和优秀的人在一起真的很重要 ………………………… 40

1

二、人静时,躺下来仔细想想自己 ……………………………………… 43

第三节　学习 ………………………………………………………………… 48

　　一、为什么学习 …………………………………………………………… 48

　　二、怎样学习 ……………………………………………………………… 51

第四节　遇到好老师是学生的第一幸福 …………………………………… 55

　　一、修炼好自己 …………………………………………………………… 55

　　二、带着欣赏的眼光看人,带着包容的心做事,带着感恩的心看世界
　　　　……………………………………………………………………………… 56

　　三、人不仅要活得像钻石一样闪亮,还要活得像钻石一样坚强 ……… 56

　　四、良心和人品 …………………………………………………………… 57

第三章　心中长存职业责任感,让学校成为有情相守的地方 …… 58

第一节　最好的工作方式:用领导的标准要求自己 ……………………… 58

　　一、想成为什么人,就要以那个人的标准来要求自己,这是最简单的方
　　　　式,也是最正确的路径 ……………………………………………… 58

　　二、人生最重要的,是持续向前 ………………………………………… 59

第二节　责任和责任感 ……………………………………………………… 61

　　一、有了责任和责任感,就有了事业 …………………………………… 61

　　二、教育最缺乏的是自由 ………………………………………………… 62

　　三、贬低式教育,是喂给孩子最毒的药 ………………………………… 63

　　四、教训和教育 …………………………………………………………… 65

　　五、职业责任感的精神力量 ……………………………………………… 66

第三节　责任感让我们找到自己有情相守的地方 ………………………… 67

　　一、人贵在有魂魄 ………………………………………………………… 67

　　二、自己的第二个自然家 ………………………………………………… 68

第四节　科学管理自己的情绪,学会控制自己的脾气 …………………… 70

　　一、福气就是书 …………………………………………………………… 70

　　二、控制情绪,掌控快乐 ………………………………………………… 70

三、情绪稳定,才是一个人最好的养生 ………………………………… 72

四、控制情绪的方法 ……………………………………………………… 72

五、我们应该如何减轻负面情绪 ………………………………………… 73

六、我们如何培养自己的积极情绪 ……………………………………… 74

七、以平常心对待无常事,安然过完这漫漫一生 ……………………… 77

八、科学管理情绪,切实提高情绪质量 ………………………………… 79

第四章 点燃你的工作热情,做一位幸福教师,感染你的每一位学生 …… 81

第一节 点燃你的工作热情 …………………………………………… 81

第二节 做一个幸福的教师 …………………………………………… 83

一、心宽,心中有梦 ……………………………………………………… 83

二、心正,心中有情 ……………………………………………………… 85

三、心静,心中有书 ……………………………………………………… 85

四、心怡,心中有事 ……………………………………………………… 87

五、心安,工作有心 ……………………………………………………… 87

六、心诚,生活有"色" …………………………………………………… 88

第三节 以自己的热情点燃学生的热情 ……………………………… 90

第四节 以自己的幸福去感染学生 …………………………………… 91

一、幸福是什么 …………………………………………………………… 91

二、幸福在哪里 …………………………………………………………… 92

三、怎样才能让自己更有福气 …………………………………………… 94

四、让自己更有福气的心态 ……………………………………………… 94

五、要拥有淡定从容的精神面貌 ………………………………………… 100

六、有些人为什么会觉得"心苦" ………………………………………… 101

七、如何成为一名幸福的教师 …………………………………………… 102

八、幸福和快乐的区别 …………………………………………………… 105

九、让自己变幸福的20件小事 ………………………………………… 105

十、厚道之人,必有厚福 ………………………………………………… 109

第五章　做一名阳光教师,塑造阳光心态,缔造阳光生活,走向阳光未来 …… 114

第一节　阳光心态的主要内涵 …… 114
一、善良 …… 114
二、不能改变环境就适应环境 …… 116
三、不能改变别人就改变自己 …… 117
四、不能改变事情就改变对事情的态度 …… 118

第二节　一个人要拥有阳光心态 …… 120
一、心态好的人,都有几点相似的人生智慧 …… 120
二、只要内心有阳光,到哪里都是风景 …… 121

第三节　心态非常重要 …… 123
一、心态好,运气就好 …… 123
二、拥有好心态,才能拥有好人生 …… 124
三、好的心态,能激发人生最大的潜能,是最大的财富 …… 125

第四节　做阳光教师的途径 …… 126
一、保持一种正确的平和心态 …… 126
二、改善人际关系,有一颗宽容的心 …… 127
三、善于发现快乐,提高快乐的能力 …… 128

第五节　塑造阳光心态的七种方法 …… 130
一、改变态度 …… 130
二、享受过程 …… 130
三、活在当下 …… 131
四、情感独立 …… 133
五、学会感恩 …… 134
六、懂得转弯 …… 136
七、找准方向再前进 …… 139

第六节　以阳光心态享受生活,快乐工作,服务学生 …… 141

一、让学生感觉自己很重要　141
　　二、尊重学生,鼓励学生保持个性　141
　　三、简化管理,为学生松绑,让学生快乐学习　142

第六章　敬业是爱岗的升华　爱岗是敬业的基石　144
第一节　敬业,站在结局的角度看待开始　144
　　一、以平常心看世界,守护松静匀乐的心田　144
　　二、一个人最大的成熟,是接受三种平凡　145
　　三、以欢喜心过生活,凝聚奋斗不息的精神　147

第二节　爱岗,站在整体的角度看待局部　151
　　一、读书使人充实　151
　　二、书缘之路　152
　　三、初识贵人　153

第三节　成长,站在历史的高度看待现在　155
　　一、树奉献精神,求一流水平,创一流业绩　155
　　二、教研之路　157
　　三、创新起点　159

第四节　智慧,站在生命的高度看待生活　160
　　一、人品是最高学历　160
　　二、人品好,运气才好　160
　　三、努力是生活态度　162
　　四、道德长跑持之以恒是形成良好家风的基础　163
　　五、创建良好的家规、家训、家风　165
　　六、南钱北魏中吴金桥喜架中原　168

第七章　成长是智慧的自豪　智慧是成长的源泉　170
第一节　成长,仁者乐山山如画,智者乐水水无涯　170
　　一、要坚定选择好的方向　170
　　二、提高自己的"屏蔽力"　170

三、让教学研究成为一种幸福的生活体验 …………………… 171

　　四、三尺讲台深钻研 …………………………………………… 173

　　五、课堂改革出成效 …………………………………………… 174

　　六、技能增值 …………………………………………………… 175

第二节　智慧,急中生智,静能生慧 …………………………………… 177

　　一、心的宽度就是人生的高度 ………………………………… 177

　　二、聪明的人得失心重,智慧的人则勇于舍得 ……………… 187

　　三、智慧增值 …………………………………………………… 188

第三节　培根铸魂,启智增慧 …………………………………………… 189

　　一、以加法快乐 ………………………………………………… 189

　　二、用减法生活 ………………………………………………… 190

　　三、以乘法感恩 ………………………………………………… 190

　　四、用除法放下 ………………………………………………… 191

第四节　格局决定人生上限 …………………………………………… 192

　　一、眼界 ………………………………………………………… 192

　　二、气度 ………………………………………………………… 193

　　三、面对得失的态度 …………………………………………… 193

　　四、遇事最有格局的处理方式 ………………………………… 194

　　五、格局决定命运,什么决定格局 …………………………… 195

　　六、有一种格局,叫"沉得住气" ……………………………… 198

第五节　做内心强大的人 ……………………………………………… 200

　　一、为什么做内心强大的人 …………………………………… 200

　　二、怎样做内心强大的人 ……………………………………… 202

　　三、怎样才能内心强大 ………………………………………… 202

　　四、选择什么样的习惯,就会拥有什么样的人生 …………… 204

　　五、内心强大的人应具有的习惯 ……………………………… 208

　　六、一种年龄,一种心境,一种领悟 …………………………… 211

七、换个角度思考,就会有意想不到的结果⋯⋯⋯⋯⋯⋯⋯⋯⋯212

　　八、闲人愁多,懒人病多,忙人快活⋯⋯⋯⋯⋯⋯⋯⋯⋯⋯⋯213

　　九、世上最好的养生是忙⋯⋯⋯⋯⋯⋯⋯⋯⋯⋯⋯⋯⋯⋯⋯215

　第六节　风雨中锻炼,阳光下成长　217

　　一、自省者进⋯⋯⋯⋯⋯⋯⋯⋯⋯⋯⋯⋯⋯⋯⋯⋯⋯⋯⋯217

　　二、成长标志⋯⋯⋯⋯⋯⋯⋯⋯⋯⋯⋯⋯⋯⋯⋯⋯⋯⋯⋯223

　　三、古代经典成长诗⋯⋯⋯⋯⋯⋯⋯⋯⋯⋯⋯⋯⋯⋯⋯⋯224

　　四、愿人生如水般坦然⋯⋯⋯⋯⋯⋯⋯⋯⋯⋯⋯⋯⋯⋯⋯226

　　五、愿时光许你岁月无忧⋯⋯⋯⋯⋯⋯⋯⋯⋯⋯⋯⋯⋯⋯227

　　六、走在岁月中,活在珍惜里⋯⋯⋯⋯⋯⋯⋯⋯⋯⋯⋯⋯⋯228

　　七、善念,是一个人最高贵的体面⋯⋯⋯⋯⋯⋯⋯⋯⋯⋯⋯228

　　八、时间是一剂良药,它会沉淀最美的感情,也会带走留不住的虚情⋯⋯230

第八章　操千曲而后晓声,观千剑而后识器　232

　第一节　身体力行时应明白的道理⋯⋯⋯⋯⋯⋯⋯⋯⋯⋯⋯⋯232

　　一、习劳则神钦⋯⋯⋯⋯⋯⋯⋯⋯⋯⋯⋯⋯⋯⋯⋯⋯⋯⋯232

　　二、开心过好每一天,便是最大的安暖⋯⋯⋯⋯⋯⋯⋯⋯⋯233

　　三、守好四个字,修好一颗心⋯⋯⋯⋯⋯⋯⋯⋯⋯⋯⋯⋯⋯233

　　四、修好自己的心,每天都是好日子⋯⋯⋯⋯⋯⋯⋯⋯⋯⋯236

　　五、修心,只为做最好的自己⋯⋯⋯⋯⋯⋯⋯⋯⋯⋯⋯⋯⋯238

　　六、修行是走一条路,一条通往我们内心最深远处的路⋯⋯⋯242

　　七、忠言要接受,在接受中理解,在理解中成长⋯⋯⋯⋯⋯⋯244

　　八、沉淀自己,取舍人生⋯⋯⋯⋯⋯⋯⋯⋯⋯⋯⋯⋯⋯⋯⋯244

　　九、近水知鱼性,近山知鸟音⋯⋯⋯⋯⋯⋯⋯⋯⋯⋯⋯⋯⋯245

　　十、耐得千事烦,收得一心清⋯⋯⋯⋯⋯⋯⋯⋯⋯⋯⋯⋯⋯246

　　十一、心清,心定,心安⋯⋯⋯⋯⋯⋯⋯⋯⋯⋯⋯⋯⋯⋯⋯247

　第二节　命运就是路和车　249

　　一、命运⋯⋯⋯⋯⋯⋯⋯⋯⋯⋯⋯⋯⋯⋯⋯⋯⋯⋯⋯⋯⋯249

二、三类人不同的命运 ………………………………………… 249

三、把握命运，必须解决好四大关系 ………………………… 252

四、知命，不怨天；知己，不怨人 …………………………… 254

五、认命修运，把握人生 ……………………………………… 254

第九章　沐浴关怀，登山则情满于山，观海则意溢于海 …… 258

第一节　情深如海，山高水长 …………………………………… 258

第二节　心中长存感激，学会感恩 ……………………………… 260

一、感恩生命里遇见的每个人 ………………………………… 260

二、常怀感恩之心，世界如此美好 …………………………… 262

三、心中常存感激，学会感恩，心路才能越走越宽 ………… 263

第三节　不管走多远，勿忘初心 ………………………………… 265

后　　记 ……………………………………………………………… 267

序

柳娥

敬业是爱岗的升华,爱岗是敬业的基石。

一个学校想要发展壮大,最需要的是什么?

这个问题摆在不同的人面前可能会有不同的答案,但其中有一个答案是避不开的,那就是"优秀教师"。有什么样的校长就有什么样的学校,有什么样的教师就有什么样的学生。

没错,优秀教师是教育最需要的原动力,没有优秀教师,学校有再多的资金、再好的管理也都无济于事。

敬业爱岗是优秀教师与生俱来的职业道德。

何谓敬业爱岗?我们可以将它划为两个部分。"敬业"更多地指向责任,"敬"可以是敬畏,也可以是恭敬,指一个人对自己的事业十分恭敬,一丝不苟,担起自己该负的责任。"爱岗"指的是一个人热爱自己的岗位,热爱自己所从事的工作。一个热爱工作的人一定是一个斗志十足的人,他所能付出的努力也一定最多。

也就是说,敬畏工作、热爱工作是一名教师成为优秀者的必备条件。我们想要实现自己的价值,需要发奋努力,成为一名优秀教师。因此,我们必须有敬业爱岗的职业道德。

为什么我们需要让敬业爱岗成为一种习惯?因为敬业爱岗不是嘴皮子上的文字功夫,而是一种细节上的缩影。一个工作上得过且过的人,对待工作也一定不认真。与之相反,一个敬业爱岗的教师,其身上一定闪耀着许多细节光芒:对待工作他会用上百分之百的热忱,从来不会推诿,只要学校需要,岗位职责需要,他一定会义不容辞地去做!

可别小看了这些细节,一个优秀教师正是在无数个这样的细节中成长起来的。每一份坚持,都是成功的累积,只要相信自己,总会遇到惊喜;每一种生活,都有各自的轨迹,记得肯定自己,不要轻言放弃;每一天,都是希望的开始,记得鼓励自己,展现自信的魅力。这世上,没有谁比谁更幸运,只有谁比谁更坚持、更执着、更努力。

敬业爱岗与其说是一种工作心态,倒不如说是一种工作方法。我们只有通过这种方法,才能够让自己在一个岗位上创造出最大的价值,而我们自身当然也能从中收获更多的职业幸福。而方法越用越熟,越用越顺,天长日久,敬业爱岗才能够成为一种习惯。

因此,我们每个人都需要从细节入手,做好工作中的点点滴滴,不让自己有丝毫的懈怠,敬畏自己身上的责任,热爱自己的工作。当这种心态成为习惯以后,自然而然地,我们就能够做到最好,成为学校最需要的那一类优秀教师。在工作中,只有那些找到了自己最热爱的职业的人,能够真正掌握自己的命运。

有一盏指路明灯,就是智慧之灯。只要我们认真地工作,忠于职守、尽职尽责,以敬业爱岗的态度来对待自己的工作,去履行一个教师的义务和责任,我们的工作必然会有所成就。

教师成长是一个锲而不舍的探索过程,需要正确的途径。教师成长是一个负重前行的修炼过程,需要有力的支点。只有用思想行走,才会越走越高。"读书,读书,再读书,教师的教育素养正取决于此。"有理想、有追求的教师,应该为了好课堂而不断塑造自己,教师的蜕变,必定经历教学的模仿、独立再到创新的过程,教师要想真正实现自我生命的成长,还需靠近"高人",寻找成长的"支点和途径"。

本书作者吴伟老师是河南省教育学会语文教育专业委员会主任委员,还兼任河南网、河南语文网主编,河南省松静匀乐教育科技中心主任,他自己就是一本"敬业爱岗和成长智慧"感人的书,见字如面,现身说法。他本人敬业爱岗、奋发图强,出版了40多本书,踏遍大江南北、长城内外,生动地讲述了他的敬业爱岗和成长智慧的故事。2016年以来,他走出国门,先后应邀到马来西亚、新加坡等国讲学。从参加工作第一天起,他就坚持写日记,每天都写。他说,教育管理孩子的办法很多,但写日记是第一好办法,能让孩子种好自己的心田,达到丰产丰收。吴伟把自己的经历和感悟呈现给大家,推心置腹。他从教职员工的角度出发,将敬业爱岗精神的内涵全面细致地展现给读者,如老朋友促膝交谈,让人如沐春风。书中选取了其本人贴近生活的工作事例,对敬业爱岗的内涵进行了多方面的解读,引导每一位教职员工在自己的工作中真正做到敬业爱岗,找到成长智慧,力图让每一位教育工作者都能够成为一名敬业爱岗者,成为教育发展需要的优秀者。

敬业爱岗是您成为优秀教师必备的品质,成长智慧需要向困难挑战;敬业爱岗是您事业成功的第一步,成长智慧需要用心工作;敬业爱岗是让您更加优秀的最佳路径,成长智慧需要挖掘您对工作的热情;敬业爱岗在岗位上成就您的辉煌,成长智慧需要在工作中发现乐趣;敬业爱岗能让平庸变为卓越,成长智慧需要您的专注和坚持;敬业爱岗能让您更加主动工作,成就不平凡的自己,成长智慧需要您每天充满激情;敬业爱岗能让您不停地超越自己,成长智慧让您找到一个更美好的自己!

前　言

"千里之行,始于足下。"只有那些不怕困难、坚定前行、脚步稳健、踏踏实实的人,"踏平坎坷成大道,斗罢艰险又出发"的人,真正敬业爱岗的人,才能"敢问路在何方"！导航再好,给的是方向,代替不了车;导师再好,给的是引领,代替不了你自己;平台再好,给的是机会,你不好好利用,也是白白浪费。脚下的路,没人替你决定方向;心中的梦,没人替你圆满实现。风吹雨打知生活,苦尽甘来懂人生。其实,人生就是一种感受,一种历练,一次懂得。没有等来的辉煌,只有拼来的精彩。

敬业爱岗

敬业爱岗是我们总结自己先进事迹时使用频率较高的一个词。什么是敬业？什么是爱岗？

"敬"是一个会意兼形声字,从苟(jì)从攴(pū)。以攴促言行真善美,苟,慎言也。

左半边"苟"字,许慎《说文解字》认为,"苟"字为"自我告诫、自我反省"之义(也有人认为"苟"是"敬"字的初文)。

右半边为"攵",即反文旁,由"攴"字演化而来,是用棍子或鞭子敲打的意思。

很多人以为"敬"字的左半边是"苟"字,但其实苟、苟两字的读音、字义均不相同,苟字的上半部分也并非草字头(艹),而是古代儿童将头发束成两角的样子的"芇"。

因中国推行汉字改革,故"敬"字左半边的"苟"字被改成"苟"字,笔画数也从原本的9画变成8画。

敬就是敬畏。万事万物都有自己的灵性,比如:一杯白开水,你要是高高兴兴地喝下去,水分子结构就不会发生变化;如果你面对一杯水很生气,水分子的结构会发生变化。我们有了敬畏之心,就会把事情做好。我去孔府,看到一个香炉,讲解员说,孔子上课之前要先烧一炷香,然后才开讲。如果我们老师上课也有这样的虔诚之心,就不会出现课堂不精彩的情况。我们上课能否提前几分钟在教室门口等学生进班再上课呢?

人在坦途时,一定要心存敬畏,切不可忘乎所以,因为一辈子不可能都在坦途;人处窘境时,一定要心存梦想,切不可万念俱灰,因为风雨过后一定会有彩虹。努力争取所能达到的,放弃力不从心的,珍惜当下拥有的,看惯不合心意的。学会用佛家的修为(成则我幸,不幸我命)、儒家的行动(积极入世,努力争取)、道家的心态(道法自然,尊重规律),对待身边的人和事,方为智慧选择。

曾国藩在给儿子的遗训中说,主敬则身强。

当无事时,敬以自持;而有事时,即敬之以应事物。一个人如果能做到"敬以存心",身心都会湛然澄澈。而心如果不敬,就像一个家没有了主人,各种混乱就会随之而来。敬就是谨慎的状态,敬就是不懈怠的状态。人只有保持这种状态,才能不断进取,似有天助。

一般认为,爱是指人类主动给予的或自觉期待的满足感和幸福感。爱是人的精神所投射的正能量。爱的基础是尊重。爱的本质是无条件地给予,而非索取和得到。爱是认同、喜欢的高度升华,不同层次的爱对应着不同层次的感受或结果。

"爱"包含多个层面,如爱情、母爱、父爱、友情、亲情、博爱以及人对所有事物的爱。在艺术、哲学、美学等科学文化领域,爱是一个普遍的主题,也是一个永恒的主题。

爱是一种感觉,是一种信任,是关心,是帮助。

我去年游览黄山时,碰到一位中年男人,他背着背包,累得大汗淋漓,他边走边喊着天热、太累。正巧迎面跑来一位小姑娘,十五六岁,背着一个七八岁的小男孩,也是大汗淋漓。中年男人就问:"小姑娘,你累吗?"她看看他笑着说:"我不累。""那为什么我感到这么累呢?"小姑娘回答说:"因为你背的是包袱,我背的是我的弟弟。"这就是爱。有了爱才有快乐。

成长智慧

成长就如种子发芽,需要积蓄足够多的力量,才能冲破土壤。破土前在黑暗里的煎熬,都是为了阳光下的新生。

何谓成长?成长一般指长大、长成成人,泛指事物走向成熟、摆脱稚嫩的过程。简而言之,成长是向一个方向靠近,是自身不断变得成熟稳重的一个变化过程。

梅花香自苦寒,美景常在险峰。经受住风霜雨雪,遇大事才能举重若轻;征服过悬崖绝壁,有困难自然履险如夷。拥抱挑战,就是拥抱成长。

总有人抱怨自己的起点低,但实际上,重要的不是起点在哪里,而是你能否设置合理的目标,能否走好出发后的每一步。每个人身上都有潜在的能量,你能达到什么样的高度,决定权在你自己手里。

人生不过是一道"一加一等于一"的数学题,一份梦想加一次努力等于一次收获,一个朋友加一次关心等于一份快乐,一次教训加一次经历等于一次成长。真正点亮生命的,不是明天的景色,而是美好的希望。

一只站在树上的鸟儿,从来不会害怕树枝断裂,因为它相信的不是树枝,而是自己的翅膀。很多时候,我们与其羡慕别人顺风顺水,抱怨自己遭遇险恶,不如在成长的路上不断努力。只有自己强大起来,才能获得最大的安全感。

把时间用来抱怨,成就了怨妇;把时间放在养生上,成就了健康;把时间用来挑剔,成就了刻薄;把时间用来学习,成就了智慧……时间是公平的,每个人都一样,只是我们的使用和选择不同。心在哪儿,时间在哪儿,行动在哪儿,成就一定在哪儿。感恩自己的选择,选择学习,选择成长!

伴随着自己强大,你对环境的影响会越来越大,你就是别人的环境,你就是别人眼中的世界,改变自己就等于改变了一个世界。

一个人真正的强大,不是忘记,而是接纳。人之所以会烦恼,是因为遇到事情的时候,大多只看到别人的不足,怨天尤人,徒增抱怨,却从不去思考是自己看不破,想不通,看不透。不懂得自我反省的人注定很难得到完善与成长。生活有苦乐,人生有起落,学会挥袖从容,暖笑无殇。人生苦短,没必要和生活过于计较。少一点计较,才能感受生活带来的乐趣。不论别人如何待你,你都要珍视自己,保持善良。对得起自己心中的那一份骄傲,在自己的世界里独善其身,在别人的世界里顺其自然。

坚信自己的选择,不动摇,使劲跑,明天会更好。

智慧就是文化进程中独创的执行力。学会了吃亏,就是智慧的人。

人是否有智慧,取决于其脑神经细胞的组织结构合理与否、思维方式(精神场的波动属性)优良与否和由精神场引导的行为结果功耗比大小。人的智慧是内精神场与外精神场相互作用内精神场优良性波浪式上升的结果。在外精神场以及时空的共同作用下,人智慧的高低可以改变。

极端的命运是对智慧的真正检验,谁最能经得起这种考验,谁就是大智大慧。真正的成熟应该具有生长能力,因而在本质上始终是包含着童心的。一个人在精神上足够成熟,能够正视和承受人生的苦难,同时心灵依然单纯,对世界仍然怀着儿童般的兴致,他就是一个智慧的人。人的智慧就是快乐的源泉。

什么是事物发展的规律?比如,春天树木慢慢地穿上"衣服",人们一件一件地脱下来;秋天,树木一点一点地脱下来,人们一件一件地穿上。

再如,谷子成熟了,就低下了头,向日葵成熟了,也低下了头。昂头是为了吸收正面的能量,低头是为了避让危险的冲撞。植物如此,倘若不低头,就不会成熟,风会将之吹折,雨会将之腐朽,只有空空如也的秕子,才会昂着头招摇。人也如此,至刚易折,至柔则无损。上善若水,是最好的选择,便利万物,而又能高能低,能屈能伸,方能顺利长远。

人一生必须要学会读两本书:有字之书和无字之书。

对于正在成长中的小孩子来说,读"无字之书"和读"有字之书"同等重要,因为,世上本没有书,有的人"无字之书"读得多了,善于提炼总结,也便成了"有字之书",归根结底,"有字之书"来自"无字之书"。

成熟,不是由单纯到复杂的世故,而是由复杂回归简单的超然。觉悟,不是对所有世事的无所谓,而是对无能为力之事的坦然接受。成功,不是追求别人眼中的最好,而是把自己能做的事情做得最好。

人知之明是敬业

有格局了就更敬业,没格局谈不上敬业,人知之明。那么,格局对于我们敬业有哪些启发呢?

格局大了,生活就顺了。

人生如棋,把握棋局才有胜算。

分享一个故事。有一次,苏东坡和佛印在金山寺坐禅,想起平日里和佛印较量多是自己丢脸面,苏东坡心里很不服气,便心生一计,问正在参禅的佛印:"你看看我像什么?"佛印没有回答,睁眼反问苏东坡:"你看我像什么?"苏东坡故意上下瞧了瞧佛印,说道:"禅师,我看你这样坐着就像一坨屎。"听到苏东坡的回答,佛印不仅没有生气,还微微一笑,说:"我看你就像一尊佛。"听到这个答案,苏东坡虽然有些纳闷,但还是很高兴,以为自己终于赢了这一回。回家后,他把和佛印的对话转述给苏小妹。苏小妹冰雪聪明,很快就听出端倪。"哥哥,我看今天输的还是你。禅师因为心中有佛,才看你像佛;你心中污秽,所以才看禅师像屎。"苏东坡听了恍然大悟,沉思良久。

当然,这只是民间流传的一则趣闻,无从考证真假。但故事中的寓意无疑是很值得我们借鉴的。人无完人,每个人都有优缺点。如果你总是眼带挑剔,那看到的必然都是大体上还能使人满意之处。

我们常说的格局,其实说的是一个人为人处世的眼光、见识、气度与胸怀。

格局,于范仲淹而言,是"先天下之忧而忧,后天下之乐而乐";对李白来说,是"天生我材必有用,千金散尽还复来"。格局,在洪应明眼里,是"宠辱不惊,闲看庭前花开花落;去留无意,漫随天外云卷云舒";在吴承恩笔下,是"遇方便时行方便,得饶人处且饶人"。格局,是曾国藩遵循的"势不可使尽,福不可享尽,便宜不可占尽,聪明不可用尽",也是周恩来总理的"为中华之崛起而读书"。

"合抱之木,生于毫末;九层之台,起于累土。"一个人的格局里,藏着他读过的书、走过的路、见过的人。一个人的格局,决定他的结局。想知道一个人的结局,就要看他有多大格局,这就是人们常说的格局见结局。

有一个耳熟能详的小故事。三个工人在工地砌墙,有人问他们在干吗,第一个人没好气地说:"砌墙,你没看到吗?"第二个人笑笑说:"我们在盖一幢高楼。"第三个人笑容满面地说:"我们正在建一座新城市。"

10年后,第一个人仍在砌墙,第二个人成了工程师,而第三个人,是前两个人的老板。

放大格局最好的方法,就是多读书、长见识,在自己纠结、计较的时候多一份自警、自醒。

遇事往高处站、远处看,人生就没有迈不过的坎儿,没有过不去的火焰山。

格局越大,道路越宽。

人生之路,当以良好的气度、见识与涵养,面对他人,成就自我。

拥有怎样的格局,就拥有怎样的命运。

愿我们都心怀远大,胸有乾坤。

知人之明是爱岗

知人之明是一种智慧,是一种较高的素养。一个人有自知之明并不难,实事求是就可以了;而一个人有知人之明却很难,即便像诸葛亮那样的智者,也曾经因为失于知人而"挥泪斩马谡"。

有知人之明的人能透过现象看本质。道貌岸然,貌似高贵者,未必真高贵;谨小慎微,貌似卑贱者,未必真卑贱。

有知人之明的人往往从小处、细节来观察、了解别人。

曾国藩带兵与太平军打仗,占领安庆的时候,有一个家乡的亲戚来投奔。一次在吃饭的时候,曾国藩发现他把带壳的谷粒直接挑出来扔掉。从这件小事曾国藩看出这个人吃不得苦,不堪造就,于是早早把他打发回家了。

知人,也要看他关键时刻的表现。一个人的品德操守如何,在平时不一定能看清楚,一旦面临生死考验、利害冲突,就会暴露无遗。

樊迟问仁,子曰:"爱人。"问知,子曰:"知人。"

知人是一门高深的学问,苏轼曾说:"欲立非常之功者,必有知人之明。"在日常生活中,有知人之明有助于我们在茫茫人海中找到心灵相契的朋友。

知人之明是一种成熟,是经验的积累。有知人之明的人不会仅凭别人的一面之词、自己的一面之缘就对他人下判断。

诸葛亮写过一篇文章《知人性》,文中提出"知人七法"。

诸葛亮一生识人的最大收获恐怕就是刘备。刘备生性良善,"郡民刘平素轻先主,耻为之下,使客刺之。客不忍刺,语之而去。其得人心如此"。

为请诸葛亮出山,刘备不惜三顾茅庐,一再邀请。

诸葛亮在《出师表》中说:"先帝不以臣卑鄙,猥自枉屈,三顾臣于草庐之中,咨臣以当世之事,由是感激,遂许先帝以驱驰。"

正是看到了刘备的这份良善,诸葛亮才甘为其驱使。

人生就是一条长长的道路,也许途中你会遇到暂时的黑暗,记得带上知人之明这盏明灯,热爱自己的工作岗位,热爱本职工作。

自知之明是成长

自己活得好看,别人才能把你当成风景。当我们心里抗拒某一事或物,却又拒绝不了时,烦恼生。既然改变不了结果,只能学会转念——站在更高、更长远的维度来看待当下的问题,那么,问题则会变成人生的转机或成长契机。人生转山转水,我们都无畏前行,活成自己的一束光,照亮生命旅程,蓦然回首,我们何尝不是别人眼中的风景?

人来到这个世界上,总会遇到不如意,你羡慕我的车我羡慕你的房,到最后才发现,自己才是自己世界的主角。

丰子恺在《豁然开朗》中写道:"你若爱,生活哪里都可爱。你若恨,生活哪里都可恨。你若感恩,处处可感恩。你若成长,事事可成长。"

人的想法不一样,选择的人生也不相同。有的人喜欢活得真实,脚踏实地;有的人喜欢活得浪漫,虚无缥缈;有的人喜欢张扬;有的人却就爱低调;有的人外表光鲜亮丽,转身却是一地鸡毛;有的人外表平庸,却有足够的内在。人生就是这样,无须比较,从心而活,你吟诗作画,我柴米油盐,生活的千般滋味,须自己来品尝。

成长路上,有人走得快,有人走得慢,有人显山露水,有人默默前行。无论以何种姿态前行,都必须坚信:华丽的跌倒,胜过无谓的徘徊!生命于我们只有一次,选择怎样活,是每个人自己的权利,但请记住,生命的最高境界是为自己而活,人生的美好是自己给予自己的。人生不如意事十之八九,有人说,生活实苦,有太多的无奈;有人说,活着很快乐,总有美好在不经意间出现。不悲不喜,心态好,辛苦也会咀嚼出甘甜。

每个人都有长处与短处,做人要有自知之明,认清自己,摆正自己的位置,才能成功。

老子说:"知人者智也,自知者明也。"

做人要有自知之明,不要把自己看得太低,也不要高估自己。

生活中高估自己的人比比皆是,他们认为别人的成功只不过是碰到了好的机遇或是得到了伯乐的赏识。

做人有自知之明,做事才能量力而行。

陈寿在《三国志》中用一句话概括诸葛亮领兵北伐,"然连年动众,未能成功,盖应变将略,非其所长欤"。

北伐失利虽不能归咎于诸葛亮一人,但陈寿认为诸葛亮对此有很大责任。

据《汉晋春秋》记载,诸葛亮也曾说:"大军在祁山、箕谷,皆多于贼,而不能破贼为贼所破者,则此病不在兵少也,在一人耳。"

人各有所长,各有所短。只有争取了解自己,才能扬长避短,才能对自己的人生进行正确定位。

正如韩信对刘邦所言:"陛下不能将兵,而善将将。"

有自知之明是一个人真正走向成熟的标志,缺乏自知之明有时会闹出笑话。

古时候,有一个人字写得很差却自我感觉良好,最喜欢给人题字。

有一天,他遇到一个熟人,见对方手拿一把白纸扇,上面没有一个字,一把抢过来就要题字。

对方脸色煞白,"扑通"一声跪下,不肯起来。他见状笑道:"不就题写几个字嘛,何必行此大礼?"

对方哭丧着脸说:"我不是求你写,是求你千万别写!"

"人贵有自知之明",人之不自知,正如"目不见睫"。

人生如花,人人都想娇艳多姿,芳香四溢,但是并非人人都能成为鲜花。当你不能成为鲜花时,不妨做一片绿叶,一片健康的绿叶;不能成为绿叶时,不妨做一棵小草,一棵快乐的小草;不能成为小草时,不妨做一块泥土,一块厚实的泥土。

有自知之明的人,不会因一句廉价的赞扬而如堕雾里,迷失自己;不会因一句盲目的指责而畏首畏尾,改变航向。

有自知之明的人,从不好高骛远,也不妄自菲薄。宠辱不惊,得失随缘。

成长就是一遍一遍地怀疑自己以前深信不疑的东西,然后推翻上一个阶段的自己,长出新的智慧和性情,带着无数的迷惘与不确定,坚定地走向下一个阶段的自己。

先见之明是智慧

先见之明是能见微知著的智慧,善于通过细节来判断事物的发展趋向,并作出有利于自己的选择。

一叶落知天下秋,世间万物都不是孤立的,都是有联系的,蝴蝶效应处处存在。

人生如棋,走一步算一步是庸者,走一步想三步是常者,走一步想十步方为智者。

有先见之明的人头脑睿智,目光敏锐,洞察世事,明晰事理。凡事看得准,看得清,看得远。常未雨而绸缪,不临渴而掘井。

明朝初年,朱元璋江山刚刚坐定,有一次写了一首诗:"百僚未起朕先起,百僚已睡朕未睡。不如江南富足翁,日高丈五犹拥被。"这首诗的前两句是形容自己勤政为民,后两句意思是自己羡慕江南富豪的生活状态。

这首诗传出去以后,有个富商万二从中听出了弦外之音,感觉灾祸要来了。他把家产托付给奴仆掌管,自己买了条大船,载着妻子儿女离去。

一年以后,朱元璋下令将江南大族的家产全部没收入官,很多富豪被流放充军,万二得以善终。

古人云:"人无远虑,必有近忧。"不论做人还是做事,眼光要长远,要有预见性。聪明人看得懂,精明人看得准,高明人看得远。

没有远见的人只能看到眼前,而有远见的人会看到将来可能存在的机会,并积极做好准备,机会总是留给有准备的人。

人生之路总是布满荆棘,先见之明可以帮助你趋利避害,寻找机会,减少路上的阻碍。

刘备求贤若渴,三顾诸葛亮于草庐之中,二人进行了一番对话,这也就是有名的"隆中对"。

在与刘备的对话中,诸葛亮分析了天下形势,给刘备指出了一条"信义著于四海,总揽英雄,思贤如渴"之路。

隆中对策的故事还衍生出了一个歇后语:诸葛亮隆中对策——有先见之明。

有先见之明的人有格局,有远见,人生需要的是未雨绸缪,不是亡羊补牢。

当我们得到理解的时候,智慧是不会枯竭的;智慧同智慧相碰,就迸溅出灿烂的火花。

俗话说:"智者创造机会,强者把握机会,弱者错失机会,愚者害怕机会。"面对机会不是爱拼才会赢,而是拼对了才会赢!

与其羡慕他人智慧,不如自己勤奋补拙;与其羡慕他人优秀,不如自己奋斗不止;与其羡慕他人坚强,不如自己百炼成钢;与其羡慕他人成功,不如自己厚积薄发。

第一章　认真工作是真正的智慧，人贵在自我约束

第一节　五平生活最幸福

一、水滴石穿是重复的力量,坚持的力量

任何一种职业都是有压力的,只是呈现的方式不一样。我们要以良好的心态来面对自己的职业,用一双慧眼发现她的美丽。

在一次讲座中,我讲到在教学过程中,教师会感受到一种职业美,一种幸福感。有位老师说:"吴伟老师,你说的职业美和幸福感我怎么没有？工作一天天、一年年都是老样子。"我回答:"你说的意思是一周跟一天一个样,一个月跟一周一个样,一年跟一个月一样,十年跟一年一样,没有惊天动地的事,十几年、几十年如一日,在平静、平淡、平常、平凡、平安中度过。你说哪有比平安更宝贵的事？这才是真正的幸福,这才是真正的职业美。平静是情,平淡是真,平常是心,平凡是路,平安是福。"

一眨眼就是一天,一回头就是一年,一转身就是一辈子。人生有太多的来不及,珍惜今天,拥抱明天,感恩一路相伴。

有一次讲座时,我说,大家看看我们在座的各位的着装,再留意一下大场合,几乎颜色没有一模一样的,我们真正实现了丰衣足食。这时,一位老师截住了我的话,说:"吴伟老师,我们只有认真工作才能体会到我们从事的工作很美丽,因为没有什么比经营人的事业更重要。"是啊,我们的事业很美丽,需要我们真正走进她。

"不识庐山真面目,只缘身在此山中。"咱们不妨作为一个旁观者来看看企业里的员工是怎么做的。虽然行业不同,但有些做法是相通的,希望能给大家带来一些感悟。

杰克在一家贸易公司工作了一年,对自己的工作不满意。一次,他气愤地对朋友说:"我的工资是公司里最低的,领导也不把我放在眼里,如果再这

样下去,总有一天我要跟他拍桌子,然后辞职不干。"

"那家贸易公司的业务你都弄清楚了吗?做国际贸易的窍门你完全弄懂了吗?"他的朋友问道。

"没有。"

"大丈夫能屈能伸,我建议你先冷静下来,认认真真地对待工作,等你把贸易技巧、商业文书和公司组织完全搞通,把如何书写合同等具体事务都弄懂了之后,再一走了之,这样做岂不是既出了气,又有许多收获?"

杰克听取了朋友的建议,一改往日的散漫习惯,开始认认真真地工作,甚至下班之后还在办公室研究商业文书的写法。

一年之后,那位朋友偶然又遇到他。

"你现在大概什么都学会了,可以准备拍桌子不干了吧?"

"可是近半年,领导对我刮目相看,最近更是委以重任,又升职、又加薪,现在我已经成为公司的骨干了!"

"这是我早就想到的!"他的朋友笑着说,"当初你的领导不重视你,是因为你工作不认真,又不肯努力学习;后来你痛下苦功,担当的任务多了,能力也增强了,他当然会重用你。"

再远的路,走着走着也就近了;再高的山,爬着爬着也就平了;再难的事,做着做着也就顺了!

每次能量的重复,不是相加,而是相乘;水滴石穿不是水的力量,而是重复的力量,坚持的力量。

要做一个积极勇敢乐观的追梦人,不说消极的话,坚持不懈地向着目标奋进,成功将在不远处等着你!

有句话说:一个人只能有一种人生。只有尽早认准一个领域,几十年如一日地投入进去,才有望在有生之年做出一点成绩,成为一个领域的专家。能量投入得被动、分散,能量投入面过窄,不利于打通,这些都会成为一个人未来发展的障碍。

种一棵树最好的时间是10年前,其次是现在,但愿我们每个人都能确定自己的人生目标。茨威格在《人类群星闪耀时》中说:"一个人生命中最大的幸运,莫过于在他的人生中途,即在他年富力强时发现了自己的使命。"

二、远离负能量,让心更明朗

有人说:"和什么样的人在一起,就会拥有什么样的人生。"我们身处繁华尘世,会遇到形形色色的人,万事都能舒心地做自己,何其不易!

人生匆匆几十载,做人重要的是心态。

许多时候,许多事情,许多人,我们要以乐观的心态积极对待,只有这样,人生才会大放异彩!

我们唯有保持良好的心态,才能坦然地面对所遭遇的一切。

我们不要每天总是郁郁寡欢,怨天尤人,内心被许多负能量的东西缠绕着,忽略了身边美好的风景。

生而为人,就该有颗积极向上的心,远离负能量。

因为负能量就像一味毒药,它可以摧毁你的意志,削减你的热情,令你自暴自弃,让你颓废消沉。

负能量是可恶的,是会快速传染的。如果你身边满是负能量的人,你也将会被传播满载负能量的东西;如果你整天和充满正能量的人在一起,你就会接收到满是正能量的信息。

所以说,人活着不容易,还是做个满身阳光的人吧!

生活中少不了挫折,少不了坎坷,我们唯有摆正心态,多与积极向上的人相处,生活才会充满阳光,才会有新的发现和新的惊喜。

远离负能量,让心更明朗!

三、做平凡人,过好平常的日子

人的一生不可能一帆风顺,如果我们把生活中的起起落落看得太重,那么生活对于我们来说,永远都不会坦然,永远都没有欢笑。

一个人真正的强大,不是忘记,而是接纳。

人之所以快乐,不是因为拥有得足够多,而是因为计较得格外少。人生苦短,没必要和生活过于计较。有一种承担,叫提得起,放得下;有一种负担,叫提得起，放不下。向前走，走过那不属于自己的风景，收获的，不是沧桑而是淡定。

只有拥有一颗平常心，才能感受生活带来的乐趣。少一些攀比，才能正视自己的优点和缺点。不论别人如何待你，你都要珍视自己，保持善良。对得起自己心中的那一份骄傲，在自己的世界里独善其身，在别人的世界里顺其自然。

人这一生，注定经历些不平凡，才能归于平淡。生活没有绝望，只有想不通，人生没有尽头，只有看不透。坚信自己的选择，不动摇，使劲跑，明天会更好。

人活的是一种生命状态。要让自己变得健康、有活力，这是一种生生不息的状态。当我们觉得自己只能这样不能那样的时候就会很累；当我们内在自由，不那么在意别人怎么看的时候，就会感觉自在；当我们清晰地知道自己想要什么，每天只关注自己想要的，就不会被带偏。

人来到世上，就有了一把尺子。尺在心中，量人也量己；尺在身内，量得又量失。人生之尺，无处不在，长短不一，因人而异。眼中有事三界窄，心头无事一床宽。人生有尺，社会有度，心静则尺平，心明则尺准。漫漫人生路，曲曲弯弯，坎坷不平，心中有了这把尺子，经常度量规范自己的行为，做人做事就能时时有度，分寸得当，平准淡定。人生之尺，是行为的指南针、定盘星。有了它，就能平平安安、高高兴兴，洒脱快乐一辈子。

人生的变化犹如四季，有失也有得，以一颗平常心看世界，天天都是好时节。生活中，总有人感叹活得累。其实不妨检视下自己，是否受困于日常琐事，是否终日与蝇头小利纠缠不休，或许问题的关键，出在自己身上。安于自己的位置，做本分的人，最快乐自由。

国学大师季羡林先生，一生所受磨难无数，创造的学术成就鲜有人能及，无论身处何等情境，他总能保持一颗平常心，专心做自己的事。

季羡林先生少时贫寒，但他勤奋读书。在二战期间，被迫滞于德国十余年，他尝遍思乡之苦，辗转回国，又孑然一身在北京进行学术研究。后来国内发生一些变故,他身心饱受折磨,但仍能泰然处之,安心做学问。

人生往往五味杂陈,祸福相依,守住一颗平常心,才能在得失之间体悟生活的真谛。

与其负重前行,不如给生命减负。让脚步变轻,心无挂碍,才是真正的自在。干本分事,持平常心,方能成自在人。

修一颗平常心,要平凡,但不平庸;要大胆,但不大意;要敢说,但不空说;要多思,但不乱思;要大干,但不蛮干;要谦让,但不迁就;要虚心,但不虚荣;要勇敢,但不蛮横。活泼而守纪律,天真而不幼稚,勇敢而不鲁莽,倔强而有原则,热情而不冲动,乐观而不盲目。在这个世界上,用情感活着是悲剧,用理智活着是喜剧。没有崎岖坎坷不叫攀登,没有痛苦烦恼不叫人生。

跑道很重要。跑道不对,再怎么努力也不会得到自己想要的结果。所以先要确保自己在自己想要的跑道上。要改变人生,先要改变自己的认知和思维模式,改变人际圈子,重新规划人生路线图。这时候有一个好的老师为你导航,人生路上不容易迷路。

我们不要带着评判来改造自己。只说自己想说的,做自己喜欢做的,内心有一份笃定。有坚定强大的内动力,与高能量高频率同频共振,这样我们就会不断地更新自己的内在信念系统。

我们要时刻觉得自己是非常富足的,在富足的状态中创造自己想要的。持续、兴奋地去做事,一定可以得到自己想要的结果。

很喜欢泰戈尔的一句诗:"世界之路并没有铺满鲜花,每一步都有荆棘,但是你必须走过那条荆棘路,愉快,微笑!"

人生的路上,少不了坎坷和困境、浮躁和虚华。怀有一颗平常心,往往能走得更加淡定、从容。

北宋文学家范仲淹,家境贫寒,年少时曾借住在一座寺庙里,常常食不果腹,但他仍然坚持昼夜苦读。凭借过人的才识,他高中进士。中进士以后他多次向皇帝上书,提出许多革除弊政的建议,遭到保守势力打击,一再被贬。纵观他的一生,即使一再遭遇贬谪,他也矢志不渝地追求人生理想和政治抱负。

不以物喜,不以己悲,万水千山只等闲。王阳明,作为当朝状元之子,8岁时过目成诵,10岁时下笔成诗,世人都当他是未来的状元之才。然而,自22岁起,王阳明接连两次参加会试,均以失败告终。同窗们均以落第为耻,王阳明却说:"世人以不第为耻,吾以不第动心为耻。"

王阳明曾说,得财不喜是平常心,失利不忧是平常心,享誉不骄是平常心,受谤不恼是平常心。

人生在坦途时,坚守谦虚、谨慎和质朴的平常心;走下坡路时,也要保持积极、乐观和豁达的心态。保持平常心,并不等于放弃自己,而是允许自己在错误中成长,坦然接受失败,给心灵松绑,不惧无,不迷有。

纵使平凡普通一无是处,纵使身无分文处境窘迫,纵使负重跋涉苟延残喘,纵使身旁荆棘丛生,亦相信,风雨后,总会有云开月朗。不以苦和乐而患得患失,不以悲和喜而止步不前,默守心中的美丽风景,静听岁月低吟浅唱。

当所有人都拿你当回事时,你不能太拿自己当回事;当所有人都不拿你当回事时,你一定得拿自己当回事。人人自有定盘针,万化根源总在心;却笑从前颠倒见,枝枝叶叶外头寻。若拥有了化繁为简的勇气和毅力,就能在平常的快乐中感受生活的本真。

第二节　认真工作才是真正的智慧

一、认真工作是你的天职

认真是一种态度，对于老师来说，也是一种天职。我们常说，把平凡的事情做到精致就是伟大。而其前提就是认真。

舒小珍老师的课时计划曾经爆红网络。备课本上文字娟秀，对教学内容的设计很精心，对学生个体情况的分析很精准。在整本备课本中，舒老师没有一处涂改，每一篇课时计划都写得十分细致，字里行间能看出她对教学认真负责的态度。仔细分析舒老师的教案，它爆红的关键即设计精心，分析精准。"精心""精准"这些不就是精益求精工匠精神的体现吗？唯有珍视才会精心，唯有通透才会精准，唯有深爱才会细心。而认真负责的态度则是核心。它既是一种态度、一种责任，也是一种执着、一种深深融到骨子里的喜爱，一种抛弃浮躁的沉潜。可以说，认真的态度成就了舒老师的所有表现。

老师的工作需要认真，必须认真，这是由教师的职业特点决定的。老师面对的是人，是影响未来发展的人。工作中的一丝马虎，就可能造成知识传授的错误；工作中的一毫粗疏，就可能造成学生成长的障碍；工作中的一时疏忽，就可能毁弃学生的前途。君不见，有的孩童，由于老师一节课没看他一眼，而要求退学；君不见，老师一次处理事情的不公，致使学生破罐子破摔；君不见，老师无意间的一次鼓励，却对学生影响深远。因此，老师的一句微言，有时能影响学生一生的追求；老师的一颦一笑，有时能决定孩子的喜怒哀乐；老师行一跬步，有时能决定学生人生的大方向。因此，认真是为师的必须，是一刻也不可或缺的品质。

认真来源于老师对事业的真诚，来源于老师的责任担当。临西育才小学的王艳武老师，他班上有个孩子，因父母离异，情绪波动极大。他没有放弃孩子，也没有把孩子推给家庭，因为他知道，把孩子推给性格粗暴的父亲无疑将断送孩子的前程。他确立了改变孩子必须先改变家庭的工作思路，利用家长国学微信群,通过打电话,不断地跟家长沟通,向家长传递如何教育孩子的正能量,终于使家长认识到自己教育孩子上的疏忽、错误,唤起家长内心的道德良知和责任,孩子也逐渐变得活泼、健康、向上。这些都是老师做事认真的具体表现,同时也展现出老师对事业的忠诚和责任担当。焦作市实验小学的校长王思明(现北京市密云区第七小学校长)参加北京芳古园小学跟岗学习,听了30多节课,回来撰写了5000多字的论文,从"丰富多彩的教学实践日活动""精彩纷呈的课堂""扎实有效的教研活动""触动心灵的小小仪式""关爱师生的校长"五方面进行总结。这也是一种认真。

认真作为一种天职,一种优秀的品质,其特点在王思明、武凤霞、张占营等人身上得以充分体现。他们做事一丝不苟,不求速成,不追求高速度;他们知道教育就是一种等待,一种耐心,一种持续不断的努力。他们怀着对生命的敬畏,对工作的敬畏,一步步、有板有眼地按照自己的思路,按照育人之道,按照立德树人的总体要求,扎实而不虚浮,稳健而不急促,求实而不张扬地做好自己每一天的工作、每一时的工作、每分每秒的工作;他们不敷衍,不塞责,不攀不靠,不等不要,用真意、动真情、使真招、见真效,执着而坚定。他们深得教育机理,深悟学生心理,以心血为燃料,点亮颗颗心,其教也有效,其育也有果。

认真本质上是一种求真。这种态度的持续坚持,往往能形成一种习惯,这种习惯再持续最终会成为一种品质。有了这种品质,会把教育上的每件小事做到精致;会把简单的事做得不简单,把平凡的事做得不平凡。而教育真正的伟大,也就在其中。

二、我的单位观

单位是我们显示自己存在的舞台,是我们美好家庭的后台,是我们提升身价的增值器。诚如一位领导同志所言:如果你是一棵小草,单位就是你的地;如果你是一只小鸟,单位就是你的天;如果你是一条鱼,单位就是你的海。家庭离不了你,但你需要单位。所以,我的单位观为四个字:单位如家。要像看待家一样看待单位,要像爱护家一样爱护单位,要像建设家一样建设单位。

在单位,要做到三点珍惜。

一要珍惜手上工作。工作就是职责,职责就是担当,担当就是价值。珍惜工作,就是珍惜把握的机会,就是珍惜组织的信任,就是珍惜人生的舞台。

二要珍惜人际关系。百年修得同船渡。能够到一个单位工作,那是缘分。有人做过这样的统计,在这个大千世界里,一个人与另一个人相遇的可能性是千万分之一。所以,对单位的人际关系一定要珍惜,宁可自己受委屈也尽量不争高低。要帮人,不要害人。要处理好工作关系。

三要珍惜已有的。你在单位已经拥有的,一定要珍惜。也许时间久了,你会感到厌烦。要学会及时调整自己,使自己在枯燥无味的工作面前,有一种常新的感觉。你已经拥有的,往往失去了才会感受到其价值;而一旦失去,就不会回来,这往往让人抱憾终生。

在单位,最忌讳的有三点。

一忌推诿工作。工作是你的职责,是你立足单位的基础。把属于自己的工作推给别人,不是聪明,而是愚蠢,除非你不能胜任。推诿工作是一种逃避,是不负责任,更是无能,这会让别人从内心深处瞧不起你。

二忌愚弄他人。愚弄别人是一种真正的愚蠢,是对自己的不负责任。尤其是对那些信任你的人,万万不可耍小聪明。长期在一起共事,让人感动的是诚恳,让人厌恶的是愚弄和虚伪。为人实实在在,一切都在面上,说的做的一致,人前人后一致,别人就不会对你设防,你的生存环境就会敞亮得多,人际关系压力就会小得多。

三忌心浮气躁。心浮气躁、沉不下心来,是在单位工作的大忌。要沉下心慢慢干。有机会了也不要得意忘形,没有机会或者错过了一个机会,也不要患得患失。只有埋头,才能出头,最后的赢家往往是那些慢慢走过来的人。

在单位,最不能忘的有三点。

第一,不忘贵人。在工作中给予你帮助、让你成长进步的人是你生命中的贵人,不能忘恩负义。

第二,不忘补台。互相补台,好戏连台;互相拆台,一起垮台;明争暗斗,

两败俱伤;互相帮衬,相得益彰。在单位,老年人有老年人的优势,年轻人有年轻人的优势。万万不可互相轻视,那是自相残杀。在单位,能多干一点就多干一点,总有人会记得你的好。在单位,千万不可带一个不好的头,不要破坏单位的规则。一定要把属于私人的事限制在私人的空间。在单位要尽量远离那些鼓动你不工作的人,鼓动你闹矛盾的人。

第三,不忘谦虚。谦虚使人进步,骄傲使人落后。在单位,永远不要说大话,没有人害怕你的大话,大家只会瞧不起你。维护自己的单位,维护自己的工作,维护自己的职业。如果你仅仅是为了玩耍,请你不要在单位里。你若是颗种子,单位就是你的沃土;你若是片树叶,单位就是你的树身。你要努力证明,你在单位很重要。

在单位,做到三点最吃香。

第一,做事出色。做同一件事情,你要比别人做得好;别人做得同样好时,你要比别人做得快;别人做得同样快时,你要比别人成本低;别人成本和你一样低时,你要比别人附加值高。总之,你要把非凡的工作干得有声有色,把平凡的工作干得不平凡,让人感到你是最棒的,别人无法与你比拟或无法取代你。这样,你必然会是单位的香饽饽。

第二,会搞团结。单位是团队,团队需要团结。谁团结的人多,谁的力量就大。尤其要团结那些反对过自己、对自己有意见的人。要真诚做人,不要怕吃亏,吃亏是福。要尊重每一个人。只有尊重别人,才能得到别人的尊重,尊重人是搞好人际关系的前提。什么人都可以打交道,在打交道中趋利避害。

第三,知恩报恩。一个好汉三个帮,一个篱笆三个桩。再有才华的人,也需要别人给你做事的机会。单位给了你饭碗,工作给你的不仅是报酬,还有学习、成长的机会;同事给了你工作中的配合;服务对象给了你创造成绩的机会;对手让你看到距离和发展空间;表扬你的人给你的是鼓励,批评你的人给你的是警醒。人贵有自知之明,记住他人的好处,忘记他人的坏处,心存感激,感恩戴德,切忌忘恩负义,过河拆桥。

在单位混日子是人生最昂贵的浪费。

讲一个最近发生的事。有个建筑行业的朋友，大晚上过来跟我倒苦水，说自己在公司待了快7年，画图、提资、跑工地，该干的活儿一样不少，工资竟然还没部门新来的一名应届毕业生高。

看他一副义愤填膺的样子，我忍不住提议："既然这么委屈，干脆换家公司看看？"他马上不说话了。

可能很多人都知道，建筑这行出差越多，发展机会才越大。但是这位朋友一直没什么事业心，公司每次安排出差他都觉得太苦，不是说家里有事，就是说身体不舒服。每天除了坐在电脑前机械地画图，分外的活儿一点不干，到点就下班回家。说是干了7年，其实能力一直在原地打转，劲头明显不如年轻人。混着混着，一不留神就成了职场里性价比最低的存在。

在网上看过一段很扎心的话："在这个时代，人工智能像人不可怕，可怕的是人越活越像人工智能。"大家有没有发现，其实，我们身边有很多人像我刚提到的那位朋友，每天看起来兢兢业业，从不迟到早退，但升职加薪永远轮不到他，眼瞅着新来的年轻人都跑到了自己前头，这才感觉到危机，一边抱着过去的"苦劳簿"诉苦，一边盘算着换出路。然而，他空有一身工龄，却没有跳槽的本钱，只能日复一日地跳进"埋怨—继续混日子—再埋怨"的死循环。

人不成熟的最大表现就是只会算计眼前的得失，却看不见长远的成长。

为自己做一个长远的人生规划和职业规划，把长远的目标分解成中期目标，把中期目标分解成近期目标，把近期目标分解成当前要做的事。

有了规划，做每一件事你就会思考：这件事学到了什么，对自己的近、中、远期目标有什么帮助。你就不会被别人施舍的短期报酬困扰，因为你学到的东西谁也夺不走。

能把普通事做到高于预期，你才有更多机会去做有难度、有价值的工作。每份工作都尽可能做到超出公司的要求，即使只有一点点，长期累积下来，差距就拉开了。

想摆脱现状却懒得提升自己，瞧不上手头的工作又做不到无可替代。看起来拥有10年的经验,却不过是相同的日子重复了10年。

混日子、熬时间,可能会给你带来一时的轻松和惬意,但会让你离身边的人越来越远。

有句话讲得很真实:"这世界规则就是这样,如果你的价值不如别人,就会被无情地淘汰掉。"你以为每天混日子自己就占了便宜,老板就吃了亏,这绝对是非常幼稚的想法。老板白养你一年,不过是支付了你一年工资而已,这个钱即使白给你,对老板来说也并不伤元气。而你自己浑浑噩噩混了一年又一年,最好的青春年华消耗一空,却没有得到应有的锻炼和成长。你在混日子中浪费的时间,会慢慢变成困住你的深渊,让你眼睁睁地看着别人飞速前进,却无能为力。

我有个做广告的朋友,是圈子里出了名的拼命三娘。

刚进公司时,一起入职的都是刚毕业的姑娘小伙,上面分配什么就干什么。

她却不一样,总是这儿跑跑那儿问问,主动给自己揽活儿。后来时间久了,大家慢慢都有点懈怠,每天准时打卡下班,逛街刷剧,觉得工作对得起薪水就好。

她却总是傻乎乎地研究行业最新案例,一遍遍地修改文案。

同事都说她实诚,就这点工资,那么拼干吗?她却笑着说:"我不是给老板打工,而是给自己的简历打工。"果然,她最先转正,最早被提拔。

每次跟她聊天,我都会想起一句话:"成功的路上并不拥挤,因为大多数人选择了安逸。"时间是这个世上最公平的东西,你选择打发它,它就会打发你。那些本可以让你变得更优秀的每一天,一旦浪费了就不会重来。

混日子的人,只能在弱圈子里沾沾自喜。

一个公司就是一个圈子。总是见到和自己差不多的人,表明你所在的圈子非常弱,你的同事并没有比你优秀太多,他们难以激起你奔跑和追赶的欲望。

圈子决定我们的格局和命运。你在没有危机感的圈子里,自然只能混日子。此时此刻,也许你正在日复一日的工作里慢慢丧失了激情,也许你正因自己的职业道路越走越窄而彻夜难眠。

人活着真正的累,不是拼搏的累,而是内心的焦虑与迷茫。人生最大的苦,不是加班的苦,而是面对生活的无力和绝望。当你开始真正为自己工作,所有的困难都会为你让步。那些你加过的班、做过的项目、学到的本事,都会变成你的底气,让你任何时候都不会为了生活和谁低三下四。

与人相处,是一场修行。短期交往看脾性,一生交往看品行。人生的旅途漫长曲折,一定要与对的人并肩同行。

《菜根谭》中说:"惟和气热心之人,其福亦厚,其泽亦长。"

中国人向来以和为贵,和气不仅能生财,还能给你带来福报。

一个家庭的福运,根基在于和气。如果伤了和气,这个家庭就有衰败之虞。和气待人,和气对事,幸福不请自来。

做一个随和的人,处事言语温和一点,不要求你舌灿莲花,但讲话千万不要专拣难听的说,不要总是揪着对方的错误不撒手,更不要总是翻旧账。

面对亲近的人,温和一点,永远不要恶语相向。强迫自己,停顿30秒,等到冷静下来再说话。对看不惯的人,没必要不顾一切地撕破脸皮,淡然一笑,默默远离便好。三观不同,不必强融;层次不同,不必争辩;烂人烂事,不必纠缠……

随和处事,就是无形中给自己扩大朋友圈,朋友多了路好走,多一个朋友总比多一个敌人好。

人这一辈子拥有无限的可能性,但凡最终胜出的勇者,往往身上都有种和善的气质。这是一种气场,也是一种不可多得的人格魅力。一个真正的明白人,他比谁都清楚,尊重别人就是尊重自己。

这个世界上,每个人的经历和立场都不一样。不必求同,但求互相尊重。

尊重别人的兴趣,尊重别人的三观,尊重彼此的差异,是人与人交往最基本的规则。

人间百态,悲欢虽不能相同,但感情却能共融。当别人有难处时,我们可以选择体谅和帮助。因为懂得尊重，所以能换位思考，从他人的角度看待问题。

格局大的人，懂得和而不同，即使观点截然相反，也能容纳，不强行给他人灌输自己的观点，不片面地去衡量别人的对与错，不用自己的标准去评判他人的是非。

人际关系学大师卡耐基曾说："对别人的意见要表示尊重，千万别说'你错了'。"

真正的尊重并不是社交场合的礼貌，而是对人的认可与理解，更是一种难得的修养。

"若要人敬己，先要己敬人"，这句话人们早已熟记于心；"对人不尊重，首先就是对自身的不尊重"，这道理人人都明白。

尊重，是对别人的礼貌，是待人的诚意。尊重，不是畏惧，而是一种素质；尊重，不是讨好，而是一种修养；尊重，不是调和，而是一种美德。尊重能化解人与人之间的矛盾，能消除人与人之间的怨恨，能将彼此的心贴得很近很近。

尊重是相互的，你怎么待人，别人就怎样待你；你不揭别人短处，别人就不会嘲笑你的弱点；你不议论别人之过，别人就可以包容你之错。

一个懂得尊重别人的人，无论在什么时候，不管什么场合，都不会嘲笑别人的缺点，也不会宣扬别人的隐私，他只会顾及别人的情绪和尊严。

做人切莫看轻他人，抬高自己，要懂得"大海不讥笑水滴，高山不嘲讥小石"的做人之道。哪怕获得再高的成就，也要保持谦逊和尊重，这样才能真正赢得别人的尊重。

想得到别人的尊重，一要做到自律自尊，二要尊重别人。有些人希望靠财富而被人尊重，那只会更加暴露他们的虚伪和愚蠢。你或许觉得没有尊重别人的义务，那同样自己也换不来被在乎的权利。

真正有礼貌的人，懂得不打扰别人，知道凡事点到为止，懂得尊重别人的同时给自己留点体面。

有句话说：别人尊重你，并不是因为你优秀，而是别人很优秀。这对很多人来说也许是当头棒喝,但回过头一想,确实如此。

不随意干涉,是一种分寸。

之前看电视剧《欢乐颂》,关于曲筱绡随意干涉的两个情节印象深刻:一是擅自测试邱莹莹的男朋友是否忠心,偷偷给他口袋塞纸条,邱莹莹与男朋友分手后对她大发雷霆;二是调查出樊胜美的男朋友是伪装的有钱人,并在两人约会时,特地赶去,戳穿此事。

虽然她是出于好心帮助,可即使再好的关系,也要注意分寸。这种行为说好听点是为了朋友,说难听点就是随意干涉。

每个人有每个人的生活方式,每个人所追求的东西不一样。你认为好的,对别人未必适合,一定要给予别人需要的帮助。

在《人人想做他人》一文中,有个很形象的例子。办事认真的女佣,不满足于只做分内的事,她觉得自己应该为家庭中的所有人做有益的事。于是,她来到主人的书桌前,按照自己对于整洁的认识对书桌进行了一次彻底的整理。男主人回到家里,找不到自己想要的东西,觉得书桌虽整齐却让人讨厌。

史铁生说:"世上的一些事多是出于瞎操心,由瞎操心再演变为穷干涉。"

不把自己的主观想法强行加于别人,不要用自己的人生标准去要求别人,不要随意干涉别人的生活,才是一个人最高级的分寸感。

俗话说:话说得太满,容易伤人;事做得太绝,容易悔恨。人与人之间,最重要的就是"分寸"二字。

有了分寸,才知道进退有度,明白适可而止,相处才能更加和谐,彼此关系才会更加稳固。嘴上有分寸,话不言尽,留三分不点透,给他人留颜面,给自己留后路。内心有分寸,不随意跨越彼此的界限,不轻易评价,懂得进退有度,亦不会肆意伤害。

靠谱,是比聪明更重要的品质。人靠不靠谱,就看以下四个细节。

第一,守时。靠谱之人,首先会守时。守时代表了对约定的重视,对时间的珍视,以及对约定时间所要做的事情的重视。守时是职业道德的基本要求,也是对自己信誉负责的表现。守时的人会把自己的生活和工作按照时间表安排得井井有条,不会白白浪费自己和他人的时间。

第二,不吹嘘。谦逊,是最动人的姿态。别林斯基说:"一切真正的和伟大的东西,都是纯朴而谦逊的。"

对一个人的评价,不能只看他出身的贫富、学问的高下,而是要看他品德的好坏。和谦逊的人相处,如沐春风。

北京大学流传着一件趣事。开学的时候,一名新入学的学生扛着行李四处跑,累得不行,突然看到一位老人,他以为是保安,便请求老人帮他看行李,他去办入学手续。半天后,学生办完手续回来,老人居然还在原地,头顶着烈日,帮他看行李。后来学生才知道,这位衣着朴素、谦卑有礼帮他看行李的"保安",竟是大名鼎鼎的国学大师季羡林。

季羡林的确谦卑朴素得不像光芒万丈的大师,他一套中山装,一穿就是几十年,踏踏实实做学问,过普普通通的生活。

他曾多次请辞"国学大师""学界泰斗""国宝"这三顶桂冠,他说:"三顶桂冠一摘,还了我一个自由自在身。身上的泡沫洗掉了,露出了真面目,皆大欢喜。"

谦卑的人,活得最通透。他们把成就隐藏在平凡之中,用谦虚来掩盖自己的锋芒,在世俗的浊流中守住一份高洁;他们坚持淡定从容的志趣,以平和乐观的心态来面对变幻莫测的人生。

谦谦君子,虚怀若谷。靠谱的人,靠自己的才能和努力兢兢业业、脚踏实地获取事业上的成功,收获威信和他人的信任。

他们一就是一,二就是二,不怕露短,不怕错误,在进取路上勇敢做自己。好吹嘘之人,初接触时,容易让人产生他们无所不能的错觉。但通过交往,尤其是遇到实实在在的问题时,他们的行为或者做事的效果与他们之前夸下的海口严重偏离。这类人,经不起时间的考验。

第三,有底线。我们当谨记:"有益于人,无损于己,当乐为之;有益于人,稍损于己,亦勉为之;有损于人,无益于己,决不可为;徒益于己,有损于人,更不可为!"

《孟子》中写道:"人有不为也,而后可以有为。"靠谱的人,心里都有一条红线,知道哪些事该做,哪些事坚决不做。

他们心中明镜高悬,道德法律的准绳一刻也不会歪曲。他们审时度势,克制贪欲,有所取舍,懂得权衡,不会逞一时之快或只顾眼前小利。

没底线之人,常常看见小利就红了眼,不择手段来获得想要的一切。殊不知,过犹不及,最终他们不仅伤及无辜、失了人心,而且赔上了自己的前程。

第四,不占小便宜。靠谱的人,不会计较蝇头小利,更不会处处算计揩油。

他们喜欢慷慨地帮助别人,不问回报;他们站位高,看得远,眼中是自己想要征服的一座座高山,是大局、大事业。

爱占小便宜的人,他们喜欢顺手牵羊,锱铢必较,吃不得眼前亏。这样的人,对单位也无法做到忠诚。他们不会为自己的分内之事和单位的发展全心全意付出,而是吃着碗里的,看着锅里的,总惦记着回报。这样的人,很不靠谱。

听过一句话:"真正交朋友要找靠谱的人,聪明的人只能聊聊天。"

生活中,有很多这样的人,嘴上说得天花乱坠,从不落实到实际行动上。出现问题时,他们只会推卸责任,能拖则拖。不靠谱的人,永远只顾嘴上应承,却总是事无着落。与这种人相处,你不仅时刻要提心吊胆,还会蒙受不必要的损失。靠谱,就是处处有交代、件件有着落、事事有回音,就是担当、牢靠和踏实。

一个人值不值得交往,能不能相处长久,往往取决于他靠不靠谱。

厚道,是一种品格。厚道,概而言之,就是实实在在做人,踏踏实实做事。

厚道,是一种美好的品德,是一种做人的境界,是一种处世的智慧。厚道的人不会甜言蜜语,不会拍拍吹吹,不会自我标榜、自我炫耀。厚道之人,实实在在,从不虚伪掺假;做人平和,从不玩弄手段;做人有节,从不贪心苛求;做人坦荡,从不徇私舞弊。厚道的人一贯忍让,吃得起亏,经得起舍。当别人给予三分时,他会回报十分,有好东西喜欢分享。他懂得为人多做厚道事,难时自有搭桥人。不怕吃亏受尊重,人生路上自称心。厚道之人从来不会斤斤计较,厚道之人向来以仁道为怀,厚道之人秉持公正公平,厚道之人一向宽宏大量。

明朝有位读书人叫徐文贞,一天,他请人到家里吃饭。不料,有一位客人起了贪念,欲将他的金杯据为己有。于是那人把这只金杯藏在了帽子里。徐文贞发现金杯不见了,在场的所有人都帮忙寻找。这位喝醉了酒的客人不慎摔倒,金杯露了出来,恰好被徐文贞看到。他连忙把金杯塞进了醉酒客人的衣袖里,避免了一场尴尬和难堪。

待这位客人回到家醒了酒,羞愧难当。次日,他到徐文贞家负荆请罪。徐文贞坦然一笑,只字不提此事,依然盛情款待了这位客人。

厚道的人,因为天性淳厚,从不生害人之心,也疏于防人之法。厚道的人说话、做事都不会尖酸伤人,不会以"我"为中心;他们宽厚仁德,平日里宁肯少获得,也不愿多索取,宁愿多吃亏,也不会占便宜。

世间变幻莫测,唯有好人品可立一生。我们遇到形形色色的人,唯有人品好的人才值得深交。厚道,是最过硬的人品。

厚道之人不愿计较,体恤他人的处境,不以自己的利益为先,乐于伸手助人。厚道之人真诚,与人相处坦诚相待,不会当面一套背后一套。厚道之人懂感恩,心地善良。

为人厚道,品行端正的人,最值得我们深交。

与人交往,有三句箴言:看长不看短,帮难不帮顺,记好不记坏。无论和谁在一起,都离不开这三句话。

第一,看人长处。

俗话说:金无足赤,人无完人。

世上没有十全十美的人,但每个人都有自己的可取之处。不要因为一个小小的瑕疵,就全盘否定一个人。

《尚书》中说:"与人不求备,检身若不及。"与人交往,与其求全责备,不如反省自己。

严以律己、宽以待人,才是真君子。一个人眼中的世界,其实是他内心的投射。整天揪着别人的短处不放,只能说明自身修养还不够。

人与人之间最舒服的关系，不是按照自己的标准去改变对方，而是常怀包容，允许别人和自己不一样。

第二，帮人难处。

古时候，有个书生赶夜路，遇见一人手提着灯笼，走近才发现是位盲人。书生忍不住问："您自己看不见，又何必打着灯笼？"盲人答道："我提灯走夜路，别人就不会撞到我。这样既保护了自己，也为别人带来了光亮。"

人与人之间，永远是互相的。你对我好一分，我就对你好十分。

帮助别人，就是帮助自己。有时，你的举手之劳，却给予别人极大的温暖。

有句老话说得好："晴天留人情，雨天好借伞。"谁都有雨天没伞的时候，锦上添花不是必要的，雪中送炭却救人于危难。

人生的机遇就是这样神奇，三十年河东，三十年河西。在别人富有时，送他一座金山，不如在他落难时，送他一杯水。人需要关怀和帮助，也最为珍惜自己在困境中得到的关怀和帮助。

第三，记人好处。

记住一个人的好，总强过记住一个人的坏。《菜根谭》中说："人有恩于我不可忘，而怨则不可不忘。"我们每个人从小到大都离不开他人的帮助。常思常想他人的好处，会觉得自己是个幸福的人。花时间去记恨那些烦心的事，就是拿别人的错误来惩罚自己。

曾国藩说："勿以小怨忘人大恩。"不要因为一点小事，就否定别人对你的好；不要因为一次矛盾，就忘记对方长久以来的恩。记恩使人心暖，记仇让人心寒。饭凉了可以再热，人心要是寒了，就难以挽回。

忘掉那些不愉快，只把美好留在心中，你的生活才会更加轻松。

记住六句话，帮助你理顺单位里的关系。

第一句，拥有做事的智商只是成功的一半，另外的一半则要靠做人的情商。正面情绪让人如沐春风，负面情绪却令人退避三舍。单位里，每个人都可能遇到诸如工作进展缓慢、被领导批评、工作压力太大等烦恼，产生不良情绪。这时，我们就要掌控好自己的情绪，不能让自己的坏情绪把办公室变得冷若冰窖,害得同事也跟着遭殃。

　　第二句,良言一句三冬暖。每个人都有值得称赞的地方。平时,要试着找出他人的长处,懂得鼓舞他人,用赞美代替批评,用言语表示对他们的欣赏。有时简单的一句赞美,便会丰盈一个人的心灵,激发一个人无比的热情。当你批评别人时,不妨换个角度,将批评转化为成长的激励。

　　第三句,对上司谦虚,是一种责任;对同事谦虚,是一种礼遇;对部属谦虚,是一种尊贵。满招损,谦受益。建立友善关系,基本礼貌不可少。你给对方以礼,对方也会待你以敬,这样才能建立一种持久的良好关系。

　　第四句,帮助他人获得他所要的,然后你将会获得你所要的。有句话叫"帮助别人,成就自己"。在一个单位里,每一个人学历不同,能力不同,成长的速度也不一样。如果你是一名资深的员工,就应毫不吝惜地分享自己成功的经验或失败的教训,用恰当的方式帮助同事成长。因为在别人成长的同时,你自己也获得了成长、进步。

　　第五句,你不可能因给人一个微笑而丧失什么。同事递给你一杯茶水,给你拿一瓶胶水,你都应该报以真诚的微笑。因为你的微笑,让同事觉得,和你在一起很快乐,很有成就感。微笑会让你成为一个心态平和的人,一个令人愉悦的人,一个能时刻感受到生活中点滴美好的人。

　　第六句,如果你能让他人觉得特别,那他人便会为你做特别的事。众人拾柴火焰高。在一个单位里,有很多工作需要分工合作才能完成,要时时处处从大局着想,千万不要说:"这不关我的事。"就算真的不关你的事,你也可以说:"这件事,我能帮得上什么忙吗?"因为说不定,今天是你的分外工作,明天就可能是你的本职工作。

第三节　自律是人生的最高境界

自律的人都有教养。什么是教养呢？它是一个人"言行中的分寸，交往中的包容，举止间的温柔，心底里的善良"，是"无意间的举动，不经意的流露"，是"藏不住也装不出的灵魂的深度和生命的高贵"。

康德说："自律使我们与众不同，自律令我们活得更高级。也正是自律，使我们获得更自由的人生。"

不管环境多么纵容你，你都要对自己有要求，保持自律。千万不要放纵自己，为自己找借口。

或许它暂时不能改变你的现状，但假以时日，它回馈给你的一定让你惊喜。对自己有要求的人，总不会过得太差。

东汉名儒杨震在担任荆州刺史时，发现秀才王密是个人才，便举荐王密为昌邑县令。后来杨震改任东莱太守，路过昌邑时，王密把他照顾得无微不至。到了晚上，王密悄悄来到杨震住处，见室内无他人，便捧出黄金10斤送给杨震。

杨震连忙摆手拒绝，说："以前因为我了解你，所以举荐你，你这样做就是太不了解我了！"王密轻声说："现在是夜里，没人知道。"杨震正色道："天知，地知，你知，我知，怎么没人知道？"王密听了，羞愧地退了出来。

"不妄没于势力，不诱惑于事态，心有长城，能挡狂澜万丈。"所谓自律，是源于一个人对自己的真正关爱，源于一种道德良知。

记住，你有多自律，就有多自由。

在北美阿拉斯加的茫茫荒原上，有一种老鼠，以植被为食，繁殖力极强。但当种群繁殖过盛以致对植被造成严重危害的时候，其中一部分成员的皮毛就会自动变成鲜亮耀眼的黄色，以吸引天敌的目光；倘若天敌无法使鼠群减少到适当的数量，老鼠们便会成群结队地奔向山崖，相拥相携，投海自尽。这块土地上还生存着一种狐狸，是老鼠的天敌，但它们对老鼠的捕食也并非无所节制,当鼠群减少、狐群增加而严重威胁鼠群繁衍的时候,狐狸们便会采取行动,限制种群的发展:一部分成员会聚集在一起,疯狂地、不间歇地舞蹈,夜以继日,直至力竭气绝而死。

老鼠和狐狸的行为应该赢得我们人类真正的理解、同情、尊重。由于自身的原因,我们人与人之间要达到理解、同情和尊重都难乎其难,遑论自然界及动物界。人类曾为自己远离自然界的进化而倍感荣耀,曾为自己成为这个星球上绽开得最灿烂、最美丽的精神花朵而自得,更为自己以理性的铁蹄征服自然而豪情万丈。在动物面前,我们人类应该感到汗颜和愧怍,应该有罪恶感,应该反躬自省。作为自然界的创造物,人应该融入自然、适应自然,而不应该破坏自然、违背自然。

一、美好的人生从自律来

我国华裔女作家严歌苓每天写作 6 小时,每隔一天就要游泳 1000 米。每隔一两年,严歌苓的名字就会出现在畅销书架或者改编的影视作品上。她出书就像交作业一样规律,她总会被问:"你怎么能写那么多书?"严歌苓的答案跟她每天的生活一样简单:"我当过兵,对自己是有纪律要求的,当你懂得自律,那些困难都不算什么。"

难道因为难就不做了吗?对于一个真正有追求的人来说,打破心中筑起的藩篱,用自律与行动突破眼前的障碍,才能走向心中的远方。

成功的人之所以成功绝非偶然,他们有极高的人生目标、追求,然后去规划、实践、落实。想想我们每个平凡的人,也曾有这样那样的梦想,为什么迟迟没有实现?大多是因为自己努力不够。

"我很忙""太难了""太累了"……诸如此类的借口把我们与梦想隔开。在纷扰的世间,我们会面临很多诱惑,也有很多事情要处理。如果缺乏定力和远见,不懂得约束自己,就很容易随波逐流,迷失自己。

一个人唯有自律,才能理清生活中的细枝末节,让其各安其位,稳当妥帖。一个人如果连自己都管不住,那还有什么资格去要求别人?

我有一个朋友是国内闻名遐迩的书画大师,擅长画虎。他很倔强,愿意了免费赠予你,不愿意,你就是拿多少钱都休想得到他一幅画。但是他有一个致命的缺点——酗酒,而且丝毫不加以控制。这一点致使他辛辛苦苦几十年描摹练习的功夫荒芜。

二、自律也是一种生活态度和方式

有个大学生莫名其妙失踪了,半年之后,家人在医院见到他时,他已生命垂危,奄奄一息。他这半年都去了哪里?调查结果令人瞠目结舌,他因迷恋网络独自离校,在网吧耗费完身上所有的钱后,留在网吧做起网管。他整天以泡面快餐为生,半年后终因身体严重透支晕倒在网吧。到医院做完检查,发现肾脏器官已完全衰竭,医生已无回天之力。一个风华正茂的大学生因不加节制而丧生,这悲惨的结局再次警示我们要自律。

诸如此类的悲剧数不胜数。纵观古今那些成功者,无一不是自律者。

明末清初的思想家顾炎武读破万卷书。顾炎武童年非常不幸,天花病差点夺走了他的生命。虽然他体弱多病,但是在母亲的教导和鼓励下,他勤奋苦读,以过人的毅力手抄《资治通鉴》,终于成为一代大学者。

三、自律是人生成功的法宝

富兰克林说:"我未曾见过一个早起、勤奋、谨慎、诚实的人抱怨命运不好,良好的品格,优秀的习惯,坚强的意志,是不会被所谓的命运击败的。"自律是解决人生问题的最主要工具,也是消除人生痛苦最重要的方法。自律能让一个人在365天成长为更好的自己。

自律使人学会战胜自己。

《元史·许衡传》里有这样一段记载:许衡曾经在盛夏时经过河阳,天热口渴难耐,刚好道旁有棵梨树,众人争相摘梨解渴,唯独许衡不为所动。有人问他为何不摘,他回答说:"不是自己的梨,怎么能乱摘?"那人劝解道:"乱世之时,这梨是没有主人的。"许衡正色道:"梨无主人,难道我心中也无主吗?"终不摘梨。许衡心目中的"主"无疑就是自律、自重、自爱,有了这个"主",便会洁身自好,牢牢把握住自己。

对于我们每个人来说,最大的敌人就是自己,战胜了自己,才可以成功。

你想拥有什么样的人生,取决于自己对人生的掌控能力。

唯有懂得自律的人,才能成就自己想要的人生。

善待自己,最简单的方法就是自律。以自律换自由,以自律赢自信。无论你在哪所学校,你面对的工作环境怎样,你都应该认真工作。要记得工作是给自己干的,不是给领导干的。你只有在工作中锻炼自己的能力,才能使自己不断提高,才能实现专业成长,才能获得职业幸福感。我们常说,我们的工作是个良心活儿,如果我们不能让自己的专业水平在不断吸取营养的过程中获得提升,误的不仅是时间、不仅是自个儿,还有学生的一生。认真工作是自己培养自己最好的途径。

正气、正心、正言、正行,你就是最美丽的一道风景。走到哪里,就照亮哪里,温暖哪里。美好的一天从做一个最美的自己开始。

送给青年教师五句话:有一种高度叫专业,专业是立足之本;有一种追求叫品质,品质是应有之义;有一种优秀叫努力,努力是生存之道;有一种责任叫担当,担当是尽责之要;有一种蜕变叫自律,自律是成功之基。

曾在网上看过一个段子。两个大学生,读了一篇老夫妻地铁口卖早点年入30万元的新闻后,热血沸腾,也要大干一场。调研,选址,进货,设计摊位,看起来比那些普通的小商小贩专业。而等所有人都要看他们大赚一笔的时候,他们两个宣布创业失败。理由是:太早了,起不来。听起来像个笑话,其实这也是大多数人失败的原因。抛开智商不谈,大家都是俩胳膊俩腿,谁也不差,人与人之间最大的差距,除了思维,就剩下自律了。

有人问,自律痛苦吗?答案是肯定的。自律一定会带来痛苦,这是不可避免的,但比起碌碌无为带来的痛苦,这个更好受些。

松下幸之助曾说:登峰造极的成就源于自律。任何丰功伟业,都有自律加持,真正厉害的人,都是长期主义的自律者。

很认同一句话:人贵自知,而后自省,终而自律。靠自己,是做人的骨气。没有完全自由的人,任何人都有所限制。但是做好你限定内的事情,你就会获得最大的自由。

有一位名人说:"记住要仰望星空,不要低头看脚下。无论生活如何艰难,请保持一颗好奇心,你总会找到自己的路和属于你的成功。"

父母这座山,不会让你依靠一辈子;爱人的港湾,未必让你甜蜜一辈子。这个世界,没有人能做你的避风港,真正能为你遮风挡雨的,只有你自己。靠自己,才能无所畏惧;靠自己,才不会害怕失去。

人生,道阻且长,行则将至。跌倒的时候,可能会有一双手来搀扶你,但他不会在你有需要的时候,都在一旁帮衬你。这辈子,最靠得住的,不是父母,不是爱人,唯有自己!

人生,有一种坚持,是靠自己!大风大浪走过来,便无惧风浪;人生苦涩吞下去,便无惧艰难!唯有经历足够多,才不会为鸡毛蒜皮烦恼!人生的每一步,都不白走,每一步都是在沉淀。是挫折让你更坚强,是逆境让你更沉稳。

人生,有一种骨气,是靠自己!依靠别人,得看人脸色;求助别人,得听人啰唆。唯有自己强,才是真的强!你的勇敢,就是你的底气;你的信心,就是你的基石;你的坚持,就是你的资本;你的志气,就是你的成绩!

有一句话说:"你必须很努力,才能看起来毫不费力。"一个人辉煌成就的背后,往往铺垫着无数心血和泪水。一个人飞得高不高,我们一看便知道,但他飞得累不累,只有他自己才知道。马云上门推销遭拒绝嫌弃的时候,谁也不会想到,很多年后,他会成为亚洲首富。我们看到的,只是他人前的风光,而他自己承受的,是我们难以想象的压力。

其实,我们每一个人都比自己想象中坚强。自己的痛,自己疗伤;自己的疼,自己遗忘。即便世界以痛吻我,也要报之以歌。你要相信,当你的心足够辽阔,没人能轻易伤你;当你足够坚强,坎坷都在你脚下!不靠谁,所以不怕谁轻易离开;不靠谁,所以不害怕骤然失去。得到的时候好好珍惜,分别的时候一切随缘。这辈子,靠自己而活,乐观面对人生,自信面对坎坷。

求人不如求己。一个人的命运,永远掌握在自己手里,凡事靠自己,才能拥有最大的安全感。

一个人强大自己最好的方法,就是保持高度自律。

当你自律,你会找到一个全新的自己,你会发现曾经很多不可能,都变成了可能。

没有哪个人天生强大,所有的强大,都是自律的结果。当你自律,你可以管理好自己的情绪,你可以控制好自己的行为,你可以好好地把握自己的情感。

要保持自律,并非那么容易,但是要放纵自己,却非常简单,简单得甚至都不用你去出力。

人天生就有惰性,而要彻底改变这种惰性,必须保持高度自律,让自己养成良好的生活习惯。

当你有了好的生活习惯,你会发现自己比以前更有活力,对自己的人生也更有信心。但是要保持这种高度自律却十分艰难,难的不是一天两天,而是一年两年,乃至一辈子。如果谁能一辈子保持这种高度自律,那他一定是一个了不得的人,必将强大无比。

我们经常说要战胜自己,就是战胜自己的惰性,让自己保持高度自律。

当你自律,人生无敌。

为什么这样说呢?因为我们这一生最大的敌人并不是别人,而是我们自己。

当你开始自律的时候,你就已经走在了战胜自己的道路上。当你不断坚持,不断努力,渐渐地让自律成为你的生活习惯,你还会害怕什么吗?

人有时候很脆弱,那是因为心里缺少安全感,每当这个时候,很多人都想从外界找到所谓的安全感。其实,当你心里没有底气的时候,借助再多的外力也是无济于事的。

人只有内心真正强大,才能给自己带来最大的安全感。每个人永远都要记住,安全感是自己给自己的。保持自律,锻炼好身体,修炼好内心,努力提高境界。当你有了好的身体,有了好的心态,又有了自己独到的领悟,你的人生注定会与众不同,你也可以活出你想要的样子。

从现在起,一步一步改掉自己的毛病,让自己从病态变得正常,再从正常变得充满活力。当你充满活力的时候,才能体会到生活的美好,感受到人活着真的很不错。没有活力的人生,势必是一种煎熬,谁也不想这样活着,想要改变这种活法,只有自律。当你自律,人生无敌!

四、顶级的自律

人生在世,各有各的活法,各有各的标准。每个人都有自己的生活方式,我们不能按自己的想法去度量他人的人生。

古语有云:"人闲是非多,百忙解千愁。"诚然,不说闲话的人,就不会招惹是非;不管闲事的人,就不会丧失界限;不惹闲人的人,就不会沉湎抱怨。人这一生顶级的自律,就是不说闲话、不管闲事、远离闲人,不过分打扰。如此,不仅能够解决你人生中大部分麻烦,而且能帮你实现真正的超越。

"祸从口出。"这说明管住嘴有多么重要,但是总有些人喜欢背后说人闲话。

一个人如果总是把自己的注意力放在议论他人上,不仅会错失提升自己的机会,而且会把自己置身于是非的旋涡。所以,管住嘴不说闲话,既是一种自律,也是一种能够帮你实现人生逆袭的途径。

埃及流传着一句谚语:"向空中吐唾沫,最终会落在你自己身上。"

有时候,在别人背后搬弄是非,无异于搬起石头砸自己的脚。马未都先生曾讲过《史记》中的一个故事。楚汉相争,项羽进入关中后,自封为西楚霸王。尽管已经成为各路诸侯的领袖,但项羽还是想回到自己的家乡发展,打算离开关中。当时有个说客反对项羽的做法,建议他留在关中,说这里土地肥沃,容易守,好发展。项羽却不以为然,回了一句"富贵不还乡,如锦衣夜行"。说客听了,打心眼儿里瞧不起项羽,还背地里跟人吐槽这楚国人都是戴了帽子的猴子,稍微得到些好处就嘚瑟,项王就是这副德行,土鳖一个。这话很快传到了项羽的耳朵里,项羽怒火中烧,命令手下把这人给油炸了。末了,马未都先生不禁感慨:"这人哪,千万别轻易在背后说人闲话。"

天下没有不透风的墙,你说过的每个字,都可能传到别人的耳朵里。过了一时的嘴瘾,也出卖了自己的人品。

想起青年作家蒋方舟经历过的一件事。有一年,鲁迅文学奖的评选结果引发争议。一名记者打电话给蒋方舟,想让她以杂志社副主编的身份,评价一下其中一位获奖者的作品。蒋方舟婉言拒绝,说还没读过对方的作品,无法评价。记者不依不饶,马上念了一首获奖的诗歌,追问看法。蒋方舟无奈回应:"仅凭一首诗,我真的不知道该怎么看。"

聪明的人,宁愿什么都不说,也不会在人后论是非、道长短。

不说闲话,是对他人的尊重,也是对自己的保护。

话不投机莫强言,不随意评价,是一种善良。作家李尚龙讲过他的一段亲身经历。他在教师休息室里捧着一本书——《希望永远都在》,一个老师走进来,看了一眼便用嘲弄的口气说:"你也看'鸡汤'啊。"其实,那位老师不知道,这书讲的是柬埔寨历史。

生活中,很多人明明不了解真相,便带着主观色彩,以己度人,妄加评论。

韩寒说:"如果你不了解,你就闭嘴,因为你永远不知道别人经历过什么;如果你了解,那你就更应该闭嘴。"

不要随意评价别人的好坏,因为很多事情并非眼见为实。不要随意评价别人的生活,因为有人弃之如敝屣,有人却甘之如饴。

不随意评价,才是给人最起码的善意。

"春有百花秋有月,夏有凉风冬有雪。若无闲事挂心头,便是人间好时节。"春天有百花可赏,秋天有美丽的月色,夏天有凉风,冬天有瑞雪。如果没有闲事在心里,那么处处都是人间好时节。珍惜身边的风景,处处都是人间好时节。

《封神演义》里讲:"不管闲事终无事,只怕你谋里招殃祸及身。"其实,这种说法在民间俗语中也有不少,像"要得无事,少管闲事""管闲事,落不是""庭前生瑞草,好事不如无",等等。

管闲事,往往是好心帮倒忙,好事办坏事。很多人都听过一句话:"世间不过两件事,关你什么事和关我什么事。"然而,说起来容易,做起来难。

不管闲事,既是高情商的体现,也是一种修养。你以为的好,在别人看来,或许不值一提;你以为的坏,于别人而言,或许千金难求。尊重他人的选择,既是一种分寸,也是一种情商。

狄更斯就曾感慨:"最好的礼貌是不多管闲事。"人和人交往,懂得留白,才能长久。

《庄子·应帝王》中有个故事。南北海有两位帝王,名叫倏和忽,他俩常常去中央的帝王混沌家做客,每次都受到热情款待。倏和忽很感动,商量着说:"人人都有眼、耳、口、鼻七个窍孔,唯独混沌没有,不如我们帮他凿开七窍吧。"可当倏和忽凿完七孔,混沌却一命呜呼。

很多时候,我们以为的好心,其实是瞎管闲事,帮倒忙。

每个人都是独立个体,谁都不能保证一定能给别人排忧解难,不越界,不逾矩,是对自己和别人的尊重。

当一个人开始瞎管闲事,不管他的出发点是什么,实际上就已经干扰了他人的生活。

曾经有人问雕塑大师罗丹:"什么是艺术?"罗丹给出的答案是:"减去多余的部分。"

生活中,对我们来说无所谓的那些人,何尝不是多余的部分呢?

一位自媒体作者分享过一段经历。

有一天,她毅然辞去某电视台的主播工作,放弃铁饭碗,加入了自媒体阵营。

那阵子,无论关系熟与不熟,好多人都在质疑她的决定。面对负面的评价和异样的目光,她试着解释,希望得到理解。仔细解释过后,换来的声音有两种。一种是,"你怎么这么冲动""你真是太傻了"等诸如此类的回复。另一种是,尊重与支持她的选择,祝福她在新的道路上乘风破浪。这时候她才发现,发出第一种声音的人多是泛泛之交,他们对自己来说并不重要。

后来,她去别的城市散心,发了一条关于当地的朋友圈,没一会儿就收到了不少留言和点赞。其中一条留言是这么写的:"整天见你四处逛四处玩,有钱人的生活真好。"

她看到后没回什么,只是默默地把对方屏蔽了。此时的她已然懂得,不和无所谓的人纠缠,是放过自己最好的方式。

《甄嬛传》里金句无数,最喜欢的是甄嬛对四阿哥说的那句:"记着,任何时候都不要为不值得的人、不值得的事,费时间费心力。"

的确,人生短暂,没必要把时间浪费在无关紧要的人身上。关心对自己来说重要的人,做自己认为有意义的事,才是当下最要紧的事。

人这一辈子,既不能多管他人的闲事,也不能去招惹太闲的人,要远离闲人。

和闲人在一起,不仅会变得爱抱怨、爱发牢骚,而且还会妨碍自己长远的发展。

小飒,就是一个很典型的例子。毕业两年后,再和朋友碰面,朋友发现她变了很多。原来的小飒,是个十分阳光、积极向上的人。但现在,小飒总是时不时就抱怨,不是说这个同事的家长,就是说那个领导的里短。

一开始朋友还不觉得什么,只是每次碰面,小飒嘴里都是那么两件事。朋友就好奇,问小飒这是怎么了。原来,大学刚毕业,小飒就在家人的安排下,进入一家国企,过上了真正"钱多,事少,离家近"的生活。

作为基层员工的她,每天喝喝茶,看看报纸,然后和办公室的同事聊聊天。而同事们的话题,也总离不开各种八卦。久而久之,小飒的生活里就全成了这些。在朋友的追问下,她恍然大悟,觉得自己不能再这么下去了。她开始有意回避办公室的闲人,把自己的精力集中在看书、考证、改进工作方法上。没多久,小飒的眼里又恢复了往昔的光,她不再怨天尤人,也不再期期艾艾,而是以一种积极的状态生活。

和什么样的人在一起,你就会变成什么样的人。远离闲人,是一个人最大的自律。

沈从文也曾感慨:"我一生最怕是闲,一闲就把生命的意义全失去了。"每天有事做、有人爱,张弛有度、劳逸结合,生活才有奔头。

不过分打扰,是一种礼貌。

国画大家黄永玉先生是个有趣的人,不仅画画得好,文章写得好,而且情商高,与人交往的方式很特别。

他在散文《北向之痛》中,记录了他和钱锺书先生交往的逸事。黄家和钱家曾经是邻居,两家相距只有200米,可20多年来,黄永玉先生只去钱家拜访过两次,而且送礼只送到门口。

因为他深知钱锺书爱独处的习惯,他怕自己这个"富贵闲人"进去之后打扰了他的宁静,浪费他的时间。而钱锺书在闲暇时,也会先询问黄永玉是否有空,然后再去登门拜访。这样一来一往,不但没有打扰彼此的时间,而且相处舒心,情谊更加稳定。

第四节　做人十句话

最幸福的是童年,最值钱的是空间,最珍贵的是生命,最宝贵的是时间。

生在当下,珍惜今天。也许,每一个今天,都是你人生的全部。

今天很短,明天很长。岁月蹉跎,白驹过隙。一寸光阴,一寸生命。留得住的是山河,留不住的是光阴。

人生易老,岁月无情。珍惜光阴,就是延长生命。生命的价值,就在于有作为。

岁月如梭,唯一能抵抗无情岁月的,是生命本身的更新能力。不断地汲取水和养分,不停地呼吸新鲜空气,站在风里,获得自我的饱满、丰富、从容和慈悲。一边专心致志地扎根,一边畅快淋漓地绽放,将愿意奉献一生的事业做到底!

北大原校长王恩哥在一次演讲中讲到的十句话,句句箴言,与大家分享。

第一句,结交"两个朋友":一个是图书馆,一个是运动场。到运动场锻炼身体,强健体魄。到图书馆博览群书,不断地"充电""蓄电"。

第二句,培养"两种功夫":一个是本分,一个是本事。做人靠本分,做事靠本事。

第三句,乐于吃"两样东西":一个是吃亏,一个是吃苦。做人不怕吃亏,做事不怕吃苦。吃亏是福,吃苦是福。

第四句,具备"两种力量":一种是思想的力量,一种是利剑的力量。思想的力量往往战胜利剑的力量。一个人的思想走多远,他就有可能走多远。

第五句,追求"两个一致":一个是兴趣与事业一致,一个是爱情与婚姻一致。兴趣与事业一致,能使你的潜力最大限度地得以发挥。婚姻要以爱情为基础,没有爱情的婚姻是不道德的婚姻,也不会是牢固的婚姻。

第六句,插上"两个翅膀":一个叫理想,一个叫毅力。如果一个人有了这"两个翅膀",他就能飞得高,飞得远。

第七句,构建"两个支柱":一个是科学,一个是人文。

第八句,配备两个"保健医生":一个叫运动,一个叫乐观。运动使你生理健康,乐观使你心理健康。日行万步路,夜读十页书。

第九句,记住"两个秘诀":健康的秘诀在早上,成功的秘诀在晚上。爱因斯坦说过,人的差异产生于业余时间。业余时间能成就一个人,也能毁灭一个人。

第十句,追求"两个极致":一个是把自身的潜力发挥到极致,一个是把自己的健康守护到极致。

心在哪里收获就在哪里。如果你不花时间去创造你想要的生活,你将被迫花很多时间去应付你不想要的生活。成功的路上没有人会叫你起床,也没有人为你埋单,你需要自我管理,自我约束,自我突破。人的潜能无限,安于现状,你将逐步被淘汰;逼自己一把,突破自我,你将创造奇迹。

想干事的人永远在找方法,不想干事的人永远在找理由,世界上没有走不通的路,只有想不通的人。每天叫醒你的不是闹钟,是伟大的梦想。每天抛弃你的不是别人,是不成熟的自己。你现在的努力里,藏着你10年后的样子。

第二章　对工作心怀感激,感激他人,成就自己

第一节　让自己成为勤勤恳恳、努力向上的人

一个善良的人,就像一盏明灯,既照亮了周围的人,也温暖了自己。做人不一定要顶天立地、轰轰烈烈,但一定要善良真诚。你施人温暖,别人才会予你阳光,你施人真心,别人才会予你和善。

企业中普遍存在三种人。第一种人:得过且过,浑浑噩噩。

这种人从来都是按时上下班,按部就班;职责之外的事情一概不理,分外之事更不会主动去做;不求有功,但求无过。一遇到挫折,他们最擅长的就是自我安慰:"反正好事是少数人的事,大多数人还不是像我一样原地踏步?这样有什么不好?"

有的老师就是这样的:高级一成功晋级,就什么也不想了,觉得把家把孩子照顾好就行了。可是,如果你自身的素养不随着时代的进步而不断提升,你的思想意识会落后,你的品位会慢慢降低。你也照顾不好孩子,甚至会慢慢落后于你的孩子。因为你做不好孩子的榜样。有一句话想必大家都知道,让自己的孩子吃饱长大,这是连母鸡都能做到的事情,关键是看你想让自己的孩子成为一个什么样的人。所以说,得过且过只能慵懒自己的生活。

工作中有人常说"我做不到""我不会做",遇到困难总是说"怎么没人帮我?我不行的"。可努力的人想的却是"我想办法做到""没什么不可能,只有想不到的,没有做不到的"。放下你的悲观,放下你的退缩,放下你的千万种理由,放下那些不必要的包袱,轻装上阵,努力工作,尽自己最大的能力做最好的自己!

如果选择了安逸懒惰,那就做好接受未来平庸艰难的准备;若是心有不甘,就从现在开始直面挑战。生命中没有一种状态,能比不懈努力更能让我们活得理直气壮。只有受得了旅途风雨,才能看得到彩虹满天。

我们的职业是与文字打交道,用文字呈现我们的生活。拿起笔记录下教学生活的点点滴滴,这可是我们的财富,这可是我们一生最浪漫的事。收藏一路的欢笑,专业成长的道路也可以充满诗情画意。我们的生命里,藏着我们读过的书、走过的路、爱过的人,那些奋笔疾书的夜晚,那些勤奋读书的日子,那些背起行囊流浪的岁月,串联起来,才换来我们现在丰盈的人生状态。人生没有白费的努力,也没有碰巧的成功。每一天,都是为了迎接明天。在我们的教学生涯中,每个人都有许多事情值得记下来,但往往都是在脑海里一闪而过,一路走来,笑过、哭过,什么也没留下,笑声会随风飘走,泪水会随风风干。拿起笔,记下所思所想。等老了,退休了,躺在摇椅上慢慢摇,回忆那些最浪漫的事,将会回味无穷。

前行的脚步,踏着美好的信念;灵动的双眸,揣着梦想的希望。一路探寻,一路欢歌,一路把泪水像珍珠一样收藏。这种有形无形的触动及引领,叫作礼物,叫作力量!

我们要学会珍惜,珍惜眼前的一切,开开心心过好每一天。在人生的道路上,不要只顾匆忙地赶路而忽视了沿途的风景。

时间带走了胶原蛋白,也带来了洞察世事的智慧;带来了皱纹,也带来了内心平和与宽容。愿光阴不被辜负,愿生命恣意绽放。

我们经常教导学生,每天写日记,不但能提高自己的写作能力,而且能给自己的成长留下一笔精神财富。那就让我们陪学生一起写日记,和学生一起成长。

最有用的教育方式就是写日记,爱上阅读,以身示范,给予孩子尊重与理解、民主与自由、期待与信任。

曾国藩天资并不聪慧,却成为"内圣外王"式的人物,成为清朝中兴名臣,与他注重自我修养是分不开的。

曾国藩从29岁开始,每天坚持记日记,反思自己的行为,总结得失,从未间断。他在日记中毫不留情地剖析自己,反省自己。放下身段,放低自己,不断从外界汲取力量。

写日记,魏书生说是道德长跑,我说是自我教育、自我管理的最好方法。小学养成的习惯是天性,好习惯要尽早养成。

把最美的风景放在心里,用文字记下岁月里动人的暖。

第二种人:牢骚满腹,害了自己,伤了别人。

有些人,总是悲观失望,总是抱怨他人与环境,整天生活在负面情绪当中,完全享受不到工作的乐趣。这种消极情绪会不知不觉地传染给其他人。

有的老师不是埋怨领导不是伯乐(校长不是伯乐,你就要在他面前奔跑,扬起一阵尘沙,让其中的一粒沙跑进他的眼里,那样他就不会对你视而不见了,他会把眼睛瞪大了看你。虽然会误会你会瞪你,但是你的机会来了),就是埋怨工作的条件差(有没有想过,条件越差越能体现你的能力)。我想,无论环境优越还是恶劣,你只有不断地提升自己的专业水平,才能感受到工作的无限乐趣。我们常说,机会都是留给有准备的人。"改变不了别人,就改变自己";"赠人玫瑰,手有余香"……这些耳熟能详的句子,我们不能只会读而不会用。要不然我们教出来的学生会是什么样子?你拥抱阳光,那么整个世界都是亮的;你拥抱悲观,那么每一刻都是你的世界末日。人生中,自己打败自己是最可悲的失败,自己战胜自己则是最可贵的胜利。

人活着就应该以美好的心,欣赏周边事物,以真诚的心,对待每一个人。每个人都有自己的生活,生活是自己的,要对自己负责。每一天,要远离负面情绪。不嫌弃,不抱怨,活在一份宽容里;不攀比,不虚荣,活在一份淡然里;不自卑,不自怨,活在一份恬静里;不幻想,不虚构,活在一份真实里。平凡不要紧,只要平安就好;平淡不要紧,只要心安就好。美好的一天从好的心情开始。

满腹牢骚的人,只能是害了自己,伤了别人。怨天怨地,甚至怨自己生错了时代,这些有用吗?记得一次听公开课,听到有的老师边听课边发牢骚:我就不相信,每节课你都能这样上!做做样子,还不是为了出名?讲课的老师倒是如实回答:"不是,但这是一节公开课,我把想要表现的地方集中到一节课中,平时上课,有些方法或技能是根据课的不同而在不一样的时间出现,公开课不可能让我一个人在这里一节课接着一节课地来上。"是的,我们把公开课当成一本精华版来看,就不会发牢骚了,也不会有困惑了。心情平和了,每一节公开课都会给你带来不同的收获。

如果你想做一个好人,就要和好人为伍;想变得优秀,就要亲近更优秀的人。人与人之间,多一分理解就会少一些误会;心与心之间,多一分包容就会少一些纷争。不要以自己的眼光和认知去评论一个人,判断一件事的对错。不要苛求别人的观点与你相同,不要期望别人能完全理解你,每个人都有自己的性格和观点。人往往把自己看得过重才会患得患失,觉得别人必须理解自己。其实,人要看轻自己,少一些自我,多一些换位,才能心生快乐。

古时候,一位老和尚有个老是爱抱怨的弟子。有一天,老和尚决定开导他一番,于是派他去集市买一袋盐。弟子回来后,老和尚吩咐他抓一把盐放入一杯水中,待盐溶化后,喝上一大口。弟子喝完后,老和尚问:"味道如何?"弟子皱着眉头答道:"咸得发苦。"

随后,老和尚又带着弟子来到湖边,吩咐他把剩下的盐撒进湖里,然后说道:"再尝尝湖水。"弟子弯腰捧起湖水尝了尝。老和尚问道:"什么味道?""纯净甜美。"弟子答道。"尝到咸味了吗?"老和尚又问。"没有。"弟子答道。老和尚点了点头,微笑着对弟子说道:"生命中的痛苦是盐,它的咸淡取决于盛它的容器。"

这则小故事,虽然看起来十分简单,但它的寓意很深。同样是一包盐,当溶于一杯水的时候,尝一口咸得难受。可是当其溶于一湖水的时候,却丝毫感觉不到咸味。由此我们可以得出一个有关人生的道理:生活中固然有不少烦恼与痛苦,只要善于扩展心胸,把以前认为特别严重的事情看淡,把过去无法放下的困扰渐渐摆脱,我们的心境便会出现奇妙的改变。

第三种人:积极进取,充实人生。

人不停地做实事,本身就是一种享受。即使面对一些冷话、闲话、怪话,也能见怪不怪。实事做多了,其怪自败。自己在实实在在做事的过程中增长了智慧,提高了精神境界。

懒惰不会让你一下子跌倒,但会在不知不觉中减少你的收获;勤奋也不会让你一夜成功,但会在不知不觉中积累你的成果。决定一个人成就的,不是天分和运气,而是坚持和付出,是不停地做,重复地做,用心地做。当你真的努力了,你会发现自己潜力无限。

如果一个人整天什么都不想做,那么就永远都不会做成一件事情。如果一个人勤勤恳恳,哪怕每天只是进步一点点,最后也会有很大的收获。这就是勤则百弊皆除。

一个人最好的状态,就是与梦想互不辜负,微笑挂在嘴边,自信扬在脸上,梦想藏在心里,行动落于脚下。

人与人之间最大的吸引力,不是容颜,不是财富,也不是才华,而是传递给对方的那份正能量。生活从不亏待每一个努力向上的人,未来的幸运都是过往努力的积攒。

趁阳光正好,做你想做的事,趁年轻,赶快去追逐你的梦想。当有人逼迫你去突破自己时,你要感谢他。他是你生命中的贵人,也许你会因此而改变和蜕变。如果没有人逼迫你,请自己逼迫自己,因为真正的改变是自己想改变。或许蜕变的过程很痛苦,但每一次的蜕变都会有成长的惊喜。宁愿痛苦一阵子,不要痛苦一辈子。

世界上可贵的两个词,一个叫认真,一个叫坚持。认真的人改变了自己,坚持的人改变了命运。有些事情,不是看到了希望才去坚持,而是坚持了才有希望。

张迪是一家企业的一名员工。他总是积极地寻求解决问题的办法,即使在项目受到挫折的情况下也是一样。他整天忙忙碌碌,始终保持乐观的心态,时刻享受工作的乐趣。他只工作了3年就被提升为销售经理。

如果不提升自己的专业水平,工作中渐渐就会感觉力不从心。说实话,上点年纪的老师会有同感,遇到机会总是说让年轻人干。其实这些老师年纪并不大,又有多年的经验积累,却一直安于现状,没有让自己的专业成长跟上时代的步伐。年轻固然是无可抵挡的优势,但是经验也是得之不易的积累啊。所以我们要把握好自己的现在,不要以各种理由来为自己辩解。只有脚踏实地地走,成长的每一步才能留下深深的脚印。

毛竹用了4年时间,仅仅长了3厘米,但从第5年开始,积蓄的力量开始爆发,毛竹开始疯狂地生长,仅用6周,就能长到15米。

做人做事亦是如此,短时的付出不一定立马会有回报,努力扎根,等到时机成熟,你会登上别人遥不可及的巅峰。

每一份坚持,都是成功的累积,只要相信自己,总会遇到惊喜;每一种生活,都有各自的轨迹,记得肯定自己,不要轻言放弃;每一天,都是希望的开始,记得鼓励自己,展现自信的魅力。这世上,没有谁比谁更幸运,只有谁比谁更坚持、更执着、更努力。

自己的生活不能等别人来安排,要亲手去创造。只有规划和设计、争取和奋斗、调整和改变,才能一点一点实现理想的生活。纵使不会事事如意,但你可以骄傲地说,我曾全力以赴,没有留下遗憾。

第二节　珍惜工作缘分,发展弟兄友谊

人生最大的成本,是在错误的人际圈里,不知不觉耗尽一生,碌碌无为地度过一生。帮助别人,就是在成就自己。永远记住,人与人之间最好的关系,是彼此成就。

人生最大的喜悦,是遇见彼此的那一盏灯,你点燃我的激情,我点燃你的梦想,你照亮我的前途,我指引你走过黑暗的旅程。

路,有人同行,才丰富多彩;人,互相关心,才觉着温暖。愿你我彼此是贵人,相互成就。

岁月,浓厚了生命的色彩。时光,把彼此的情谊记载。相识,是上天精心的安排。珍惜,因为今生不会重来。人与人之间,其实就是见一面少一面。每个人的时间都是越来越少,所以要珍惜彼此。人这辈子也就几十年,珍惜身边人,过好小日子,大事不糊涂,小事不计较,开开心心的,轻轻松松的,让生活多一些美好,让人生少一些遗憾!

友谊是一道彩虹,无比美丽!友谊是一条江河,永不停息!友谊是一棵青松,四季常青!友谊是一缕阳光,让心灵共同成长!友谊是一双翅膀,让幸福并肩飞翔!友谊是风帆,让美好一路远航!

一、和优秀的人在一起真的很重要

在现实生活中,你和谁在一起的确很重要,它甚至能改变你的成长轨迹,决定你的人生成败。

和什么样的人在一起,就会有什么样的人生。和勤奋的人在一起,你不会懒惰;和积极的人在一起,你不会消沉。与智者同行,你会不同凡响;与高人为伍,你能登上巅峰。积极的人像太阳,照到哪里哪里亮;消极的人像月亮,初一十五都一样。

"物以类聚,人以群分",你是什么人,便会吸引什么人。

曾看过一段话:与凤凰同飞,必是俊鸟;与虎狼同行,必是猛兽。你若是

大树,何必与草争;你若是苍鹰,何必与鸟鸣。做最好的自己,遇见最好的人,便足矣。

　　生活中,我们不难发现,有相似爱好、相同脾性的人往往容易互相吸引。如果一个人行事光明磊落、尊老爱幼,那么他的朋友也一定有相同的品格。

　　一位心理学家曾说:人有不同的气质,你是什么样的气质,就会吸引什么气质的人。

　　一个乐观豁达的人,他身边的人也一定积极向上;一个阴险狡诈的人,他身边的人也大都居心叵测。

　　为人,决定圈子。正所谓:"道不同,不相为谋。"龙不与蛇同居,狼不与狗同食,志向不同的人很难走到一起。老话讲"猫鼠不同眠,虎鹿不同行",也是这个道理。

　　人与人的交往,三观相符才能相处舒服。

　　和谁在一起,真的很重要。

　　如果你想做一个好人,就要与好人为伍;如果你想变得优秀,就要亲近更优秀的人。

　　生活的苦难与得失,都在心态。而心态如何,就看你受到了何种影响。

　　和有趣的人在一起,养人。俗话说:"好看的皮囊千篇一律,有趣的灵魂万里挑一。"或许好看的皮囊让人赏心悦目,但有趣的灵魂才能带来乐趣,将生活变得生动缤纷。才子梁实秋,无论做事还是待人,都极其有趣。在留学时,因为条件简陋,吃不惯西餐,梁实秋便和几个好友在外合租了一套公寓,可做饭又成了难题,于是,几个人商量轮流做饭。有一天,轮到梁实秋当厨,碰巧有几个外国同学来做客。到了饭点,听说梁实秋下厨,做北京炸酱面,同学们便留下来,想要尝尝地道的中国面。从没进过厨房的梁实秋,把面条洗洗下锅,结果成了面疙瘩,端上桌,几个外国同学看面相不敢下手。于是,梁实秋拿出辣酱,告诉同学要蘸着酱吃才香,几个同学便迫不及待地尝试,结果一口下去,被辣得哇哇叫。几个人因为有了这一段深刻的记忆,感情迅速升温,成为好友。冰心说:一个人应当像一朵花,不论男人或女人。花有色、香、味,人有才、情、趣,三者缺一,便不能做人家的一个好朋友。我的朋友之中,男人中只有实秋最像一朵花。

是啊!世上男女何其多,我却独爱你那颗有趣的灵魂,与有趣的人在一起,才能将日子过得活色生香。或许有趣不能让我们马上升职加薪,也不能让我们摆脱柴米油盐的琐碎,但至少能让日子过得更有盼头。

明人袁宏道说:世人所难得者唯趣。趣如山上之色,水中之味,花中之光,女中之态,虽善说者不能一语,唯会心者知之。那些有趣的人,心里充满阳光,他们总能坦然地面对得失,挨过生命中每一个难熬的时刻。一辈子不长,所以要和有趣的人在一起,把握住当下。

和靠谱的人在一起,养心。所谓靠谱,就是凡事有交代,件件有着落,事事有回音。这世上,聪明的人很多,能聊得来的更是不少,越成长越明白,长久的友谊须靠谱。管仲和鲍叔牙从小就是朋友,两人年轻时一起闯荡。后来,机缘巧合,两人同时辅助齐国储君,鲍叔牙辅佐公子小白,管仲辅佐公子纠。可坐上高位的,只能是一人。管仲为了防止公子小白捷足先登,率领一队人马,射杀公子小白。没想到的是,公子小白不仅没死,最后还成了齐桓公,即位后,他誓要报这一箭之仇,射杀管仲。作为管仲的好友,鲍叔牙不仅不避嫌,还冒着杀头的风险,站出来为管仲求情,让齐桓公重用人才。最终,齐桓公放下一箭之仇,拜管仲为相,尊为仲父。管仲和鲍叔牙两人一起辅佐齐桓公成就了一番事业。正是管仲结交了鲍叔牙这样靠谱的朋友,即便遭遇危险,也有柳暗花明的转机。身处这个社会,我们常常抱怨命运不公,让自己生活累,工作苦,哪怕付出所有,依然没有得到自己想要的。其实,一个人在遭遇困境时,能不能重新振作,取决于在他脆弱时,是否有靠谱的朋友陪他共风雨。

人生在世,喜欢的人易寻,靠谱的人难找,遇到了请深交。这样的人,交往起来,以舒心为根源,使彼此相处不累;以有趣为根基,给彼此添点乐趣;以靠谱为根本,让彼此成为依靠。与他们在一起,我们轻松快乐,不生怨,感觉到安心,能一起成长。人生苦短,愿你做自己,与值得的人在一起。

和舒服的人在一起,养生。和言行舒服的人在一起,真的很重要,讨好别人不如快乐自己,不仅身心舒畅,还养生。人海茫茫,两个人能遇见,成为朋友,即是缘分,不互相苛求,才能够走得长远。

作家苏芩曾说过:"到了现在这个年纪,谁都不想要再取悦了,跟谁在一起舒服,就和谁在一起。"人活一世,不必讨好谁,那些伤害你、给你添堵、让你不舒服的人,放弃才是最好的选择。不懂的人又何必强求!不值得的人又何必生气!真正的朋友,哪怕彼此不说话,也不会觉得拘谨尴尬,哪怕很久没联系,也会一见如故。

跟舒服的人相处,清净自在,内心安宁。他们的微笑让人安心,举止令人温暖,让人感觉没有过不去的坎儿,没有渡不过的劫。不用吃任何补品,就能得到最好的养生。人生在世,朋友那么多,真心的没有几个,与其小心翼翼地去维护关系,不如主动远离,做好自己,与舒服的人在一起。

有这样一段话:不要去追一匹马,用追马的时间种草,待到春暖花开时,就会有一批骏马任你挑选。

不要去刻意巴结一个人,用暂时没有朋友的时间,去提升自己的德行,待到时机成熟时,就会有很多朋友与你同行。

用人情做出来的朋友只是暂时的,用厚德吸引来的朋友才是长久的。

丰富自己比取悦他人更有力量。自己是梧桐,凤凰才会来栖;自己是大海,百川才来汇聚。想遇到优秀的人,你也必须让自己变得优秀。

优秀的人,天南海北都是朋友;没实力的人,身处朝堂也是寸步难行。

优秀的人,才会遇见更加优秀的人;人品好的人,才会遇见人品更好的人。

正如《易经》所言:同声相应,同气相求。同类的事物,总是会互相吸引的。你若盛开,蝴蝶自来;你若精彩,天自安排。成为最好的自己,才会遇见最好的别人。一生不长,一定要让自己变得优秀,并与优秀的人同行!

二、人静时,躺下来仔细想想自己

世界上最宽阔的是海洋,比海洋更宽阔的是天空,比天空更宽阔的是人的心灵。

老鼠从不认为自己吃的东西是偷来的,苍蝇从不觉得自己脏,蝙蝠也不知道自己有毒。思想不在一个高度,就没必要互相说服。

不要和不讲理的人较劲,最后受伤的可能是你,因为你的十张嘴也说不过一张胡说的嘴。人想要快乐,一定要记住:遇到烂人不计较,碰到破事别纠缠。

人静时,躺下来仔细想想,人活着真不容易!复杂的社会,看不透的人心,放不下的牵挂,经历不完的酸甜苦辣,走不完的坎坷,越不过的无奈,忘不了的昨天,忙不完的今天,想不到的明天,最后不知道会消失在哪一天,这就是人生。所以再忙再累别忘了心疼自己,一定要记得好好照顾自己。人生如天气,可预料,但往往出乎意料。不管是阳光灿烂,还是聚散无常,一份好心情,是人生唯一不能被剥夺的财富。把握好每天的生活,照顾好独一无二的身体,就是最好的珍惜。得之坦然,失之泰然,随性而往,随遇而安,一切随缘,是最豁达而明智的人生态度。

我们都有缺点,所以彼此包容一点;我们都有优点,所以彼此欣赏一点;我们都有个性,所以彼此谦让一点;我们都有差异,所以彼此接纳一点;我们都会伤心,所以彼此相互安慰;我们都有快乐,所以彼此分享一点。因为我们有缘相识,请珍惜生命中的每一位家人、朋友,开心地过好每一天!

其实人的一生就是做好两件事:第一,教育好孩子,不要危害社会;第二,照顾好自己,保养好身体。

所以,从现在起,我们要用心生活,天天开心快乐。三千繁华,弹指刹那,百年之后,不过一捧黄土。请善待每个人,因为没有下辈子。

一辈子真的好短。有多少人说好要过一辈子,可走着走着就剩下了曾经;又有多少人说好要做一辈子的朋友,可转身却成为最熟悉的陌生人;有多少人明明说好明天见,醒来却天各一方。

所以,趁我们都还活着,爱人、战友、同学、朋友、同事,能相聚就不要错过,能爱时就认真地爱,能拥抱时就拥入怀,能牵手时就不放开。

请好好珍惜身边的人,不要做翻脸比翻书还快的人。再好的缘分也经不起敷衍,再深的感情也需要珍惜。没有绝对的傻瓜,只有愿为你装傻的人。原谅你的人,是不愿失去你。真诚才能永相守,珍惜才配长拥有。

有利时,不要不让人;有理时,不要不饶人;有能耐时,不要嘲笑人。太精明遭人厌,太挑剔遭人嫌,太骄傲遭人弃。

一辈子就图个无愧于心,悠然自在。世间的理争不完,争赢了失人心;世上的利赚不尽,差不多就行。财聚人散,财散人聚。

心幸福,日子才轻松;人自在,一生才值得。想得太多,容易烦恼;在乎太多,容易困扰;追求太多,容易累倒。

最好的人生状态,是总是满脸幸福模样,随心、随遇、随安,圈子小,事少,身边常伴有阳光、雨露和小草。

当你很累很累的时候,告诉自己你能坚持住,不要轻易地否定自己。一时的输赢并不代表什么,重要的是把后面的路走好,即使没人为你鼓掌,也要优雅地谢幕。人活着不是靠泪水博得同情,而是靠汗水赢得掌声。

这个世界没有不劳而获的事,想要得到回报,就需要认真付出。生活的馈赠,就藏在你日复一日的努力中,所有看似从天而降的幸运,都不过是厚积薄发的结果。你常把梦想挂在嘴边,却败在不愿改变的懒惰上;你向往更好的生活,却不愿跳出舒适区去争取。成长的路上,只有奋斗会给你带来最大的安全感。

懂是一种没有距离的陪伴。懂是一座桥梁,能让人与人的心灵沟通;懂是一种理解,明白他人的欲言又止;懂是一种体谅,知晓他人的言外之意。懂,即使不言不语,即使山高水远,彼此的心依然贴近,惺惺相惜没有远离。

一个"懂"字,说起来简单,做起来却很难。人这一生,被人懂,是幸运;有人懂,是幸福。

尊重,看似简单,实则深厚;看似轻如鸿毛,实则重如泰山。

无论是谁,尊重他人都是自尊的需要,也是自我完善的需要。所以尊重是做人的基石,是美德的体现,是涵养的象征,更是一个人一生的修行。

敬人者,人恒敬之。

只有懂得尊重,才能赢来尊重。人生漫漫长路,尊重是我们每个人一生中必修的课程。

尊重他人,即是尊重自己。懂得尊重的人,如冬日的暖阳,夏日的清风,相处起来让人倍感温暖舒适。懂得尊重的人,犹如空气一般,使人感觉自在又离不开。

人敬我一尺,我敬人一丈;你给我三分热,我给你七分情;一饭恩情,应当千米奉送……

康熙年间,大学士张英收到一封家信。说自家人为了争地,与邻居发生纠纷。张英阅后大笔一挥,回了一首诗:"千里修书只为墙,让他三尺又何妨?"家人接信后,主动让出三尺宅基地。邻居见了,也主动相让,最后修成一条六尺巷,传为美谈。

忍是一种功夫,能把"忍"功夫做多大,你的事业就能成就多大。所谓屈己者,能处众,好胜者,必遇敌,人能百忍自无忧。忍,是一种能力,也是一种境界。万事得成于忍,忍过黑夜,天就亮了,耐过寒冬,春天就到了。

朋友之间,如果你懂让步——不会因为利益而丢掉信任,不会因为矛盾而各奔东西,那朋友的手才越握越紧。

亲人之间,如果你懂让步——对父母不顶撞,对手足不冷漠,那血浓于水的情,永远根连根,心连心!

有句话讲得好:"好争之人,天将与之相争;谦让之人,天将与之相让。"

生活都是公平的,你付出什么,就收获什么:付出一种心态,收获一种思想;付出一种思想,收获一种行动;付出一种行动,收获一种习惯;付出一种习惯,收获一种命运。

所谓舍得,就是有舍才有得。一个人只有不吝啬,才能得到自己想要的;只有先懂得付出,才能有所收获。

人生在世,就是一个舍与得的过程,舍与不舍,得与不得,都在人的一念之间。

愿生活一切美好,心若向阳花自开,人若向暖清风徐来。

人,总是不知足。一直对你好的,你视而不见;没把你放在心上的,你却放在了心上。在乎你的,你置之不理;不在乎你的,你却死心塌地。

每个人的时间都不多,没有无事可做的付出;每个人的心只有一颗,没有无缘无故的关注。看不到回报,终会退出;收不到回应,终会寒心。

不要等到失去了,才知后悔;不要等到错过了,才晓遗憾。

珍惜家人,珍惜朋友,珍惜过往!

懂得珍惜,才配拥有!

人与人之间很少有真正的感同身受,有的只是如饮水般的冷暖自知。所以人生在世,为人处世、待人接物不要处处以自己的感觉和判断去理解和感受。有时,在你看来一件微不足道的小事,对别人来说,也许是永远无法逾越的鸿沟。

人情这东西,可以添砖加瓦,也可以画蛇添足。如果处理得当,是一种成熟,也是一种能力。它能拉近人与人之间的距离,也可以使自己的人生更上一个台阶。

所谓"聊得来"的深层含义,其实是读懂你的内心,听懂你的说话,与你的见识同步,配得上你的好,并能互相给予慰藉、理解和力量。

爱到深处,是无言;情到浓时,是眷恋。

时间会告诉我们:简单的喜欢,最长远;平凡中的陪伴,最心安;懂你的人,最温暖。茫茫人海,芸芸众生,遇到一个懂你的人不容易,一定要珍惜,更要善待,那是你一生的幸运。

知心的人养心,善良的人养德,快乐的人养颜,一个全身上下充满阳光的人,既温暖了自己,又温暖了别人。

第三节　学习

学习就是蓄水,思想就是蓄水池,什么是你的水,你蓄水池里有多少水,决定你能走多远的路。愿你能储蓄更多美好未来,乘风破浪,优雅前行。

一个人的财富、生命状态是跟其内在的认知相匹配的。每个人只能赚取他认知以内的财富,如果拥有的财富跟认知不匹配,那一定会以某种方式失去,所以想要让财富来到身边,唯有持续地提升自我的认知。

不学习永远不可能有个人心灵的成长,永远不会有精神的提升。学习不能改变我们人生的长度,但是可以改变我们人生的宽度和厚度。你有多努力,就有多优秀;你有多专注,就有多出彩。你的未来由你的态度决定,你的态度由你的格局决定,你的格局由你的境界决定。努力到忘了自己,拼搏到无能为力!

一、为什么学习

曾国藩曾言:人不读书,一日则尘俗其间,二日则照镜面目可憎,三日则对人言语无味。如果不读书,第一日会变得庸俗,第二日照镜子竟觉得面目可憎,第三日和人说话的时候索然无味、没有生机。

读过的书,就是你的格局。面对困境,有的人哭天喊地埋怨命运不公,有的人信奉"苦心人天不负,百二秦关终属楚"。

书只有被阅读之后,才是书。书的生命是通过阅读激活的,一个人只有和书亲密接触,书才会给他力量。

大家有没有发现一个现象:同一代人,30岁之前,差距都不大,不管是收入也好,地位也好,可是到了35岁以后,人与人之间的差距会越来越大,越来越远。这是为什么呢?究竟是什么让人与人之间的差距变得这么大?有人说是能力,有人说是天赋,还有人说是家庭背景……今天我们讨论的是同等家庭条件、同等能力条件前提下的对比。经过观察,我得到的答案是,读书学习的程度和本人的变化成正比。

读书,可以改变自身的气质,提升自己的格局。曾国藩30岁之前,格局小,气量小。而立之年他立志做圣人,勤奋读书,汲取前人的精神和知识,从一点一滴改变自身。随着时间的流逝,曾国藩的气质一天天在改变,最终完成从"庸人"到"完人"的蜕变。

读书和不读书,最终的结果截然不同。在该读书的年纪不读书,走向社会后你会发现,不读书人生会更苦。读书的苦,苦一阵子;不读书,会苦一辈子。

曾国藩少时读书出了名的勤奋,每天都要完成自己的读书任务,完不成不睡觉。曾国藩考秀才就考了6次,每次考试,天还没亮就起床,收拾好东西,走山路去赶考,天刚蒙蒙亮就进考场,在窄小的空间里待一天,其中的艰辛可想而知。

读书不仅要不怕辛苦,还要找到正确的方法,这样才能有所收获。

曾国藩教导子孙:"凡读书,不必苦求强记。只须从容涵泳,今日看几篇,明日看几篇,久久自然有益。"也就是说,读书不必死记硬背,要沉浸其中,反复玩味推敲,让读书变得轻松愉悦。

读书要持之以恒,"不可一日不读书",重视积累,日益精进,如此方得读书之法。

读书与不读书,隔一天看,没有任何区别,隔一个月,差别也不明显,但是隔5年、10年看,就天差地别。

有人说读过的书什么也没记住,其实知识已经像每天摄入的营养一样融入你的身体,无声无息,滋养着你的灵魂。

知识可以改变命运,古往今来,皆是如此。读书不是唯一的出路,但是读书却是最公平、最好走的路。

唯有读书这条路,不看重出身,不看重天赋,只看重努力和付出。只要你想,可以随时徜徉在书的海洋中,只要你付出,就会有收获。

曾国藩出生于农民家庭,天赋不高,但是他却通过读书这条路,一步步从秀才奋斗成进士,进士被点翰林。后来又因为读书,修身养性,成为一代

"完人"。

阅读可以促进内在自我的成长。通过读书,我们可以从前人的文字中学习经验教训,让心智逐渐成熟。

不知道在你读书时,有没有过这样一种经历:某一天,你在阅读一本经典著作的时候,某篇文字恰恰解答了你目前的困扰。或者,看到某一段文字,你会感觉跟你想说的如此契合。那一刻你会发现,你自认为了不起的见解,几千年前就有人思考过了,而且写了下来,写得比你想的还好。

这也是我文章里喜欢引用文字的原因,我也尝试过用自己的话表达,但是总感觉前人的文字比我想写的全面得多、厉害得多!

因为难得活一回,我们总是想多了解这个世界一点。但是一个人的时间和精力很有限,如果全靠自己去体验,一个人这辈子能走过的路和看过的风景毕竟有限。

周国平说过,阅读是与历史上的伟大灵魂交谈。

一本书就是一个故事,一本书就是一段人生,一本书就是一个世界。

读书能让你见识到世界之大,同时意识到自己的渺小。读书能让你在走向成熟的心路历程上孤独却不会寂寞,让你对自然界的万物充满好奇,并满怀敬畏。

文学使我们了解现实生活背后的本质,构建对生活和生命更深刻的感悟。生命中绝大部分的内容,都不是按部就班的。好多人之所以喜欢稳定的生活,对改变如此抗拒,就是出于对未来不确定性的恐惧,害怕生活偏离了原有的轨道。

未知意味着风险。但是,生活就是因为有不确定性才充满乐趣,如果一成不变,几十年如一日,又有什么意思呢?

好多人都在为一些人生选择而焦虑,比如选择什么样的工作。其实,没有任何一个明天是确定的。你需要做的只是冷静地计划,然后朝着你认为对的方向勇敢地迈进。

同时,一个人的收获与他所经历的挑战是相当的。人们总是喜欢待在自己熟悉的领域,因为熟悉会带来轻松。但熟悉也会让你停滞不前,如果你不甘愿平庸,就必须走出舒适区。

学习如走路,只有走更远的路,才能看到更多的风景;学习如爬山,只有爬更高的山,才能获得不同的视角。不要畏惧前方山高路远,不要害怕挑战和困难,当你一步一个脚印往前走,就能逐渐领略到世界的丰富,同时收获一个日臻完善的自我。

努力不分背景,每个人都在奋斗,都有自己奋斗的目标和方式。之所以会拉开差距,是因为每个人奋斗的力度不同。世间最可怕的事,就是比你优秀的人比你更努力、更勤奋。

读书是人类通往高贵的最低门槛,希望我们教师耕好"三尺地"的同时,也不荒自己的地。

无论是驱赶迷茫,还是对抗平庸,读书都是最简单也最实用的方法。阅读,犹如一场奇妙的旅行,总能带给我们丰富的体验。给自己一点时间,静下心来读书,它会一点一滴地滋养你、改变你。

二、怎样学习

读书就是积累,读书就是重复。读书就是循环,读书就是铁杵磨成针的功夫,读书就是步入"会、熟、精、绝、化"的阶梯。

苏霍姆林斯基对念书与读书有一段精彩的论述:判断一个学生会不会学习,一是看他有没有达到200小时的阅读积累,二是看他有没有达到2000小时的阅读积累。200小时的朗读就是念书,2000小时的阅读就是读书。

读书就是重复,重复是人类语言的规律。读书就是把简单的事情重复做,用铺路石把羊肠小路铺成高速公路。

《塔木德》是千年来优秀的犹太智慧的结晶,犹太人以它为财富圣经和生活的伴侣。书中包括财富、人的处世、学识、个人成长、谋略等,我每次读都有新的感觉,不得不称赞犹太人的智慧之深。

一个人如果把一本经典读100遍,他必定能从经典中领悟到为人处世之道,必定能改变其气质,开阔其胸襟。

魏书生老师认为:对成年人来说,快乐与否重要的不在环境,而在自己的内心世界是否广阔。

不以学习、劳动、做实事为乐,而以吃喝玩乐为乐,以看电视、打游戏为乐,幸福没有了依托,其心灵深处肯定是空虚的。

因为一个没有创造、只会消耗的人,如无源之水、无本之木,精神没有根源,不可能不枯竭。

人们容易把明天看得很长,容易觉得明天会大有作为,觉得明天会比今天杂事少,明天比今天更容易支配。实际上,明天基本和今天画等号。想要有什么样的明天,就得造一个什么样的今天。今天轻松快乐地去读书、写作,以享受的态度去做实实在在的事,那么明天你一定会活得更充实、更轻松、更快乐,能做更多的实事。

我们要有宽阔的胸怀,一颗大爱的心,心善福自来。魏书生老师教育思想"六个一"工程于2017年3月开始实施,受到各地师生欢迎。魏书生老师制订了处罚学生违纪的细则:犯了迟到早退的小毛病,给大家唱支歌表示歉意;犯了严重点的错误,需做一件好事作为补偿;犯了严重的错误,写500字的说明书,说明新我与旧我心理斗争的过程与结果。这样做,提高了学生的写作能力和政治思想素质。这是大爱,不是简单嘘寒问暖的爱。魏书生老师的课堂教学,开始时一些人觉得新颖别致,羡慕者觉得高不可攀,妒忌者认为它是离经叛道,但是魏书生老师坚持下来了,靠的是宽阔的胸怀,而不是与阻力斤斤计较。

魏书生老师的方法既符合学生的实际,又符合教学规律。他当校长、局长时都是把常规工作做精做细,固定20条,十几年如一日,坚持不懈,持之以恒,做深做透。郸城的汉字工程,坚持近10年,近视的学生明显少了。高中的早操、课间操是抓教学质量的很好突破口。口号逐步是郸城第一操、周口第一操、河南第一操,一步比一步好,教学质量一年比一年好。郸城一高一个班能有7个学生考上清华、北大。

河南大学程民生教授在2021年毕业典礼上说:"纯真辟油腻,善良辟邪。"心善福自来,心善的人,往往有人欺,天却不欺也不害。上天看在眼里,会把福气降临,也会让好运追随。心善如春园之草,不见其长,日有所增,福虽未至,祸已远离。恶人如磨刀石,不见所损,日有所亏,祸虽未至,福已远离。

我们要多一些换位,有坚持,看担当。

再远的路,走着走着也就近了;再高的山,爬着爬着也就平了;再难的事,做着做着也就顺了;成功之道,贵在坚持!

大事难事,逆境顺境,看胸襟;是喜是怒,看涵养;有舍有得,看智慧;是成是败,看坚持。

教学质量是检测课堂的标准。教学质量是教与学的质量,先有教的质量,再有学的质量。所以有人说:"老师好好学习,学生天天向上。"也就是说,有什么样的老师,就有什么样的课堂。老师不但要坚持学习,还要会学习。只有老师会学习了,才能教会自己的学生怎样学习,才能体现教的质量。不然就只能授予学生"鱼",而不能授予学生"渔"。

现在网上学习使很多老师找到了方向,特别是热心的老师建立了不同的学习群,老师们自发地听讲座,写反思,做研讨等,通过不同的形式学习。我被他们的热情深深地感动着,他们在用自己的良知践行着自己的职责。我们要善于学习,也就是会学习。比如,听了一节公开课,特别是一节好的公开课后,啧啧赞叹之余,要思考一下,这节课要是你来上会怎么做,或是某一个特别精彩的环节用在自己的课堂里,需要怎样变通才能适应自己的学生。这样,你的专业才能得到有益有效的提升。老师会学习了,学生受到潜移默化,也就会学习了。老师自觉不自觉地就教会了学生学习的方法。善教者缘于善学。

其实,每次学习能有那么一点点的心灵碰撞就相当不错了。即使一点点,我们也要心存感激,感谢为我们带来一点点灵感的专家、名师。感激别人成就自己。

不奋斗,你的才华如何配上你的任性?不奋斗,你成长的脚步如何赶上父母老去的速度?不奋斗,世界那么大,你靠什么去看看?一个人老去的时候,最痛苦的事情,不是失败,而是我本可以。只有拼出来的成功,没有等出来的辉煌,努力到无能为力,拼搏到感动自己!

　　起床不是为了应付今天的时间,而是必须做到今天要比昨天活得更精彩。昨天再好,也走不回去,明天再难,也要抬脚继续。你不勇敢,没有人替你坚强,你不疯狂,没有人帮你实现梦想。你昨天很优秀,并不代表今天会辉煌,要记住,昨天的太阳永远晒不干今天的衣裳,以阳光的心态继续前行。

第四节　遇到好老师是学生的第一幸福

对于学生而言,遇到好老师是自己一生中的第一幸福。老师首先要修炼好自己,让自己成为一个幸福的人,才能把幸福传递给学生。

一、修炼好自己

南怀瑾先生在书里写道:"真正的修行不在山上,不在庙里,而在社会中。我们每个人都在修行中生活,也在生活中修行。"

一个人能走多远的路,取决于他修为的高度。

罗素说:"一个人的外表,就是一个人价值的外观。它藏着你自律的生活,还藏着你正在追求着的人生。"修炼外表,是尊重别人,更是取悦自己。我们得体的外表,是给岁月最好的修饰。认真对待生活的人,才能获得生活的垂青。

看过一句话:"管好自己的言行,就是极好的修行。"亮眼的外表、得体的装扮很容易让人有乍见之欢。但要想让人久处不厌,你的谈吐和举止要得体。

生活中,我们总会碰到不顺眼的人,不顺心的事。有些人动不动就被脾气牵着走,火从心头起,气向胆边生。真正厉害的人,却早已把人生调成了静音。

收一收自己的脾气,遇事不急,逢人不恼。你会发现,身边的贵人多了,路也变顺了。

人们常说,欣赏一个人,始于颜值,敬于才华,合于性格,久于善良,终于人品。行走于世,人品是一个人最好的通行证。老话说得好:"唯有德者可以其力,唯有人品可立一生。"当你把人品修炼好了,所有的好运和惊喜都会如约而至。

古语有言:境由心造,物随心转。心若阴霾密布,处处是痛苦;心若晴空万里,处处皆风景。前方再暗,点亮一盏心灯,一切都会豁然开朗。一辈子不长,别让人生输给了心态。

一个人修行的最高层次,是修炼灵魂。杨绛先生曾在《走到人生边上》一书中感慨道:"人生实苦,终其一生,我们都要不断地修炼灵魂,完善自我。"人生是场没有终点的修行,我们一路朝圣而去,不是为了遇见谁,而是为了遇见最好的自己。

只有变成更好的自己,想要的生活才会奔你而来。

二、带着欣赏的眼光看人,带着包容的心做事,带着感恩的心看世界

一位好老师会尊重、热爱、信任每位学生,让每位学生都感觉自己是被重视和被关注的;充分发扬教学民主,以平等和蔼的态度对待学生。

有一位专家说得好,课堂就是生命的呼唤。真正有价值的教育一定是直指心灵的教育,是提升人生境界的教育,是培养美好品德的教育。

被误解时能微微一笑,是一种素养;受委屈时能坦然一笑,是一种大度;吃亏时能开心一笑,是一种豁达;无奈时能达观一笑,是一种境界;危难时能泰然一笑,是一种大气。

曼德拉曾被关押27年,受尽虐待。他就任总统时,邀请了3名曾虐待过他的看守到场。当曼德拉起身恭敬地向看守致敬时,全场都静了下来。他说,当我走出囚室,迈过通往自由的监狱大门时,我已经清楚,自己若不能把悲痛与怨恨留在身后,那么我仍在狱中。

原谅他人,其实是升华自己。

凡事学会感激,感激一切使你成长的人。感激伤害你的人,因为他磨炼了你的心态;感激欺骗你的人,因为他增进了你的智慧;感激中伤你的人,因为他砥砺了你的人格;感激鞭打你的人,因为他激发了你的斗志;感激遗弃你的人,因为他教导你应该独立。

三、人不仅要活得像钻石一样闪亮,还要活得像钻石一样坚强

人生在世,注定要受许多委屈,一个人越是成功,背后所承受的委屈就越多。委屈成就了你的格局。做人,有了一定的格局,先"见自己",了解自己的优势和不足;再"见天地",看清天地的广阔,自身的渺小。这样就能把小日子过得顺风顺水,得福得寿。

在工作中,做任何事都应把自己放空,抱着学习的态度,将每一次任务都视为新的开始、一段新的体验。千万不要视工作如鸡肋,食之无味,弃之可

惜,做工作心不甘、情不愿,结果于公于私都没有好处。

如果遇到一个人,他打破你的思维,改变你的习惯,成就你的未来——他就是你的贵人。

如果遇到一群人,他们点燃你的激情,唤醒你的自尊,支持你的全部——他们就是你的团队。

如果遇到一平台,它唤醒你的责任,赋予你使命,成就你的梦想——它就是你的事业。

对贵人,要学会感恩;对团队,要学会忠诚;对事业,要学会坚持。

人这一辈子,没有四季,只有两季。努力就是旺季,不努力就是淡季。今天的努力,成就未来的美好。每一个清晨,给自己一个微笑,告诉自己:人不仅要活得像钻石一样闪亮,还要活得像钻石一样坚强。

四、良心和人品

一撇一捺,一个人,干干净净,一辈子。为人,最贵不是金钱无数,而是无愧良心;处世,幸福不是财富几车,而是过硬人品。做人有良心,弱者帮扶,知道报恩,才有人顾你周全,患难相扶;做事有人品,不欺不骗,坦荡无愧,才有人和你共事,互相搭台。

良心,是做人的底线。

人活于世,就要有良心,用良心做底线,才能有人待见;用良心去交际,才能被人尊重。

拥有良心,做事不让人心寒,人才会助你;处世不把人欺骗,人才能信你。良心是无价宝,能换来一辈子内心安稳。

人品,是做事的底牌。

人生在世,重在良心,珍在人品。拥有了良心,懂得知恩图报,才有人再次援手;拥有好底牌,让人放心结交,才有人重用信任。

用良心做标准,这辈子咱都是好人;用人品当底牌,这一生咱都不亏心!

第三章 心中长存职业责任感，让学校成为有情相守的地方

第一节 最好的工作方式：用领导的标准要求自己

一、想成为什么人，就要以那个人的标准来要求自己，这是最简单的方式，也是最正确的路径

看到这样一个故事，想必大家也都看过，今天咱们再来共同感悟一下。

乔治做了一辈子建筑工作，他因敬业和勤奋深得老板信任。年老力衰，乔治对老板说，自己想退休回家与妻子儿女共享天伦之乐。老板十分舍不得他，再三挽留，但是他去意已决，不为所动。老板只好答应他的要求，但希望他能再帮助自己盖一座房子。乔治自然无法推辞。

乔治归心似箭，心思已经不在工作上，用料也不那么严格，做出的活儿也全无往日的水准。老板看在眼里，却什么也没说。等到房子盖好后，老板将钥匙交给了乔治。

"这是你的房子，"老板说，"我送给你的礼物。"乔治愣住了，悔恨和羞愧溢于言表。他一生盖了那么多豪宅华亭，最后却为自己建了这样一座自己不满意的房子。

同一个人，可以盖出豪宅华亭，也可以建造出粗制滥造的房子，不是因为技艺减退，而是因为失去了责任感。我们的职业又何尝不是如此？

每个企业的发展都需要一批敢于担当责任的人冲锋在前。如果一名员工在平时工作中就有担当，能够换位思考、替领导分忧，那他将很快就会具有管理者需具备的能力和眼界，发展自然快人一步。

认识到我们是在为自己工作，意味着自我负责和自我激励。一个人被提拔到领导职位，独当一面的能力是必须具备的。工作中要学会换位思考，在心里把自己放到领导的位置，长此以往自己也将逐渐具备作为领导所需要的

才能、眼界和担当。

具体来讲,关键要做到以下五点:

第一,思想上要换位。要站在领导的角度看问题,以领导的标准来要求自己,以领导的思路来谋划工作。

第二,态度上要换位。要以领导的工作态度来开展工作。所谓领导的态度,不仅是认真、细致,更重要的是具有危机感。一件事情,你做错了,可能还有修改的余地;领导搞砸了,没人为他兜底,结局可能是一败涂地。有些事情,你输得起,领导却输不起。这个"输不起",就是作为领导的态度。

第三,工作上要换位。当自己还是普通员工时,就要以领导的标准来要求自己,无论是排方案、搞活动,还是写材料、做汇报,都将自己置于决策者的位置。

第四,能力上要换位。要认真比照自己跟领导的差距,找出薄弱点,逐条加以提高。等自己的能力达到领导的标准,那晋升也是顺理成章的事。

第五,不断提高自己的悟性。一些话,有些人一听就懂,有些人则怎么都理解不了;一些工作,有些人看一遍就有自己的想法,并主动去实施,有些人则需要别人催促着去干,还漏洞百出;一些错误,有的人只会犯一次,有的人则在同一个阴沟里多次翻船。这就是悟性不同。工作中,最重要的悟性是举一反三。不要老是按照套路出牌,要想得再多一点,想得再深一点,想到别人想不到的东西,这样你才能赢。

二、人生最重要的,是持续向前

人生,就是一场与生活的较量。再长的路,坚持走下去,终会走完;再短的路,迈不开双脚,也无法抵达彼岸。

不要在乎一路奔波会被脚下的石头绊倒,凡是走在这条路上的人,都有摔倒的时候。有些人选择了忍着疼,站起来,拍拍身上的土,继续向前;而有的人,则怨天尤人,就此沉沦,停滞不前。

心存侥幸的人,注定得不到自己想要的模样。你付出多少,生活便回赠你多少。船停在码头是最安全的,但那不是造船的目的;人待在家里是最舒服的,但那不是人生的追求。

人这一生没有固定模式,同样的目的地,有人坐头等舱,有人坐经济舱,可以选择适合自己的位置,但却不能输了志向与追求。

不要着急,最好的总会在不经意间出现,当你足够优秀时,你周围的一切都会好起来。那些成功的人,不是因为他们没有失败,而是因为他们从未放弃。

时间是最有良知的朋友,你努力的每一天,它都会帮你铭记。

不要在事情开始的时候畏首畏尾,也不要在推进的时候瞻前顾后,不要被难免的困难与坎坷吓倒。毕竟凡事都不可能随随便便成功。

不要盲目地去做一件事,但决定去做一件事情的时候,就要斩断退路,这样才能更好地赢得出路。

尽力而为和全力以赴,是两个完全不同的概念,唯有铆足了劲去拼,才能创造出不一样的精彩。

生命不止,奋斗不息。站在适合自己的位置,做好自己该做的事情,不羡慕,不嫉妒,怀揣着善良与理想努力。

生命中任何有价值和有意义的东西,都需要我们付出努力和辛劳去换取。你得到什么,取决于你付出了什么。

想要成为什么样的人,过怎样的生活,完全取决于我们自己的选择。学会善待自己,也要学会激励自己,学会放下繁杂,也要学会掌控人生。

有时候适当对自己狠点,未必不是好事。不逼自己一把,你永远不知道自己有多优秀。

一个人,不怕做过什么,怕的是将来后悔没做什么。生命只有一次,要么成就,要么将就,不想将就,就去努力成就。

千里之行,始于足下,漫漫长路,不要问何时抵达,与其观望,不如就从此刻出发。

余生只管大步流星地往前走,相信你想要的答案,会在未来的某一刻不请自来。不管有多少未知与崎岖,都会比站在原地等待更接近幸福。

第二节 责任和责任感

责任是对自己所负使命的忠诚和坚守。

责任感不同于责任。责任是指对工作的一种承担,而责任感则是一个人对待工作的一种态度,责任有限,而责任感无价。

我们既然选择教师这个职业,就应该努力地完成这项使命,对这份工作充满责任感。一个老师责任感的强弱决定了他对工作的态度,一个人对工作的态度,决定了他在专业发展的道路上能走多远。

有人说,把教育当成职业,你会用心去做,把教育当成事业,你会享受到无穷的乐趣。只要用心坚持下去,你就会自然地享受到职业美带来的无穷幸福感。

一、有了责任和责任感,就有了事业

一项工作不得不干那叫职业,干了还想干才叫事业。

一位有责任感的教师,要想在教育教学实际工作中得心应手,就必须通过不断的学习,努力提高自己的业务能力、文化素养,提升自己的生活品位、个人素质,形成独特的教学风格、高尚的人格魅力。

潢川高中一位老师教了10多年语文,学生成绩一直很好,我去结题时见到他。我问他有什么经验,他说:"一个字——'背'。我告诉学生,咱背教材。我背得如果没有你们熟练,我喊你老师,随便你们批评我。我感动了学生,都背得很好。"我随便提一段,这位老师能脱口而出在哪一册、哪一页、第几行。最笨的办法,往往是最好的办法。他的背诵方法影响到其他学科,整个班级的成绩一直保持领先。

我最近见到一位多年的朋友,是博导。一见面我就问,你现在是博导了,还让学生背书名吗?他说,那当然。硕导时,研究生背会500个书名,再看论文。现在博士毕业要背1000个书名,这一关是硬条件。否则,休想毕业。

人生就是一本书,封面是父母给的,内容是自己写的,厚度可能不完全由

本人决定,但精彩程度却一定是自己创造的。

二、教育最缺乏的是自由

1560年,瑞士钟表匠布克在游览金字塔时,做出了一个石破天惊的推断:金字塔的建造者,绝不会是奴隶,而只能是一批欢快的自由人。很长时间,这个推论都被当作一个笑料。然而,400多年之后,也即2003年,埃及最高文物委员会宣布:通过对吉萨附近600处墓葬的发掘考证,金字塔是由当地具有自由身份的农民和手工业者建造的,而非希罗多德在《历史》中所记载——由30万奴隶所建造。

历史在这里发生了一个拐点,穿过漫漫的历史烟尘,400多年前,那个叫布克的小小钟表匠,究竟凭什么否定了伟大的希罗多德?何以一眼就能洞穿金字塔是自由人建造的?

埃及国家博物馆馆长多玛斯对布克产生了强烈兴趣,他一定要破解这个谜团。真相一步步被揭开:布克原是法国的一名天主教信徒,1536年,因反对罗马教廷的刻板教规,锒铛入狱。由于他是一位钟表制作大师,囚禁期间,被安排制作钟表。在那个失去自由的地方,布克发现无论狱方采取什么高压手段,自己无论如何都不能制作出日误差低于0.1秒的钟表。而在入狱之前,在自家的作坊里,布克能轻松制造出误差低于0.01秒的钟表。为什么会出现这种情况呢?布克苦苦思索。

起先,布克以为是制造钟表的环境太差,后来布克越狱逃跑,又过上了自由的生活。在更糟糕的环境里,布克制造钟表的水准竟然奇迹般地恢复了。此时,布克才发现真正影响钟表准确度的不是环境,而是制作钟表时的心情。

在布克的资料中,多玛斯发现了这么一句话:一个钟表匠在不满和愤懑中,要想圆满地完成制作钟表的1200道工序,是不可能的;在对抗和憎恨中,要精确地磨锉出一块钟表所需要的254个零件,更是比登天还难。

正因为如此,布克才大胆推断:"金字塔这么浩大的工程,被建造得那么精细,各个环节衔接得天衣无缝,建造者必定是一批怀有虔诚之心的自由人。一群有懈怠行为和对抗思想的奴隶,绝不可能让金字塔的巨石之间连一片小小的刀片都插不进去。"

也就是说：在过分指导和严格监管的地方，别指望奇迹发生，因为人的能力，唯有在身心和谐的情况下，才能发挥到最佳水平。

我想到了我们的教育。当前，我们的教育生态，恰恰就是以束缚为特征，以大负荷、高速度和快节奏为根本。我们把水灵灵的教育业，弄成了干巴巴的制造业。我们只有制造，没有教育。我们只有统一模型的产品，没有千姿百态的学生。

一位老教师出了名的管得严，可是教学质量总是倒数。我听了他一节课，他不允许学生有一点前仰后合、左顾右盼，否则批评几分钟，一节课批评三四位学生，占去近10分钟。我给他讲了这个故事，他才明白了为什么教不会学生。

恐惧会让学生失去安全感，在这种情形之下，学生的心灵只有小心翼翼地自我保全，没有活泼泼地主动发展。

而真正的教育是：你的心不被恐惧占领，不被理想、符号、词语所裹挟，你可以敞开心扉直接和世界肌肤接触，你能闻见世界的味道和气息，触摸到它的柔软和质地。教育的意义是帮助你从孩提时代开始就不去模仿任何人，做你自己。

金字塔必须由自由人建造，教育也必须在自由中产生。

唯有自由的人，才有感悟的闲暇、创造的快乐。我们每天都在创造，我们为自己的创造而感动，我们赋予自己独立学习的意义，选择我们自以为有价值的生命质感。这个时候，我们的灵感在飞扬，思维在穿越，微笑和友谊都在潜滋暗长。

为了自由，我们还必须摒弃经验。经验不能使人自由，透过经验学习，只是根据个人原有的局限所造出来的新模子，这个模子会阻碍人找到真正的自由。自由是对自己的不断认识，从而达成对人和世界的认识。

三、贬低式教育，是喂给孩子最毒的药

看过一期《少年说》，有一位女孩上台吐槽了自己的"毒舌"妈妈："我觉得我妈妈生活得一定很苦,毕竟她的嘴那么毒。"

数学考试没考好,妈妈便冷嘲热讽。女孩喜欢一件连衣裙,便托爸爸买了回来,妈妈看到之后整个人脸色都变了。更过分的是,妈妈总是当着弟弟的面贬低她。

妈妈在台下听完女儿的吐槽,解释说自己并不是毒舌,出发点都是为了孩子好,只不过用了比较犀利直白的方式。

随后女儿一句话,让全场唏嘘:你的所谓犀利直白已经对我造成了伤害!生活中又有多少父母,满嘴是爱,却面目狰狞,伤孩子最深。

"你这么粗心,怪不得成绩总是不如×××。"

"别总吃肉,看看你都胖成什么样子了?"

"一天天就知道玩游戏,就这样还想着能考好?做梦吧你!"

打击带给孩子的从来都不是教育,而是伤害。

从小被父母否定的孩子,到底有多苦?

电视剧《以家人之名》里,齐明月就是一个从小被父母不断否定的孩子。买衣服事件,就是齐明月妈妈"打击式教育"的一个缩影。一开始,齐明月先拿起了一件白色的衣服,妈妈批评她:"不爱干净还爱穿白色的,以后你自己洗想买什么颜色都行!"又挑了一件黑色的,结果妈妈却说黑色不适合她。最后,齐明月按照妈妈的喜好选了粉色,可妈妈还是不满意,骂她:"你跟你爸真是一模一样,一点主见也没有!"

伴随着妈妈的否定和打击,齐明月长成了典型的"低自尊者":认为自己很差劲,什么事情都做不好;总是把自己放在卑微的境地,一旦出现一点矛盾,都会认为是自己的错;面对一切美好的事物时,经常产生"我不配"的想法。父母打击孩子,只会让孩子觉得自己不配得到好的东西,不配被爱,也不配快乐,最终得到的,就是一个自卑、怯懦、郁郁寡欢的孩子。

面对孩子的不足,父母可以指责孩子:"什么都不能跟人家比,谁像你一样没有用啊。"但也可以选择发掘孩子的优点:"没有谁能像你一样啊,不用什么都跟人家比。"

当孩子考试失误了，父母可以埋怨孩子："这题你不是练了好几遍，笨得哟。"但也可以再多一点耐心："你不笨，是这题得练好几遍哟。"

有一天，一位妈妈给孩子梳头的时候，孩子望着镜子里的自己，突然哽咽地说："妈妈，我好难看。"妈妈听了很惊讶，因为在她眼里，女儿超漂亮的。于是，这位妈妈列举了女儿很多优点：超可爱的小酒窝，漂亮的巧克力肤色，还有一口漂亮的小白牙。最后，妈妈看着女儿的眼睛，郑重地告诉她："你很美，你长大以后可以成为你喜欢的样子。"

作为父母，我们总是害怕孩子没有勇气和能力去面对生活的挫折和刁难。可走出困境的秘诀，从来都不是自卑和逃避，而是乐观、勤奋、善良。但这些美好的品质永远不会凭空出现，唯一的办法就是让孩子从我们身上一点点复制。所以，我们真正应该给孩子的不是打击，不是否定，而是无条件的支持与信任。我们要学会相信，每一个孩子都是一颗种子——有的种子，很快就能开花结果；有的种子，需要漫长的等待和耐心的浇灌，才能长出幼苗；还有的种子，或许一辈子都不会开花，但它会长成一棵参天大树。我们能做的，就是看到孩子内心的光，并指引他们一步步走向未来和远方。

四、教训和教育

教育是什么？就是让每个人的心与灵在一起舞动。把自己的最真最善最美留下来，去滋养一个环境，让这个社会更加温暖，更有爱。

教育不是一剂猛药，立马见效，而是像水一样，无声地浸润着孩子的心灵。不是哪天一件事就能让孩子顿悟，而是需要每天每件事的积累。

教训和教育，一字之差，谬以千里。我们往往把"教"与"训"混为一谈。

"学"是主动的，"教"是被动的，主动地"学"比被动地"教"更为有效。

教育，只有在自由的状态下，才可能发生。为了提倡主动学习，反对强加于人，连孔子都推崇"学而时习之，不亦乐乎"等主动学习的愉悦感受。真正的教育不应有也不会有训的成分，舍此，我们何以解释"教学相长"？

伟大的教育家蒙台梭利从人格培养的角度分析了强迫教育的危害。她说："一个儿童，如果没有学会独自一个人行动，自主地控制他的作为，自动地管理他的意志,到了成人以后,他不但容易受到别人指挥,并且遇事非依赖别人不可。一个学校里的儿童,如果不断地受教师干涉、禁止、呵斥,以至于诟骂,结果会变成一种性格上很复杂的可怜虫。"

教育,如何真正地发生?注定要让学生获得自由,免于恐惧。真正的大师不会在恐惧和束缚中产生。

有时想想,教育其实很简单,就是先让自己善良起来、丰富起来、健康起来、阳光起来、快乐起来、高贵起来,然后去感染孩子,带动孩子,让孩子也善良、丰富、健康、阳光、快乐、高贵。

五、职业责任感的精神力量

当一个人工作责任感饱满时,就会主动去学习,对工作产生浓厚的兴趣,同时也会对工作充满热情,这样就能够积累更多的经验。责任感是我们面对工作阻力时的精神力量,拥有责任感可以让你有勇气说不怕,可以让你心有多大,就搭起多大的舞台。

自我教育与团队影响,是教育的两个重要途径。两者本身也联系密切。每个人都像一个发射器,向共同体中的每个人发射自己的能量。所以,做最好的自己,永远是最简单而正确的逻辑。

一所学校如果老师都具有较强的职业责任感,那么这个学校就会教学秩序良好,教学质量稳步上升。反之,这所学校就会教师情绪低落,学生纪律散乱,教学质量低下。我们一定要让责任感成为一种强烈的意识,深入到工作中的一点一滴,并一直坚持下去,不断提升自己的工作能力。

有了责任感,就会把教育工作当作事业认真去做;有了责任感,就会主动不断提升自己的专业水平;有了责任感,就会把个人融入学生当中,将所有的智慧和才能毫不保留地播撒在教育这片沃土上。

比别人多一点努力,你就会多一分收获;比别人多一点志气,你就会多一份出息;比别人多一点执着,你就会创造奇迹;比别人多负一点责任,你就会多一点成长;比别人多一点责任感,你就会多一点智慧!

第三节　责任感让我们找到自己有情相守的地方

一、人贵在有魂魄

天之贵,贵在有风有雨有太阳;地之贵,贵在有山有水有生机;人之贵,贵在有情有义有牵挂。

我们每个人需要"精、气、神",工作需要有魂魄。什么是魂？你这位老师不在这个学校了,大家还想着你,赞美你,这就是魂。什么是魄？魄是工作的能力。

有位被称为全国最华丽的教师,他住别墅,开宝马,无论到哪个学校,再差的班级他都能让学生喜欢学习。无论他接哪一个学校的哪一个班级,第一个月他从不讲课,不让学生学习,而是先和学生打成一片。他做的基本功是让学生喜欢他。感情的沟通带来的是心与心的交流,心与心的交流带来的是学生对教师的依恋和信赖,对课堂的尊重和热爱。一旦学生喜欢你了,爱屋及乌,很自然地他就喜欢你的课了。喜欢了自然就产生了兴趣,兴趣是成功的源泉。先是喜欢,继而又有了浓厚的兴趣,学生的学习成主动了,还会学不好吗？当然,这位老师一定有自己的过人之处,也就是自己的专业技巧,这就是他的魄力。但是他到哪个学校都干不了太长时间。为什么？与同事的关系搞不好,总是遭到同事的排挤,到了一个学校,学校的全体老师集体辞职,口号是"留我们不留他,留他我们走"。这是为什么？因为他有魄而没有魂。一个人的魄力没有了灵魂的注入,那么他的魄力就没有了活力,没有了栖息之地。

不是因为某种原因离开了,昔日的同事都想你,而是到了哪里,哪里的同事都排斥你。一个人排斥你是嫉妒你,是对方的心态不好,所有的人都排斥你,那就要想一想自己的原因了。这就是我要说的,工作需要有魂魄,魂魄不能分家,少了哪个,就少了生存的土壤。

一个人要学会和别人分享。其实,分享是能提高自己的,不是说别人学走了自己的内容,就成别人的了,那样只能禁锢自己。要交流,与同事交流,与所有能对话的人坦诚地交流,在交流的过程中,就会有新的收获与进步。

二、自己的第二个自然家

喜欢一种活法,在静谧的时光里,读书、品茶、赏花,用内心的柔软来丰盈自己。

喜欢一种岁月,恬淡安然,纵然冷暖交织,心中依有一树花开,温和从容。

喜欢一种惬意,在一杯茶里消磨整个黄昏,在半个梦里看星星满天。

日子是穿起岁月长河的诗行,在烟火和尘埃里婉约出韵律。我不求水月在手花香满衣,只愿光阴简约美好。

日子平淡,好在我喜欢。一朝一夕,一山一水,都是愉悦。

我到一个学校,先看办公室,如果干净卫生,能坐得住人,教学质量应该不会差。即便是差,也是暂时的。由办公室想到"爱岗敬业、爱校如家"这两个词。什么是家?有情相守的地方叫家。我们小时候父母在哪儿,哪儿就是我们的家;我们年老了孩子在哪儿,哪儿就是我们的家。学生、学校、同事就是我们的"情"。有什么样的家长,就有什么样的家;有什么样的校长就有什么样的学校;有什么样的教师,就有什么样的班级,就有什么样的课堂。

我们有情相守的地方是学校。学校是我们的第二个家,我们只有爱学校,才能在学校里过得更快乐、更舒服、更充实,只有爱学生,才能体验点点滴滴的职业幸福。愿我们每一位教师都能情系学校、情系同事、情系学生,让"情"满校园。这样,我们的学校才充满温暖,教师才有舍不得的学生,学生才有舍不得的教师。没有真情,生活就是无边的荒原;没有质量,教育也就只是一句空话。

爱校如家,爱生如子。把学生看成自己的孩子,把家长看成自己的亲人。如果想不开,看看学生,再想想——假如我是孩子,假如学生是我的孩子,你的职业幸福感就会油然而生。寒冬的梅花都会努力绽放,春天草木都在努力生长。每个生命都在生长,向周围的人证明我能行。所以,我们教的学生,都应该努力证明自己能行。

你是不是总羡慕别人的幸福，却常常忽略了自己生活中的美好？其实，幸福的人并非拥有了世界上最好的东西，而是珍惜了生命中的点点滴滴。学会用感恩的心面对生活，你就可以体味到更多的幸福。实实在在，踏踏实实，在工作的时间内，做好分内的事，也是一种幸福。

第四节　科学管理自己的情绪,学会控制自己的脾气

都说情绪稳定是成年人最重要的能力之一,它又何尝不是一个人成熟的标志之一呢?小时候,一旦受了委屈,恨不得全世界的人都知道,也常常企图以哭声为武器,换取他人的安慰;长大了恰恰相反,摔倒时即便想哭,也要先确保身边没人。

以前,情绪的开关常常不在自己手里:他人的冒犯让我们不快,他人的优秀让我们嫉妒,他人的忽略让我们患得患失。而现在,我们要学会做情绪的主人。情绪管理,是学会克制,学会释然,学会不为外物所扰,不再凡事锱铢必较。真正成熟的人,知道在时间管理失败的情况下如何依然情绪稳定,也知道在情绪崩溃的情况下如何继续自己的生活,既不会不管不顾地发泄,也不会一味地隐忍不发,在"吞下"和"表达"之间,他们找到了平衡。

一、福气就是书

假如福气是一本书,那么每发一次脾气,就等于从中撕掉一页。撕到最后薄如蝉翼时,福气就荡然无存了。

福气是和气凝聚而成的,脾气来了,福气就走了。

平常人一怒,气坏了自己,难堪了别人,损伤了情感。

若以欢喜心为人处世,就自然得到福气的垂青。

人只要脾气好,凡事就会好。脾气任性,福不加身。

二、控制情绪,掌控快乐

藏在内心的不良情绪在生活中时时涌现。

从前,在一个水池里,住着一只坏脾气乌龟,它和来这里喝水的两只大雁成了好朋友。

后来,有一年天旱,池水干涸了,乌龟没办法,只好决定搬家。它想跟大雁一起去南方生活,但它不会飞。于是两只大雁找来一根树枝,叫乌龟咬住中间,大雁各执一端吩咐乌龟不要说话,就动身高飞。

它们飞过翠绿的田野,飞过蔚蓝的湖泊。地上的孩子们看见,觉得这个组合很有趣,拍手笑起来:"你们看呀,那只乌龟很滑稽啊。"乌龟本来得意扬扬,听到嘲笑后大怒,就想开口责骂他们。它口一张开,就跌下来,碰着石头死了。大雁叹气说:"坏脾气多么不好呀!"

坏情绪甚至会伤害别人。

有一个男孩,很任性,常常对别人发脾气。一天,他的父亲给了他一袋子钉子,并告诉他:"你每次发脾气时,钉一颗钉子在院子里的木板上。"

第一天,这个男孩发了37次脾气,所以他钉下了37颗钉子。慢慢地,男孩发现控制自己的脾气要比钉下一颗钉子容易些,他每天发脾气的次数一点点地减少。终于有一天,这个男孩能够控制自己的情绪,不再乱发脾气了。

父亲告诉他:"从现在起,每次你忍住不发脾气的时候,就拔出一颗钉子。"过了许多天,男孩终于将所有的钉子都拔了出来。

父亲拉着他的手,来到木板前,说:"孩子,你做得很好,但是现在看看这布满小洞的木板吧,它再也不可能恢复到以前的样子了。你生气时说的伤害别人的话,也会像钉子一样在别人心里留下伤痕,不管你事后说多少对不起,那些伤痕都会永远存在。"

心理学家通过病例分析发现,生气1小时造成的体力与精神消耗,相当于加班6小时。人的负面情绪得不到释放,会导致血压升高、胃肠紊乱、免疫力下降,引起皮肤弹性下降、色素沉着,甚至诱发疾病。因此,生闷气是对自己施加酷刑。

人的优雅关键在于控制自己的情绪。用嘴伤害人,是最愚蠢的一种行为。一个能控制住不良情绪的人,比一个能拿下一座城池的人强大。

工作不如意,我们会委屈,甚至怨天尤人;生活不顺心,我们会发火,甚至迁怒于人;孩子不懂事,我们会动怒,甚至说出狠话。

可我们永远意识不到,真正承受我们脾气的,恰恰是身边我们最爱和最爱我们的人。

《半山文集》里说:世上并没有那么多坏人,多数时候只是在负面情绪下表现出来的举止言行而已,因为坏情绪的存在,每个人都有变成坏人的时候。

当我们歇斯底里指责孩子的时候,我们变成了他眼中的坏人;当我们大声地和伴侣抱怨的时候,我们变成了难以相处的坏人。拿自己的情绪去宣泄,不但会让亲人受委屈,还会让那些亲近我们的人止步。

拥有好情绪,和颜悦色去处理问题,是作为一个成年人必经的修行。

发出情绪是本能,压下情绪是本事!

三、情绪稳定,才是一个人最好的养生

最爱我们的人最大的心愿,就是我们能够保持开朗、微笑、乐观,从容地活一生。

小时候的我们,未必能懂得父母的用心良苦;长大了的我们,明白了父母的用心,却再也做不到控制自己。

百川东到海,遇到障碍,尚且知道绕行,何况人?

生活中,有了逆境,有了烦恼,其实没有什么,不要悲观,不要停滞,一切都只是路过。

我们不能只盼望生活中都是美好的景色,不出现一点糟粕,而是要学会在逆境中寻求出路,在坎坷中放平心态,在糟粕中找寻新的方向。

费斯汀格法则:生活中的10%是由发生在你身上的事情组成,而另外的90%则由你对所发生的事情如何反应决定。

如若荆棘不能给你让路,那你就放平自己的心态,踏破荆棘;如若人生有很多鸡毛蒜皮,那你就放宽自己的心胸,去把烦恼淡忘。学会稳定自己的情绪,你会发现,那些所谓过不去的关卡,也不过如此。笑一笑,路的尽头还有路,转个弯,一切都会变得不一样。心态好了,笑容多了,生气时候少了,身体负荷减轻了,你会遇见更好的自己,拥有更幸福的人生。

四、控制情绪的方法

人总有情绪低落的时候,情绪低落,既会影响生活,也会影响日常的工作和学习。当你感觉自己正被一些问题困扰时,不妨试着将注意力转移到愉快的事情上去。分散你的烦恼,把它们各个击破。减弱你的烦恼,对于非原则

的刺激,我们尽可能做到不听,不看,不感觉,不让它输入。

解脱就是换一个角度看问题,对它做出新的理解,以求跳出原有的局限。

学会自我排解,学会多做几个深呼吸,听听音乐,到野外去散散心,把那些不愉快暂且忘到脑后。

人生的不如意谁也避免不了,但是只要你是一个勇敢的人、一个有高尚情操的人、一个能善待自己和他人的人、一个对生活充满信心的人、一个宽宏大量的人、一个能在逆境中奋起的人,你的眼前就会是一片灿烂的天空,你就会有一个美好的心情。

五、我们应该如何减轻负面情绪

一个青年背着个大包袱见无际大师。大师问:"你的大包袱里装的是什么?"青年说:"痛苦、哭泣、孤独、烦恼……"无际大师带青年来到河边,他们坐一条小船过了河。上岸后,大师说:"你扛着船赶路吧!""什么,扛着船赶路?"青年很惊讶,"它那么沉,我扛得动吗?""是的,你扛不动它。"大师微微一笑说,"过河时,船是有用的。但过河后,我们就要放下船赶路,否则它会变成我们的包袱。痛苦、孤独、寂寞、灾难、眼泪,这些对人生都是有用的。它能使生命得到升华,但须臾不忘,就成了人生的包袱。放下它吧!孩子,生命不能太负重。"

青年放下包袱,继续赶路,他发觉自己的步子轻松而愉悦,比以前快很多。

在无际大师的开导下,青年终于知道了生命是可以不必如此沉重的道理。事实上,我们每个人都要学会放弃人生道路上遭遇的痛苦、孤独、寂寞、灾难等,让自己轻装前进。

我们在工作、生活中应该如何减轻负面情绪呢?以下几个方面,你不妨一试。

第一,学会让自己安静。把思维沉浸下来,慢慢降低对事物的欲望。把自我经常归零,每天都是新的起点,没有年龄的限制,只要你对事物的欲望适当地降低,就会赢得更多的求胜机会。正所谓,退一步,海阔天空。

第二,学会关爱自己。只有多关爱自己,才能有更多的能量去关爱他人,如果你有足够的能力,就要尽量帮助你能帮助的人,那样你得到的就是几份快乐。多帮助他人,善待自己,也是一种减压的方式。

第三,遇到心情烦躁的时候,闭眼,回味身边的人与事,对新的未来慢慢地思考,这既是一种休息,也是一种梳理。

第四,多和自己竞争。没有必要嫉妒别人,也没必要羡慕别人。很多人都是因为羡慕别人,而始终把自己当成旁观者,越是这样,越会让自己掉进一个深渊。你要相信,只要你去做,你也可以的。

第五,广泛阅读。阅读实际就是一个吸收养料的过程,广泛阅读让自己的头脑充实,也是一种减压的方式。

第六,无论在何种条件下,自己都不能看不起自己,一定要相信自己。因为我相信一句话,如果你喜欢上了你自己,那么就会有更多的人喜欢你。你想成为什么样的人,只要你想,并且努力去实现,就一定能成为什么样的人。

第七,学会调整情绪,尽量往好处想。很多人遇到一些事情,就急得像热锅上的蚂蚁,情绪失控,本来可以很好解决的问题,却被搞得复杂化。遇到棘手的事情,先冷静,然后想如何才能把它做好,你越往好处想,心就越开,越往坏处想,心就越窄。

第八,珍惜身边的人。言语之间尽量不伤人,哪怕遇到你不喜欢的人,也尽量迂回,找理由离开,不要肆意伤害。

第九,尽量找新的事物,满足对世界的新奇感、神秘感。

要记得,每天保持一份乐观的心态,心态决定状态。

六、我们如何培养自己的积极情绪

第一,真诚地生活。

朱光潜先生年轻的时候在英国和法国留学,当时他的生活陷入窘境。然而,心中对美好未来充满向往的他,还是长时间地待在图书馆里,大量阅读,勤奋写作,完成了一系列的著作。因此,要真正地从内心感受到积极情绪,需要先慢下来,真诚地对待生活。当代的生活节奏不断加快,我们不断地关注外界,远离了自己的内心。我们需要让自己慢下来,带着一种真诚的态度用心去看、去听、去感受。

第二,寻找积极的意义。

积极心理学的研究告诉我们,积极情绪的产生,不在于你的口号,而在于你的思维。你的思维反映了你是如何解释目前的情况的,你从它们当中找到怎样的意义。因此,提升你的积极情绪的一个关键途径,就是要在你的日常生活情境中更加频繁地找到积极的意义。当你将不愉快甚至悲惨的情况以积极的方式重新定义时,你就提高了积极情绪。就像在寒风中等待过河的老人,是怨天尤人,还是充满希望地寻找爱的力量,结局是完全不同的。正如面对贫困的朱光潜,没有沉沦,而是去研究发现美、研究美、传播美,并从中找到生活的意义。也就是说,生活的意义是我们赋予的。27年的铁窗生涯成就了纳尔逊·曼德拉,这缘于曼德拉把囚禁当成了磨炼意志的机会,而不是压垮自己的牢笼。幸福与苦难、挑战与机遇总是相伴相生。积极情绪源自从坏事情中找到好的方面,源自将消极的事物转变为积极的事物。当然,提高积极情绪的另一种策略是从好事情中寻找好的方面,将积极的事物变得更加积极。

第三,品味生活。

放慢脚步并有意识地去关注生活,比如,用心体味准备一顿美餐的整个过程,感受新鲜蔬菜和调料的香气。当你完全沉浸在与朋友或家人一起分享你的杰作时,你能品味到更多。但是请记住,品味不是分析。不要解剖它或是以其他方式把它扯开。

第四,表达感激,感受善意。

当你用语言或行动表达你的感激时,不仅提高了自己的积极情绪,而且也提高了对方的积极情绪。这一过程中,你加强了对方的善意,也巩固了你们之间的关系。当你感受对方的善意时,常常会赞赏别人对你如此友善,这引起了你的感激之情。善意和积极情绪相辅相成。只要认识到自己的善意举动,就能够启动这种良性循环。

第五,梦想你的未来。

另一种提高积极情绪的简单方法,是频繁地梦想你的未来。为你自己构想最好的将来,并非常详细地将之形象化。相对于进行自省的人,被随机分配来进行这项练习的人在积极情绪上表现得更稳定。虽然目前还不清楚形象化的运转机制是怎样的,但是可以确定的是,它能够让你对每天的目标和动机如何与未来的梦想相匹配,有一个深入的了解,帮助你在日常生活中发现更多的好处。

第六,利用你的优势。

每天都有机会做自己最擅长的事情的人,凭借他们的优势行事更容易欣欣向荣。积极心理学最大的早期贡献之一是制订了一项基于24种个性优势对人们进行分类的调查——由塞利格曼本人带头,从好奇、正直到善良、公正、谦逊和乐观。无论你是如何了解到自己的优势的,通过一项调查或是通过其他人的视角,你都可以从中提取出很多关于你的高峰的关键信息,然后以一种你能够更加频繁地应用你的优势的方法,来重塑你的工作或日常生活。通过对比单单了解个人优势与了解并努力应用这些优势的效果差异,科学家们发现:来自了解自己优势的积极率提升是显著的,却是暂时的;来自寻找应用优势的新方法所产生的积极情绪提升,是既明显又持久的。

第七,与他人在一起。

通过调查发现,每个欣欣向荣的人每天花更多的时间与他们亲近的人待在一起,很少独自待着。这可能部分反映了与他人在一起(无论你是否了解他们),是增加你的积极情绪的一个非常可靠的方法。有些科学家追踪了人们的日常活动和情绪,随机把人们分成独自一人和与其他人在一起的对照组。结果很明显:人们通过与他人在一起,获得更多的积极情绪。

因此,无论怎样,请每天都与他人建立联系,即使你不是一个天生就非常外向的人。当你和别人在一起的时候,即使你只是假装外向——表现得大胆、健谈、充满活力、积极主动和自信,你也可以从那些社会交流中吸取更多的积极情绪。研究表明,你并非必须生而外向或表现得外向,培养对他人的关爱似乎就足够了。比起一如往常地生活着的人,努力培养这种温和性情与同情心的人会从与他人的日常交往中获得更多的积极情绪。可以预测的是,当你和别人在一起的时候,你的微笑会更多,会享受更多的积极情绪,你的生活会更丰富。

第八,享受自然的美好。

实验证明,在好天气里,在户外待20分钟以上的人,表现出预料中的积极情绪的增长。然而,对于几乎没有花时间在户外的人来说,天气和积极情绪基本无关。我们还了解到,当天气好时在户外至少待20分钟的人,具有更广阔和开放的思维,他们的工作记忆广度也更大,他们可以实实在在地在脑海中保持更多的想法。

七、以平常心对待无常事,安然过完这漫漫一生

网上有个话题讨论度颇高:一个人真正成熟的标志是什么?看到一个回答深入人心:即便内心波涛汹涌,表面也能云淡风轻,处于低谷时能调整好自己,处于高处时也能坚守本心。如果用四个字总结,大抵就是管理情绪。改变自己,从管理自己的情绪开始。

第一,不对家人发火,控制脾气。

你有没有经历过这样的情况:朋友对你的生活指手画脚,你会微笑忍受,可父母的一句唠叨却让你大发雷霆;工作压力大时,遇上客户处处刁难,你会忍气吞声不翻脸,可妻子的一句关心却让你找到了发泄的出口;因琐事忧心时,即便他人挑战你的底线,你也会保持自身的修养,可孩子的一声啼哭却让你火冒三丈。有段话道清了成年人最真实的样子:我们总是对陌生人毕恭毕敬,对家里人满脸抱怨。所有的耐心和宽容,都给了他人,最差的情绪和最糟糕的一面,却留给了最亲的人。

第二,不让自己生闷气,稳定心态。

网球名将李娜在夺得法网冠军时说道:"胜利带给我最好的礼物是内心的平静。"每当被生活的种种压力逼到死角时,总能想到这句话。随着年岁渐增,越发觉得:内心的平静,是生活给每个人最珍贵的馈赠。有句话说得好:心态始终保持平衡,情绪始终保持稳定,此亦长寿之道。我们行走于人世间,终究要明白人不是靠心情活着,而是靠心态活着。一条路走不通时,就换另一条路,一件事想不明白时,就换个心态解决问题。也就是说,如果你不能改变一件事的结果,那么你可以改变自己的心态。人生最好的活法便是:不生闷气,放过自己;放平心态,保持淡然。

第三,遇事别太情绪化,戒掉冲动。

林语堂先生曾说:一个心地干净、思路清晰、没有多余情绪和妄念的人,是会带给人安全感的。因为他不伤人,也不自伤;不制造麻烦,也不麻烦别人。某种程度上来说,这是一种持戒。

什么是不伤人?不会因为一时情绪涌上心头就伤及无辜,这是对自身行为的持戒。什么是不自伤?不会让一个过不去的坎儿一直堵在心里,这是对心绪杂念的持戒。网约车司机因情绪失控撞死乘客的新闻,让不少网友直呼可怕。凌晨2点,张某和女友在网约车平台叫了一辆车,因之前预留的手机号现在给了父亲用,担心打扰老人休息,张某发短信告知司机高某别打电话。可高某到达后还是打了电话,张某强烈不满。上车后,张某和司机高某发生激烈争执,司机表示拒载,要求他们下车。张某下车后难平心中怒火,顺手拿起刚喝完的饮料瓶砸向高某的车。本来准备离开的高某见状发疯般开车撞向张某和女友,最终张某被撞身亡。遇事太过情绪化,是一场灾难,毁了自己,也毁了他人。做人冷静,做事理智,管好自己的情绪,才能掌控自己的人生。戒掉冲动,放下戾气,做一个情绪稳定的人,才能让生活多一点风平浪静。

第四,处世莫要太消极,停止消耗。

美国作家欧·亨利在《最后一片常春藤叶》里讲了一个故事:一位年轻人身患重病、生命垂危,住院的那段时间,她常常望着病房窗外的一棵树发呆。秋天到了,寒风将树上的叶子一片片吹落,所剩无几。年轻人看着几乎光秃秃的藤枝,身体和心理状况变得越来越差。她说:"等最后一片常春藤上的叶子掉落下来,我也得去了。"一位老画家听闻此事,带着画笔在墙边的藤枝上画上了一片叶脉青翠的叶子。那片叶子始终没掉下来。因为这片生机,年轻人看到了生的希望,身体一天天恢复。

负能量带给人的除了悲伤、痛苦,还有对自身的消耗。与其以消极的态度处世,不如积极地面对生活。很喜欢罗翔教授说过的一句话:"对于可控的事情要保持谨慎,对于不可控的事情要保持乐观。"

不论身处何地,都别忘了守好心中的明月,照亮人生的一片天地。

电影《霸王别姬》里有句台词让我印象特别深刻:人啊,得自个儿成全自个儿。管理情绪,就是管理自己的心魔,做情绪的主人,便是成全自己最好的方式。愿你在未来的日子里,脾气小,期待少,心态好。以平常心对待无常事,安然过完这漫漫一生。

八、科学管理情绪,切实提高情绪质量

情绪管理是修养的起点,情绪管理是战略的起点,情绪管理是学习进步的起点。千里之行,始于足下,我们要想成长、进步,首先要学会管住自己的情绪,驾驭自己的情绪。

管理好自己的积极情绪,才能提高情绪的质量。积极情绪是塞利格曼幸福理论的基石,在他看来,拥有积极情绪就拥有愉悦的人生。应对事件,拥有习得性乐观,往好的方向想,往好的方向努力,即使陷入困境,也能冷静、客观地分析,找出原因,探明出路,化挑战为机遇,将创伤转变为成长。

日子就像天气,有时晴空万里,有时阴雨连绵。既然无法改变天气,不如学着调整自己。情绪低落时,试着拥抱阳光,学着向家人朋友倾诉,保持好心情也是一项重要的能力。

生活中难免会遇到不如意的事,有人愁思满腹,不断纠结内耗,有人脾气暴躁,一时冲动酿下苦果。人这一生,都在为自己失控的情绪埋单。

善于净化自己的情绪,不困于心,不乱于情,是处世的智慧,更是生命的修行。作家沈从文,就是一个净化情绪的高手。他将写作当成"情绪的体操",不管情绪来得多么汹涌澎湃,他总能将它们在文字里净化。强大净化情绪的能力,让沈从文一生历经风浪却波澜不惊,用笔下的文字治愈无数人心。

俗话说得好:"人生本过客,何必千千结。"

情绪,说到底其实是你自己的选择。何不试着给你的情绪做个垃圾分类,该放就放,该忘就忘。净化好自己的情绪,冷静做人,理智做事,就是对自己最大的善待。

活得清澈透明，就是抵达了生命最美妙的境界。学会净化自己，人生才会焕然一新，日子才能自在随心。

任外面狂风大作，我仍怡然自得，这样的人生，就是最高级的人生！

第四章　点燃你的工作热情,做一位幸福教师,感染你的每一位学生

最幸福的事情,不是活得像别人,而是在努力之后,活得更开心,活得更像自己。人生是很累的,你现在不累,以后就会更累。人生是很苦的,你现在不苦,以后就会更苦。唯累过,方得闲。唯苦过,方知甜。面对生活,我们除了坚强,就是继续,别无选择。

幸福的微笑是这个世界上最美的语言,它可以传递爱与美,可以传递快乐和轻松。当生活像一首歌那样轻快流畅时,笑颜常开乃易事;而当遭遇挫折、身处逆境时,依然能保持微笑的人,才活得更有价值,更有意义,让人由衷赞扬。

不管做什么事,有人有耐心,有人急躁,有人想放弃,有人一直坚持。到最后,有人成功,有人一事无成。做事一定要保持激情,眼光放长远,做了就坚持下去,总有一天,你会活成自己喜欢的模样。当生活很艰难,你想要放弃的时候,别忘了这个世界上还有比你更艰难的人。生活充满了起起落落,如果没有低谷,站在高处也失去了意义。想法+方法+做法=伟大!选择+相信+坚持=成功!

第一节　点燃你的工作热情

这个世界上,没有白走的路,也没有白受的苦,你只要充满热情和期待地努力生活,生活早晚会带给你意想不到的幸福和快乐。

让我们先来看看美国著名教育家威廉·贝内特的一段叙述。

一个明朗的下午,我走在第五大街上,忽然想起要买双短袜。于是,我走进了一家短袜店,一个年纪不到17岁的店员向我迎来。

"您要什么,先生?"

"我想买双短袜。"

"您是否知道您来到的是世上最好的短袜店?"他的眼睛里闪着光芒,话语里含着激情。说完,迅速从货架上取出一个个盒子,把里面的短袜逐一展现在我的面前,让我鉴赏。

"等等,小伙子,我只买一双!"

"这我知道,"他说,"不过,我想让您看看这些短袜有多美,多漂亮,真是好看极了。"他脸上洋溢着庄严和神圣的喜悦,像是在向我展示他所信奉的宗教。

我对他的兴趣远远超过了对短袜的兴趣。我诧异地望着他。"我的朋友,"我说,"如果你能一直保持这种热情,如果这热情不只是因为你感到新奇,或因为得到了一个新的工作。如果你能把这种激情保持下去,我敢保证不到10年,你会成为全美国的短袜大王。"

为什么这位教育专家会如此肯定这个小伙子?因为热情是产生奇迹的源泉。

坚持,是生命的一种毅力;执行,是努力的一种坚持。想要破茧成蝶,必须付出百倍努力。用自己喜欢的方式,活出开心快乐,努力就一定有收获。

点燃自己的工作热情,会有无穷的动力。不逼自己就不知道自己有多优秀,热情在,希望就在。

第二节　做一个幸福的教师

小时候,幸福是一件东西,拥有就是幸福;长大后,幸福是一个目标,达到就是幸福;成熟后,发现幸福原来是一种心态,领悟就是幸福!

学生考出了好成绩,老师是幸福的;孩子吃光了饭菜,妈妈是幸福的;顾客买了东西,店主是幸福的。父母健在,是人世间最大的幸福。世间不幸的事千万种,不幸的人千万个。幸福的人,都是一样的,知足安乐,心无杂念。常思一二点滴美好,不想八九不如意事,天天没烦恼,日日好心情,是人生中最大的财富。

其实,每个人都是幸福的,只是你的幸福常常感受在别人心里。一个人总在仰望和羡慕别人的幸福,一回头,却发现,自己正被别人仰望和羡慕着。

带上自己的阳光,照亮自己的心灵。心灵的力量是无穷的,它可以把一朵花变成一座花园,可以把一滴水变成一汪清泉。幸福其实就是一种心境,所谓"人生由我不由天,幸福由心不由境",只要心中有阳光,无论走到哪里,你都会觉得幸福。幸福不在远处,就在身边。三餐四季,柴米油盐,把这些寻常日子中的点滴小事做好,也就触摸到了幸福。

别把幸福想得太遥远,它有时只是一低头的距离——低头,你看见亲人的笑脸、朋友的笑脸,看见一朵花开了,一棵草绿了。别把幸福想得太复杂,它有时只是一杯暖茶的相伴,一顿饭菜的守望,一句问候的抵达。

一、心宽,心中有梦

心宽,不仅意味着对外在世界的承纳,而且意味着内在世界开放,表明自己与周边世界相处和谐。

如果梦想不是用来实现的,那要梦想干什么?正因为你知道它是用来实现的,所以当有一点希望的苗头出现时,你就会赶紧抓住,你才敢于在自己什么都不会的时候,韬光养晦,接受挑战。而在这个过程中,你完成了自我的蜕变。因为相信梦想,你变成了一个相信自己的人。

想要一时的繁荣可以种花,想要十年的繁荣可以种树,想要世世代代的繁荣必须播种思想。

世界上有三种人:第一种是失败的人,永远在解决昨天的问题;第二种是平凡的人,永远在忙于今天的事情;第三种是成功的人,永远在规划明天的梦想。

记得播种思想,学会规划明天,一定能够收获自己的精彩人生!

教师的幸福首先在于心中有梦。我们之所以强调要心中有梦,是因为有梦的人生才是幸福且充实的人生,有梦的人生才是幸福且快乐的人生。对于心中有梦的教师来说,教育不是牺牲,而是享受;教育不是重复,而是创造;教育不是谋生的手段,而是生活的本身。我们一生不一定要干成惊天动地的伟业;但应当犹如百合,绽开是一朵花,凝聚成一枚果,犹如星辰,远望像一盏灯,近看似一团火。

我们中间有许许多多心中有梦的人,他们有十分明确的奋斗目标,在成就学生的同时,也成就着自己。

人生因有梦想,而充满动力。不怕每天迈一小步,只怕停滞不前;不怕每天做一点点事,只怕每天无所事事。坚持,是生命的一种毅力!

选一个方向,让心扬帆起航;梦能到达的地方不在近处,就在远方,剩下的只管努力、坚持,时间会给我们最后的答案。

轻松时别忘了努力,忙碌时别忘了梦想。

不管年龄多大、日子多忙,依旧愿意去学习、去探索、去拥抱新知。永远不要放弃梦想,失去自我。

努力过有仪式感的每一天,记录每一个进步而幸福的小瞬间,乐于寻找平凡生活的乐趣,让柴米油盐也开出花。

在追梦路上,永远保持年轻的心态,永远热泪盈眶,不会被岁月磨去棱角。

愿你永远记住:努力让自己成为更好的人,比什么都重要。或许塑造自己的过程很疼,但未来的你,一定会感激现在拼命变好的自己。

二、心正,心中有情

俗话说:"不做亏心事,不怕鬼敲门。"只要堂堂正正、清清白白做人,你就能吃得香、睡得稳。相反,贪心太大,私欲无边,就不可能生活得自由自在,只能是烦恼、忧虑不休,夜不能寐,久而久之,就可能患上一些疾病。

情感是人一切行为的动力,一个幸福的教师,必然拥有亲情、友情、爱情,是一个感情上的富翁。一个幸福的教师,其身上必然洋溢着满腔的热情和澎湃的激情,必然充满着暖暖的温情和甜甜的柔情,同时还拥有高雅而有品位的闲情。

热情在每一个人的人生旅途中有着十分重要的作用,因为热情是人的"内心之神","没有热情,便没有伟大的成就"。幸福的教师大多拥有热情、激情,在事业上非常投入,热爱学生、热爱学校、热爱工作。

幸福的教师身上的情常常表现为:"别让我为了学生懵懂或者前学后忘而伤心痛苦,让我比做母亲的更为慈爱,像母亲一般爱护那些不是我亲生的小孩……给我朴质,给我深度,让我每天教学时避免烦琐平淡……让我在工作时,抛开个人物质的追求和世俗的苦恼,让我的手在惩罚时变得轻纤,在爱抚时更加温柔……"(智利著名女诗人米斯特拉尔语)在教育引领班级学生前进的过程中,幸福的教师都会以海洋般深沉宽广的爱去拥抱每个孩子,让他们在爱的洗礼中长成大树,长成栋梁,并且懂得以爱去回报社会,回报生活。

激情不老,应该成为每一个幸福教师重要的追求。幸福的教师对教育的激情,应该从现在的外在表象化为内在的精神气质,不因年龄的增长、环境的改变、地位的升降而改变。

三、心静,心中有书

所谓心静,就是要"非丝非竹而自恬愉,不烟不茗而自清芬",不倾慕权势显赫,不奢求荣华富贵,来去无执,得失随缘。水流任急境常静,花落虽频意自闲。

人世喧嚣,名利来往,放下浮躁,心静自安。人生难得一心静,只有宠辱不惊,方能心态平和、怡然自得,只有去留无意,方能豁达乐观、淡看风云。

苏轼在《定风波》中写道："回首向来萧瑟处,归去,也无风雨也无晴。"静,是一颗平常心,是一种气度,是一种境界。心不动,才能坚守节操,心不动,才能守护真我。心静了,才能听见自己的内心。心静了,自然就看清了。有修养的人,是一个懂得感恩的人,一个善于原谅的人,一个坚守真实的人,一个严格自律的人,一个讲究心静的人。

倘若爱人,必先自爱。

有时候,你花了很大力气来让别人喜欢自己。而事实上,如果自己没有修养,别人亦不会爱你。

心静,是内心的平静,是心灵深处的恬然、安谧、舒适和自在。心静并非什么都不想,而是"不思声色、不思胜负、不思得失、不思荣辱、心无烦恼、形无劳倦"的一种精神境界。大千世界,色彩缤纷,光怪陆离,充满了各种使人心动神驰的诱惑。在繁忙浮躁和充满诱惑的尘世纷扰下,真正做到"恬然不动其心",就能保持机体内环境的稳定,防治疾病,健康长寿。

读书,能遇见更好的自己。它,不能解决所有问题,却能给你一个更好的视觉体验;它,不是最美的风景,却能让内心更温暖、更善良、更干净;它,不是我们的生命,却能让生命更具价值,更有意义。有时候,读书不多而想得太多,会浮躁、纠结、迷茫。静下心,多读书,让自己成为一个有温度、懂情趣、会思考的人。

有位专家曾经指出:"一个人的精神发育史就是他的阅读史。"金庸先生说过,只要有书读,做人就幸福。

俄国作家契诃夫认为,人应当有三个头脑:生来的一个头脑,从书中得来的一个头脑,从生活中得来的一个头脑。幸福的教师都明白:只有多读书方可重新认识自己,保持头脑清晰,在竞争日渐激烈的社会中永远立于不败之地。读书会让枯燥的生活变得有意义,会让工作永葆活力,会丰富我们的精神世界,让我们的心灵保持纯净、宁静。

幸福的教师都会热爱读书,把读书当作一种生活方式,当作一种生活习惯。他们永远不会等有时间才阅读,见缝插针,想读就读;永远不会坐进书房才阅读,因为他们知道任何地方都可以阅读;永远不会有用才阅读,因为他们清楚急功近利、立竿见影是妄想;永远不会嫌自己读得太晚,因为他们深知只要行动,就有收获。

四、心怡,心中有事

人生的旅程不可能一帆风顺,坎坷、曲折是避免不了的。只有保持快乐的心境,才能够获得战胜困难的勇气,坦然面对困难的挑战。笑对人生,就会化忧为乐,自得其乐,追寻快乐,从而健康长寿。

世界上有一条很长很美的路,叫作梦想,还有一堵很高很硬的墙,叫作现实。翻越那堵墙,叫作坚持,推倒那堵墙,叫作突破。在人生的道路上,我们打败的不是现实,而是我们的思想,是自己的观念。战胜自己,才是命运的强者!

一个幸福的教师是一个有眼力的人,能够从别人想不到的地方想到问题,能够从别人看不到的地方发现事情。所谓心中有事,这"事"是什么?它是课堂中学生生命活力的激发,是操场上学生生命的张扬,是寝室中学生生活的多姿多彩,是食堂里学生身体发育过程中的营养。

幸福的教师在工作中善于观察事物,善于发现问题并及时跟进。可以说,幸福的教师心中有物、心中有事、心中有人,并且能够做到用眼睛表达,用眼睛说话,随时发现学生与家长欲言又止的问题,提前看到学生与家长的下一步要求、打算,把问题解决在学生与家长提出要求之前。

我们应当好好学习并实践英国教育家赫·斯宾塞的快乐教育观点:一是不要在自己情绪很糟时去教育孩子;二是努力营造快乐的、鼓励性的环境气氛,让孩子有自我价值的实现感和成就感;三是努力做一个乐观、快乐的人。"做好每一件小事"是幸福的教师获得幸福的一个基本条件。

五、心安,工作有心

心安则详。当一个人内心安详的时候,没有忧愁、没有烦恼、没有恐惧、没有牵挂,这种感觉是非常美好的。此外,人们还发现,淡泊名利的人会健康。永远让自己的内心处于平和状态,自己的情绪自然也就不会受到很大影响,从而免受疾病侵袭。

一个幸福的教师在工作中讲究方法,用心去做,不断争取获得成功。换言之,"有心"是幸福的教师一个重要的特征。

一个幸福的教师工作的"有心"表现在把事情做透。这个事包括工作和休息。上班时投入,高效;下班时放下,放松。一个幸福的教师的"有心"还表现在有一颗博大宽容的心。因为学生的成长像蛇蜕皮似的要经历一次次挣扎,老师要帮他们完成这一次次的成长,彼此必然会有摩擦、冲突,如果老师没有一颗博大宽容的心,学生就会失去学习、进步的信心。一个教师要有一颗宽容的心,要成为孩子的良师益友,要学会赏识孩子。在评价孩子时,要能保持鼓励性的倾向,使孩子时刻保持自信,能激发孩子的学习欲望和兴趣;当孩子犯错时,能给孩子一个台阶下;当孩子取得成绩时,别忘了给孩子送上一片掌声;当孩子有疑难时,做孩子最好的心理医生和真诚的朋友;当孩子大胆表现自己时,让自己成为最好的欣赏者。

六、心诚,生活有"色"

心诚待人,才会获得别人的信任。如果疑心太重或缺乏诚意,大家彼此戒备,疑神疑鬼,人与人之间便没有了真心的欢笑。充满敌意的日子,会使人食不甘味,眠不安宁,总处于没有安全感的状态。你有诚心,也就拥有了朋友,就可以诉说心中的不快,排遣不良情绪,缓解生活压力。这对维护健康防治疾病非常有益。

一个幸福的教师绝不能把工作当作生活的全部,更不是唯一。我们不提倡做"工作狂",除了工作还是工作的人,是苦行僧、清教徒。不会休息的人就不会工作,不懂得休息便不懂得工作,不懂得工作便不懂得生活。同时,我们也不提倡带病工作。

作为人来讲,教书育人是享受,我们应当还有别的享受,这才构成完整的幸福。一定要善待自己,对得起自己。要树立"留一点时间给生活,留一点生活给自己"的观念。

业余生活中最好的是丰富的文化生活,它可以极大地改善一个人的心态,调节一个人的情绪。无论工作多么忙,都应该善于忙里偷闲,参与一些有益身心健康的活动,培养自己的业余爱好,学一点浪漫,多一点情调——闭着眼睛听听音乐,让优美的旋律顺着全身的毛孔慢慢地进入我们的心泉,这是最好的心理按摩;看看电视,了解外面的世界,与电视剧中的角色一起喜怒哀乐;养几盆花,种几盆草,拉拉琴,练练字,看看书;把工作上的事情暂时抛在脑后,尽情地徜徉在大自然的山山水水之间。我们一定要努力让自己提升到"工作再忙心不忙,生活再苦心不苦"的境界。

人最重要的是认识自己,知道自己的目标、方向和实力,学习花儿竭尽全力绽放自己的美丽。虽然花期短暂,但诠释了自己生命的价值和使命。

第三节　以自己的热情点燃学生的热情

学生在学校的幸福从哪里来？很简单，从老师亲切的微笑中来。想一想，你每天进了学校的大门，第一眼是不是想看到校长一副笑容可掬的神态？如果你第一眼看到的是领导瞪着眼睛，绷着个脸，恐怕你一天的心情都是阴郁的。学生更是这样了，你朝气蓬勃地来了，一脸的微笑，跟学生打个招呼问声好，学生也很快乐。我们老师不一定都要有高超的技巧，但要有激情地投入工作，用快乐感染每一个学生，让他们快乐地成长。

学习好的学生将来是国家的栋梁，有一天如果我们需要移民月球，他们就是能保障我们安全到达的科学家。学习中等的学生，有可能将来成为我们的同事、同行，工作在同一条战线上，关系还是要从学生时代培养，不然将来低头不见抬头见的，多尴尬。后进的学生有可能成为我们的领导，不一定是工作中的领导，能领导我们的地方太多了。所以，每一个学生我们都要爱，一个都不能少。

要想自己工作充满热情，首先要对生活充满热情。听听音乐，做做运动。音乐可以陶冶人的情操，可以净化人的心灵。这也是我们经常给孩子们讲的。可是现在想想，你有多长时间没给自己的学生讲过了？有多久没给自己的学生推荐好的歌曲了？我们常说的"诗歌"，既是诗也是歌。一首好诗就是一首歌曲，反过来，一首好歌就是一首好诗。一天一天的重复可能让你对生活失去热情，在这种状态下，就是天天不让你工作，你一样会觉得累。与孩子们同唱一首歌，即便你唱得跑调，多年以后，老师跑调的歌声也会是他们一生难忘的回忆。

作为老师，只有自己先对学生充满热情，学生才会对你充满热情。用你的热情让学生始终保持学习的自觉性和趣味性，才是学习活动持续开展的关键所在。

第四节 以自己的幸福去感染学生

寻找教师职业幸福不需要上天入地,也不需要东张西望,幸福就在我们每个人的身边。让我们工作幸福,生活更幸福。幸福感是激励学生最好的动力,我们要为学生在学校、班级学习创造一个良好的环境。我们有困难克服困难,没困难不能创造困难。

在今后的教学工作生活中,我们应携手同行,为孩子们的健康成长去快乐工作,尽情享受工作的快乐。

一、幸福是什么

幸福是什么？幸福是平凡的日子里我们从未在意的点点滴滴。

听一首优美的音乐,唱一首喜欢的歌曲;在家里准备一顿丰盛的晚餐,和家人聊聊天;或者什么都不想,放下繁忙的工作,到大自然中看树木,听鸟鸣。这都是幸福。

沏一杯清茶,打开喜欢的杂志,读读美文,从字里行间感受轻松和愉悦。这也是幸福。

享受大自然带给你的美丽,吸一口清晨的清新空气,忘却喧嚣;与好朋友聚一聚,给好朋友打一个电话寒暄寒暄;放松一下,上上网、打打牌、唱唱歌、下下棋、钓钓鱼。这也是幸福。

幸福是不能全部描述出来的,它只能体会,幸福不是给别人看的,与别人怎样说无关。也就是说,幸福掌握在自己手中,而不是在别人眼中,幸福是一种感觉,一种舒畅甜蜜快乐的感觉。

幸福如人饮水,冷暖自知。你不是我,怎知我走过的路？怎知我心中的苦与乐？所以,不必去羡慕别人。守住自己所拥有的,想清楚自己真正想要的,才会真正地快乐、幸福。不要活得太累,不要忙得太疲惫;想吃了不要嫌贵,想穿了不要说浪费;心烦了找朋友聚会,瞌睡了倒头就睡。心态平和永远最美,天天快乐!

做人,让自己开心,是幸福的基础。做事,让别人放心,是幸福的能力。真正聪明的人,不会在过去的日子中寻找愁苦,而是在眼前的日子里经营幸福。永远不要埋怨已经发生的事情,要么改变它,要么安静地接受它。有一个好的心态,才能享受人生。幸福很远亦很近,就看你用什么样的眼光看待,用什么心态去面对。幸福需要你去发现,需要你对生活充满感恩的心。

没有精神上的坚定与强大,人在什么情况下都不会幸福,穷的时候,害怕得不到,富的时候,害怕会失去。精神有定力,颜回很穷,很快乐,子贡很富,也很快乐。忘记年龄,活出快乐,做自己想做的事,保持好心态,开心快乐,优雅从容,不负岁月,不负自己。

二、幸福在哪里

幸福生发于我们的内心。幸福更多时候不是外界给予,而是来自我们内心对生活的感觉、评价。

位高权重未必幸福,锦帽貂裘也未必幸福,生活贫苦未必就不幸福。幸福从来与贫富无关,与地位无关,人之幸福,全在于心之幸福。

幸福,常常隐藏在平常的事物中,只要用一点心,平常事物就会变得非凡、美好、庄严。只要用一点心,凡俗的日子就会变得可爱、可亲、可想念。

幸福是细碎的,细碎得你常常忽略。

在生活中,我们必须做一个警醒的人,时刻提防幸福的风吹草动,像孩提时捉蚂蚱一样,怀着激动而快乐的心情,小心翼翼,盯住它,轻抬足慢落步,把它扣在手心里,兴奋地偷笑,再沉醉。

在明月当空的良宵,我们拥有多么皎洁的月光;劳累过后的松弛,那是何等惬意的慢生活;燥热之后,一场细雨,让整个身心都无比清爽;寒冷的季节,迈进一间暖室,有一杯热水,有一盆绿色;行在路上,有陌生人友好地微微一笑;推开窗,微风拂来,鸟鸣如乐音,蝶飞过,花又开;午后的阳光下,一只猫咪靠在你的腿边四脚朝天地酣睡;某一刻爱人一脸宠爱地注视着你,孩子紧挽你的手臂,赖皮地依偎着你……幸福比比皆是!

毕淑敏说:幸福是一种心灵的震颤,它像会倾听音乐的耳朵一样,需要不断地训练。

是啊,幸福总是来得无声,如柔柔的微风,淡淡的花香,浅浅的微笑。它不会骑着高头大马炫耀,也不会像奔腾的大海常常掀起狂涛,它不着华丽的锦服霓裳,也从不刻意彰显绰约迷人的风姿。

热爱才是幸福的源泉。心怀热爱的情怀,有清风明月,有阳光云朵,有情有爱,幸福便如莲花,处处开。

幸福往往不能久驻,它仿佛偷跑到凡间的天使,来得快,去得也快。所以我们要抓住幸福,享受幸福,珍惜幸福。

幸福与否,心态很重要。不盲目攀比、不斤斤计较、不放任嫉妒、不纠结过往……当你积极善待生活,日子才会变得美好。

幸福是一种比较,一种知足。在人生的道路上,人要有所追求,又要有所满足,所以说知足常乐。幸福是人生的一种知足,只要自己感到满足,感到快乐,你就是一个幸福的人。

幸福是一种能力,一种创造。生活对于每个人来说都是平等的,上帝不会偏爱任何一个人。但人世间有人会感到幸福,而有人感受不到,那是因为幸福是一种能力,是感谢生命赐予的能力,是感受快乐、抵制不良情绪的能力,是不断反省自己、完善自我的能力。

幸福从来不在于你拥有什么,在于用自己的能力去努力创造,去用心感受。幸福是要靠自己创造的,马克思说:"我的幸福属于全人类。"

古往今来,志士仁人把"先天下之忧而忧,后天下之乐而乐"作为自己的无上幸福,这就把幸福提升到人生的意义与价值的高度来考量。

我们办学者、执教者着力要思考的,是如何让我们的学生在求学期间能真切地感受幸福、享受幸福,快乐健康地成长。

中小学生对幸福的要求是不高的。他们只要感到自己做的事有意义,有成就感,受到尊重,得到肯定,就会身心愉悦、舒服痛快、幸福温暖。有了这种感受,必然精神振奋、意气风发,笑对学习和人生。然而现实状况是,不少孩子表现出身体疲惫、心情压抑、求知欲望不强烈。

说到现在的生活比我们那时不知幸福多少时,常会听到这样一句让人意想不到的话:"那时你们不过穷一点罢了,你们知道我心里多苦,压力多大吗?"这样的话出自十三四岁或十六七岁孩子之口,真是令人心酸!

喜欢挑别人的错是往自己身上挑苦难;喜欢挑别人的对,是往自己身上挑福气。关注什么,就和什么共振、链接。随喜者,同喜振动,挑刺者,与刺纠缠。于是同一片天空,有人饮福,有人饮苦。大千世界,同声相应,同气相求,福祸无门,唯人自召。

幸福不在远处,就在身边。三餐四季,柴米油盐,把这些寻常日子中的点滴小事做好,也就触摸到了幸福真实的模样。愿我们都能做一个知福惜福的人,不辜负生命中一切美好的相遇和陪伴!

三、怎样才能让自己更有福气

美国的大卫·霍金斯博士是一位医生,在美国很有名,他医治了很多来自世界各地的病人。他研究发现:"人的意念振动频率如果在200以上就不生病。"

大卫·霍金斯发现,凡是生病的人一般都有负面的意念,他们喜欢抱怨、指责、仇恨别人,在不断指责别人过程中就消减了自己的能量。这些意念的振动频率低于200,这些人容易生病。

霍金斯博士做过百万次案例,在全球调查过不同人种,答案都是一致的。只要振动频率低于200,这个人就生病。振动频率200以上的人就没有病。

振动频率200以上的意念通常表现为:喜欢关怀别人,有慈悲心、爱心、行善、宽容,等等,这些都是高的振动频率。

他从医学角度告诉人们,意念对人的健康有很大影响。

所以,积极乐观的心态,正面的念头,以及一颗慈爱的心,是健康不可缺少的因素。

四、让自己更有福气的心态

幸福与否,心态很重要,拥有什么样的心态,我们才能感到幸福呢?

第一,知足常乐。

凡事不争,不是明哲保身,不是躺平,不是当好好先生,更不是是非不辨。而是有底线,有原则,有自己的独立见解。

不争,是不争那些家长里短、鸡毛蒜皮的事和理,不争那些漫无边际、空乏无聊的泛泛之理,不争那些本不该属于自己的金钱名利;而在大是大非面前、原则面前、底线面前,有自己鲜明的观点和态度,并采用恰当的方式方法引导说服他人,使正确和正义得以弘扬。

凡事不争,看似失多得少,吃亏受屈,但不尽然。请相信,任何事物都有其两重性:有得就有失,有失便有得。人在做,天在看。人若欠你,天必还你,同样,不该得到的东西,天必收之。这就是因果关系和世界平衡法则。其实说到底,人这一辈子图什么?还不是图个身心健康、家庭幸福、平平安安吗?

不求今生多富贵,但求平安伴一生。平安是福,平安是金,千金难买。知足常乐!

平安是幸,知足是福,清心是禄,寡欲是寿。人之心胸,多欲则窄,寡欲则宽。可清贫自乐,不可浊富多忧。受恩深处宜先退,得意浓时便可休。

势不可使尽,福不可享尽,便宜不可占尽,聪明不可用尽。滴水穿石,不是力量大,而是功夫深。快乐就是看淡尘世的物欲、烦恼,知足常乐。精神富足,才是真正的富有。

第二,活好今天。

昨天已经过去,是过了期的支票;明天还没有来到,是不可提取的支票;只有活好今天,才是最现实的。

每个人的今天都是恰到好处的自己。每个人的昨天都是今天的回忆,再美好也是历史。无论你在乎与否,它终究是你人生中渐行渐远的一段路程。它如一把抓在手里的沙,你抓得越紧,越纠结,就会越遗憾。永远不要因为昨天的纠缠,毁了你今天的璀璨。

今天很多,多到数不清。今天很少,少到一眨眼就没了。时间在走,岁月也在走,当我们真正明白了一寸光阴一寸金时,似乎为时已晚。所以请珍惜我们的每一个今天!

今天是明天的昨天,今天是明天的回忆,明天很多,多得让你幻想,多得让你忘记了今天,多得让我们每个人只为了明天而活。

明天一定很美,但它只是一个梦。当你用最真实的今天去赌那个没了边际的明天,当明天真正到来时,你或许才明白,蹉跎的不是青春,不是岁月,而是我们自己。

生命中最重要的不是明天,更不是昨天,而是今天,是当下,是今天的一分一秒。一分钟能做什么?一秒钟又能做什么?在生命的轮回中,一秒钟意味着生、意味着死,更意味着某种意义上的重生!所以,活在今天,活在当下,活在属于自己最真实的一秒钟吧!昨天已逝,别去留恋,明天还长,别去幻想,把今天的事做好,今天活好,开心点,快乐点,自信点。

花开不是为了花落,而是为了绽放。人生不长,只有三天,优雅一点,淡定一点,心有阳光,必是晴天。

只有开心认真地过好每一个今天,大气潇洒地迎接每一个明天,岁月便不会老去。愿你我行走半生,归来仍是少年!

第三,不斤斤计较。

如果想到我们都是来去匆匆的过客,只不过是到世间走一遭,还有什么鸡毛蒜皮的小事值得计较呢?中国人向来以和为贵,和气不仅能生财,还能带来福报。

天时不如地利,地利不如人和。

没有人能活成一座孤岛,人与人之间需要相互成全。和气,可以化解矛盾,让别人跟你走得更近。

和气待人、和气对事,幸福不请自来。家和,人顺,才能万事兴。

第四,善待生活,善待自己。

世上本就是各人下雪,各有各的忧郁和皎洁。见惯了岁月的蹉跎,有时候我们便心如止水。人们都习惯感叹,感叹时间的流逝,感叹世事的无常,悲欢离合、阴晴圆缺、花容月貌、山海浩瀚都在被感叹的范畴当中。

上个月才感叹完这个月竟然如此之快地来了,这个月又感叹下个月的粉墨登场。

秦观说:金钩细,丝纶慢卷,牵动一潭星。

哪天不是在拼命起床和拼命工作以及拼命地实践自己中度过的?

自己跑得快,带动着时间也快,一快起来就没了烦恼。

正是这种节点的显现让人们关注了自己,关注了节奏,关注了生活,也关注了自己可能被落在后面的内心感受。

这不是后知后觉,也不是麻木,只是充实,充实得停不下来。

日出东方却落于西,人海相识却散于席。

凛冬散尽,星河长明。生活又岂能如此让我们抓得住规律,不会总是孤独,也不会总是盛放,高光只属于时刻,平实的才是永恒。这些道理我们都懂,于是我们学着善待生活,善待自己,毕竟温柔两半,方换得从容一生。

我们要学着定时审视一下自己,上下打量,并拂去岁月腾起的尘土。这便要求我们静下来,慢下来,顺手折枝,随心而行,哪怕只有一个这样无我的瞬间,便美好。

南风知我意,吹梦到西洲。给内心留一些梦想,任他好处行,慢慢地领略生活的清香。

多一分快乐,少一分忧伤;多一分真实,少一分虚伪;多一分悠闲,少一分忙乱。这三多三少很重要,有了它们就活得心情舒畅。人完全可以自主地安排好生活,善待自己,这样便会内心富饶。

时光有形,沧桑的面孔就是人生历程的见证,岁月教会我们温和面对现实,心态平和,笑对人生。学会与生活握手言和,生活也会微笑面对你。

善待自己,浅浅地书写人生,淡淡地感悟真情,静静地寻回自我,默默地祝福自己。

一辈子很短,真的需要好好地善待自己。自己的世界,有了自己的那束阳光才更加耀眼。一辈子很累,真的不需要苛求自己,让一切都达到完美。一辈子很美,自己的世界,要好好绽放自己的美丽。善待自己,好好地享受自

己拥有的时光!

第五,懂得自得其乐。

改变一下自己的态度去适应不同的情况,心情轻松舒畅,不要心郁气结,跟自己过不去。人到中年,什么事都看透了,无论如何自己不要跟自己过不去,一定要善待自己,莫烦恼。

人生一场,别人追屋逐堡,我只要风花雪月。花棚石凳,小坐微醺,歌一曲,茗一杯,自得其乐。住宅舒适方便就行了,何必非要楼上楼下?一首歌,一杯茶,养养花,养养鱼,享受自然之美不是很好吗?多了聆听松涛、静观风雨、仰望星空、敞开心扉的机会,灵性俱足。

千万不要错过欣赏大自然、享受大自然的机会,一辈子不容易,一定要好好享受生活。

第六,保持简单心境。

每天带着笑容,面对一切事物,就能发现一切都很美好;给他人三分阳光,就能给自己回馈七分快乐。生活的质量,取决于每一天的心境;通过改变人生的态度,就可让自己经常保持良好的心境。生活是一个过程,而不是一种结果,学会享受过程,做到精彩每一天,自然也就享受了美丽的人生。

俗话说得好:"好花不常开,好景不常在。"昨日还是万紫千红,今朝已经凋敝枯萎;昨日还是风光旖旎,如今已是残败破落之景。时光匆匆而过,四季轮转如歌。唯有一份好心境,才是人生最美的风景。

人这一生,跋山涉水,风里来雨里去,着实不易。每一天看似相同,实则大不一样。

心境简单了,就有心思经营生活;生活简单了,就有时间享受人生。

我们要学会经营自己的生活,不是天天混日子,也不是天天熬日子,而是天天享受日子。这就需要经营日子。

尘世中有太多的喜怒、悲欢、烦恼和痛苦,唯有保持简单,才能活得快乐。

生活简单让人轻松快乐,想法简单让人平和宁静。因为简单,才深悟生命之轻,轻若飞花,轻似落霞,轻如雨丝;因为简单,才洞悉心灵之静,静若夜空,静似幽谷,静如小溪。

第七,换一种心境,享一种快乐。

兰居幽谷,虽孤独亦芬芳,不争不抢,这是一种淡泊;梅开偏隅,虽寂静亦流香,不温不火,这是一种优雅;水滴顽石,虽遇阻而不滞,不疾不徐,这是一种低调。我们生于世上,心态当像兰,凡事都能看得通透;性情当似梅,学会在命运的冬季艳丽地盛开;意志当如水,你能包容什么,终会得到什么。

我们无论干什么,只要能让一部分人满意就够了,因为每个人看问题的角度和方式都不一样,也许自己认为很完美的东西,在别人眼中恰好充满瑕疵。

在生活中,我们试图让所有人满意,试图给每个人都留下好的印象。但过多考虑别人的看法,心境就容易受外界因素的干扰,对生活没有了掌控感,常认为命运或者社会不可违的力量在左右着自己。

也许我们付出了许多努力,尝试过太多艰辛,但是一直没有人愿意相信,也没有人能够理解,更没有人给予肯定。

如此面对生活难免会心存沮丧。既然无力改变别人的看法,为什么不换一种心境呢?

用淡泊名利的心态,笑看风云豁达,摆脱一切纠缠于心的牵绊;勇敢突破封锁精神的藩篱,让健康的生命闪烁灿烂的光泽。

换一种心境,不要让悲伤在自己的眉宇播下忧愁的种子,不要总以为自己始终生活在阳光照耀不到的角落,要相信太阳每天都灿烂。

换一种心境,看到的将会是完全不同的风景。

当心灵的脚步沿着既定道路越走越崎岖的时候,就是该考虑换一条道行走的时候了。路是死的,而人是活的,所以选择是自己的。

换一种心境,就要学会安静,学会思考,学会感悟,不喧闹、不矫揉、不造作、不故作呻吟、不假惺惺。

换一种心境,就要学会用平和的心态来看待一切,在卑微时安贫乐道,豁达大度;在显赫时月盈若亏,不骄不狂。

换一种心境,学会"欲成事者须要宽容于人"。这样不仅可以与人和谐相处,而且可以暗蓄力量、悄然潜行,在不显山不露水中成就事业。

换一种心境,是一种风度,一种修养,一种胸襟,一种智慧,一种谋略。

既然我们还有选择的机会,那就选择让自己回归内在,回归学习,让自己提升正确选择的能力。

五、要拥有淡定从容的精神面貌

上苍不会让所有的幸福集中到某个人身上,得到爱情未必拥有金钱,拥有金钱未必得到快乐,得到快乐未必拥有健康,拥有健康未必一切都会如愿以偿。

杨绛先生,无论处于什么年纪,都保持积极乐观的心态,拥有淡定从容的精神面貌。

很多人总是抱怨生活的无趣和一成不变,殊不知是自己的心浮气躁遮蔽了生活最简单纯粹的美好。

人生其实很广阔,并不局限于那些世俗眼里定义的成功,还有很多珍贵的事情值得我们去追求。

人生的运气,其实是一种循环,有春风得意之时,自然也会有遭遇坎坷之时。所以有些事情,不必强求,无论身居高位还是暂处低谷,都不过是人生的一种状态,你只需把自己的注意力和精力放在那些真正值得的事情上,然后专心致志、坚持不懈,用最纯粹天真的心,去面对这个浮躁的世界。

心若敞亮,方向就清晰,这个世界上的很多烦恼,往往都是庸人自扰。用一颗美好之心,看世界风景;用一颗快乐之心,对生活琐碎;用一颗感恩之心,感谢经历给我们的成长;用一颗平常之心,看人生得失成败。坚信未来一片光明,遇到挫折时也不要迷失了方向。坚持自己最初的信念,让一切好转起来。

我们如果能像杨绛先生一样,守住内心的淡定与从容,随缘人生的种种际遇,顺着自己的本心慢慢往下走,好好享受人生赋予的悲欢,对自己热爱的事付诸行动,我们也会到达属于自己的人生彼岸。

六、有些人为什么会觉得"心苦"

现在的生活确实幸福,但为什么有些人缺失幸福感呢?

比如学生,他们既无缺衣少食之苦,求学的物质条件更是优越得前所未有,为什么会觉得"心苦"呢?

原因可能多种多样,但过重的压力无疑是重要的因素。学生求学必有压力,但这种压力应该是适度的,符合学生认知规律和身心健康发展规律。过重的压力必然导致学生不能承受之累、不可承受之苦。

我们不禁要问,过重的压力来自何方?

首先是目标宏大、虚幻,内容繁多。

这些目标基本不是孩子少年立志所追求的,而是家长根据社会上流行的、时尚的各种各样的"参照物"确立的。各种各样的学科要拔尖,各种各样的才艺要掌握,各种各样的竞赛不能错过,各种各样的奖状、证书都要囊括……

五花八门的功利都往小小生命上堆,怎一个累字了得!家长也无奈,如此这般的做法,近则为孩子进名校打造敲门砖,远则期望他们将来当什么"官",做什么"领",成什么"款"。一言以蔽之,成为"不一般"的人,有权有势有钱,当然也就有"幸福"。

以明日虚幻的所谓幸福给今日的学生不断加压,逼迫学生超负荷付出,这样,学生丢失了花样年华的好奇、快乐,青涩少年的美梦、猎奇,青春年华的壮志豪情与无限活力。

用成人的主观愿望构架孩子的人生,看似为他们造福,实则却是画地为牢,限制了他们的自由发展、蓬勃生长。青少年时期极其可贵的率真、幼稚、勇敢、探究、纯情、惬意、欢乐在功利色彩的笼罩下不断地被消解。

每个孩子都是独特的、独一无二的,各有各的长处,各有各的不足。然而,在教育教学中,我们总是以一个标准要求所有的教育对象。不是教育的多样性适应于引导各具特点的学生,而是知识传授、能力培养的种种做法均一刀切、标准化。

淡化的是"人",信奉的是"分"。当"分"被图腾般膜拜时,许多学生在分数面前常常处于失败者的地位,学习乐趣被无情地人为打消。丢失了求知带来的成就感,又何言幸福?

家长也好,教师也好,要真正学会换位思考。孩子在成长过程中有这样那样的梦想与追求,学习上有这样那样的不足或缺失,这些都应该被理解和宽容,家长和教师应该满腔热情地因势利导、因材施教。

七、如何成为一名幸福的教师

天天无烦恼,日日好心情,就是人生之大幸。卸下虚荣的面具,做回真实的自己,按内心的指引去奋斗,按自己的意愿去生活。宠辱不惊,去留无意,淡然恬静,优雅从容。幸福就是顺其自然。

幸福会让你历尽红尘,洒脱依然;经年流转,气定神闲;自有佛心,常展笑颜。幸福就是神闲悠然。

幸福是健康长寿,幸福是平平安安,幸福是快乐相伴。人生,有缺失,才会有希望;有遗憾,才会有珍惜。只有真正懂得包容一切的不完美,才能获得更多的完美,减少更多的遗憾。幸福就是随心随愿。

幸福不是完美和永远,而是心灵和生活的感应和共鸣,是内心对生活的感悟,是生命过程的美丽呈现。不管是昙花一现,还是月缺月圆;不管是雪花飘舞的刹那,还是秋叶飘落的瞬间,只要你内心阳光、快乐、美好,幸福就会写在你脸上,驻留在你心间。没有完美的人生,只有更好的心态。虽然时光易逝,有风有雨,但生命的每一刻都可以是美丽的。人生如秋,丰硕与萧瑟共存,温暖与凉薄交织。只要看淡得失,心态平和,便会幸福常在。守住生活的幸福,其实就是守住自己的初心,在那里虽然不会面朝大海,但是心会春暖花开。

职业幸福感,是指主体在从事自己喜欢的职业的时候,心情轻松愉悦。

我曾经借林徽因"你是人间四月天"这句诗,作为幸福老师的意象。人间四月天,春和景明,天地一体,美不胜言!师者的幸福主要体现在教育教学活动中。具体体现在:

第一,寻求使命感。对于教育这份工作,向来有四种态度:一是饭碗,做教师为了拿份报酬,养家糊口;二是职业,参与社会分工的一种选择,关注权力和声望的变化;三是事业,有一定的公益之心,有进一步做好的追求;四是使命,天职使然,义不容辞。有了使命感,工作就成了对内在需求的满足,工作就是自我实现的途径。所以,做幸福的教师就要寻求使命感,发扬并光大教师职业的内在意义、本质价值。

第二,播撒教育爱。教育爱源自师者内心的责任、内在的情感需要,教育爱基于对学生的理解和尊重,源于童心的爱;师者的灵魂"正以信仰、希望、爱和敬的形式移情于其学生的灵魂中",是引导向上的爱;教育爱引导学生在个性化与社会规则之间找到平衡点,是让学生在身心舒展中接受社会规范的爱;教育爱是对学生的解放,正如泰戈尔所说"让我的爱,像阳光一样包围着你,而又给你光辉灿烂的自由",是讲究艺术的爱。正是这样的教育爱,使校园里不仅有知识的学习,还有情感的温暖。

第三,创造审美课堂。马尔库赛说:"人借助美的相助,才能使自己置身于幸福之中。"审美课堂的特点有:一是主体的自由。马克思说"劳动是自由的生命表现",黑格尔认为"审美带有令人解放的性质"。学生主体性确立——主动、自主、积极地参与到学习过程中,是审美实现的基本前提。二是美育的贯注。建构教学的复线结构,知识与情感或相互映照,或融为一体,如杜夫海纳所说,"审美只是灿烂的感性,深刻的理性包裹其中"。三是形式与内容匹配适宜。"有用的组合"也是"最美的组合",以美启真,亦真亦美。热烈与安静错落有致,富有内在的节奏美,特别是在完成挑战性任务的过程中,学生充分发挥内在力量,进入心流状态,享受高峰体验。这样的课堂是相约的课堂,师生内心为效能感鼓舞,对上课充满期待;是相向的课堂,师生都将内心的深层渴望转化成教与学的努力,互相鼓舞,相向而行;是相遇的课堂,审美就是一种相遇,物我、师生互相融合,构成审美场中的共同体。四是收获的丰实。审美课堂一定是有成就感的课堂,知识的学习让新知与已知融合,更新的结构化知识向未知打开大门;抽象概括形成的知识图景可以迁移,在新的复杂情境中能够应用于问题的解决与创新;知识的学习过程是有感情的,"文章不是无情物,师生俱是有情人"(于漪语),情感的熏陶,价值的认同,使学习同时也是精神哺育、精神成长的过程;知识的学习过程是自我监控、自我反思的过程,不仅学会,而且会学;知识的学习过程也是激发潜能、滋养灵性的过程,教有灵性,学有灵性,与知识相拥起舞,洞察力、批判力、创新力融于其中。

  第四,丰富校园生活。师生生活的幸福感很大程度上取决于校园的生机与活力,师生怎么在校园生活中共同创造幸福感呢?除了前面重点讨论的课堂教学外,还有以下三种方法:一是要有指向目标的整体设计,目标往往是我们最感兴趣的事情,是我们内心最坚定的意识,也是在向我们及他人传达一种克服困难的信念,幸福感可以期盼。二是要从学生的差异出发,调动所有学生的积极性。学校、班级自主安排的课程、教学和活动,学生日常生活的角色体验,应该以选择为前提,给所有学生提供最好的机会。正如有句话所说:"我们可以通过适合学生差异的学习内容来为学生提供探索个人生活领域中的幸福资源的机会。"三是要让学生积极参与其中。罗素说:真正令人满意的幸福总是伴随着充分发挥自身的才能来改变世界。杜威说,要找到对一个人来说适合的那种工作是很奇妙的。要"找到",就要动手动脑试试,适合的,投入其中,沉浸其中,活动的展开和目标的实现就成为幸福的重要来源。

  亚里士多德曾说,幸福应伴随着快乐,而德性活动的最大快乐也就是合于智慧的活动。所以,哲学以其纯净和持久而具有惊人的快乐。在他看来,人的思辨活动、理性生活才是幸福。我们讨论的教师的幸福,亚里士多德的话还是可以借用的,也是合适的。只是今天的智慧活动不是哲学所能涵盖的,我们可以将其理解为一般的智力生活。这里讲高质量的智力生活是相对意义上的,高质量是相对教学任务而言的,是能满足教学需要的。这里的高质量还提倡研究学问。根据教书育人的需要,做一个研究型的教师,智力生活就达到一定的水平。这里的高质量还包含知情统一的意思,有感情地学习,有感情地研究,有感情地教学,沉浸在其中,快乐在其中,自然也幸福在其中。

八、幸福和快乐的区别

今天我快乐,请问我幸福吗?如果快乐不是幸福,那么快乐到底是什么?幸福到底是什么?今天要给大家做点解读,我们用需求层次论来给大家区分快乐和幸福,区分它们俩的不同本质。什么叫快乐?举个例子,现在你饿了,特别饿,学校食堂关门了,经管楼里给大家订了包子。你拿了两个包子,这边有蒜,那边有醋,还有辣椒油,你趁热蘸蘸蒜、蘸蘸醋、蘸蘸辣椒油,就吃下去了,吃完了就觉得特别满足。这时候你心里装的满足感是什么?是快乐,吃完包子温饱问题解决了,你很快乐。那,大家再想另一种情况,什么叫幸福?你特别饿,拿俩大包子,醋蒜辣椒油搁好了,正准备吃,突然前门开了,进来姐弟两人,他们中午没吃饭。小姐姐拉着小弟弟瞅着你,咽了口唾沫说,叔叔,这包子真香,我们也想吃。这时候,你肚子咕咕响了两声,但你还是忍住了。两个大包子,一个宝贝一个,两个人狼吞虎咽把包子吃下去。吃完了,吃饱了,走了。这时候你虽然还饿着肚子,但心里觉得特别美好,这种感觉就叫幸福。大家记住这个结论,低层需求带来的满足叫快乐,高层需求带来的满足叫幸福。

九、让自己变幸福的 20 件小事

幸福不是脸上的虚荣,而是内在的需要;幸福不在别人眼中,而在自己心间。无论哪一种幸福的表述,都是源自一个人内心最温情的认知和最丰裕的感受。哈佛大学推荐了让自己变幸福的 20 件小事。

1. 面带微笑

首先,请记住:让这个世界灿烂的,不是阳光,而是你的笑容。

就像三毛所说:"我笑,便面如春花。定是能感动人的,任他是谁。"微笑的力量在任何时空,都直抵心灵。

生活不会因为一句怒吼,而有所不同,却会因为一个微笑,变得格外美丽。所以,当你睁开眼的第一刻,请微笑。

2. 不要在意别人的想法

人生终究是自己的,不要太在意别人对自己的看法。别人夸奖你、奉承你,你不会因此年轻10岁;别人无视你甚至嘲笑你,你也不会因此而变傻变笨。

3. 每天至少花10分钟静坐

每天都要有点独处的时间,因为静能生慧。

有位智者说:人生最好的境界是丰富的安静。我们不仅需要一段时间的安静,到了一定年纪,我们更会享受所有安静的时光。

很多纷纷扰扰的事,我们都会在这安静的时间里捋明白,所以,别走太快,等一等灵魂。

4. 花点时间与70岁以上的老人和6岁以下的小孩相处

人一生至少不能放弃两样东西:智慧和童真。与老人相处,我们能获得更多人生智慧,与孩子相处,我们会短暂地重拾童真。而这,恰恰也是生活的绝妙之处。

5. 不要太较真

无论是预设好的,还是偏偏如此的事情,它们都有一个共同的名字——无可奈何。

我们无力改变,承认自己的无能为力,总比强撑着要强。所以,尽人事,听天命。这是世间最大的从容。

6. 你不需要赢得每次争论

生活不是战场,无须一较高下。尝试听取别人的意见,也是对自己的认同。

君子和而不同。你的修养,将会使你更加幸福。

7. 不要把宝贵的精力用在与人谈论八卦上

你若芬芳,蝴蝶自来;你若愁闷,则霉运上门。吸引力法则告诉我们:你会把你最关注的吸引到生活中来。因此,尝试去做一些更有意义的事。毕竟能丰富生活的,并不只有八卦。

8. 人生苦短,别把时间浪费在恨任何人

人生最大的修养是宽容。它既不是懦弱也不是忍让,而是察人之难,补人之短,扬人之长,谅人之过。

要知道,时间是自己的,与其花大把的时间仇视别人,不如宽容别人也放过自己。

9. 没事多喝水

成人的身体 70%的成分由水组成,儿童体内的水则占 80%。水对人体健康至关重要。我们常说,人可以 3 天不吃饭,但绝对不可以 3 天不喝水。水不仅可以促进新陈代谢,还可以舒缓情绪。有事没事常喝水,水是健康之源。

10. 在你清醒的时候,请多多梦想

海涅曾说:春天不播种,夏天就不会生长,秋天就不能收割,冬天就不能品尝。

生活也是这样,有播才有收,有憧憬才会更加美好。

在匆忙的岁月里,想想诗和远方,多么令人欣喜。

11. 每天睡满 8 小时

有一样东西,它能提高你的记忆力,增加你的魅力;保护你不得癌症和阿尔茨海默病;不让你患感冒和伤风;降低你患心脏病、心梗和糖尿病的风险;会让你感觉更快乐,不抑郁,不紧张。这种东西,叫作睡眠。睡眠学专家 Matthew Walker 如是说。

睡眠比饮食和运动更重要。

如果剥夺一个人睡眠或饮食或运动 24 小时,睡眠伤害最大。每晚睡少于 6 小时的 45 岁以上的人,比睡 7~8 小时的人得心肌梗死和脑梗死的概率高 200%。所以建议睡眠时间:晚 10 点至次日早 6 点。

12. 忘记那些不开心的过去,别总纠结在过去的错误上

昨日之日不可留,今日之日多烦忧。西方有一句谚语叫不要为打翻的牛奶哭泣,所以,不必太困于心、乱于情。我们养花不是为了生气的;我们说话不是为了抱怨的;我们拥有记忆不是用来遗憾的。不要活在对过去的追悔中,不要活在对未来的担忧中。活在当下,才不负年华不负己。

13. 让自己每个月的阅读量都比上个月高

读书,是智慧的行为,而这种行为本身,却可以引领一个人走向更大的智慧。

把读书作为生活的常态,是生命最美好的习惯。

手头、桌头、床头总有悦心的书陪伴,是一生的幸事。

从春花读到秋月,从夜雪初霁读到朝晖甫上,每天多读一点书,何愁没有学富五车的那一天?

正所谓:书到用时方恨少!不要到了某个年纪才倍感遗憾:年轻时读的书太少了!阅读并且悦读吧,趁还来得及的时候。

14. 每天花 10~30 分钟慢跑

知道最有效又最省钱的运动方式是什么吗?慢跑,持之以恒的慢跑!

医学权威认为,慢跑是锻炼身体的好方法。对于减肥和戒烟都大有裨益。

有人说:"每天跑一跑,快乐少不了。"

现在,各地都掀起了慢跑风潮,你加入其中了吗?

15. 没有人能主宰你的幸福,除了你自己

我们似乎都习惯于看别人的态度来决定自己悲喜。那些不由自己的快乐,其实都不能称之为幸福。幸福,应该是你发自内心的一种感觉。

爱自己应胜于一切。如果觉得菜淡了,就加点盐吧;觉得洋葱无味,就加个鸡蛋吧。你的幸福,由你决定。

16. 和朋友保持联系

你工作再忙拼死拼活,它不会在你生病时给你体贴和温暖;而你的朋友会给你。

真正的友情是经得起考验的,感谢时间、空间、名利帮你淘汰掉那些曾经一起哭、一起笑的人;而剩下的,请你学会珍惜!

17. 时常打电话给你的家人

时间从不等人,电话的那一头也不会永远都有那个熟悉的声音。千万别忘记,时常打电话给你的家人,哪怕是拉拉家常寒暄寒暄。

当然,更重要的是,记得常回家看看!

18. 尝试每天让至少3个人微笑

印度诗人泰戈尔说:当一个人微笑时,世界便会爱上他。

在尝试让别人笑起来的同时,请你微笑着过好每一天。

如果能够做到这点,你将收获多多:健康的身心、良好的人际关系……

19. 花点时间去冥想、练瑜伽

常常有读者问我:"为什么我与每个人都相处很好,可还是不快乐?"

原因很简单,因为我们都在考虑如何变得合群,如何更受大家欢迎,却忽略了最重要的一点:如何与自己好好相处。

学会独处,明白自己,是一个人必要的能力。

沉淀下来,与自己好好对话。外在的和谐源自内在。

20. 不管心情如何,赶紧起身,梳洗打扮,闪亮登场

心情是次要的,生活才是主要的。无论什么时候,我们该做的,都是成为最好的自己。

昨天的太阳,晒不干今天的衣服。一个懂得生活的人,绝不会只沉湎于过去。

所以,别颓废、别沮丧。梳洗打扮一番,你依旧是最美的你!

生活何所畏惧,幸福自在眼前。

十、厚道之人,必有厚福

厚道的人,心中有情,品性正直,心地良善,重情重义。厚道之人,少伪装,多坦诚。和厚道的人谈交情,讲感情,心中敞亮,这样的人,才值得我们拿真心去相交。人这一生,会遇到形形色色的人,但将宝贵的时间花费在谁身上的选择权,永远掌握在自己手里。与明白人说话,知理明了晓事理;与踏实人共事,苦尽甘来事竟成;与厚道人谈情,高山流水不负君。把时间和感情花在对的人身上,才有意义。

如果说一个人精明,你会联想到什么?计较、贪小便宜,处处费尽心思把自己利益最大化?其实,"最精明"的,是那些不计较、不比较的人。小辩才、小聪明是不可靠的。只有待人厚道,才会心得安乐,有大成就。

不计较得失的人,往往懂得放下自己的利益,为他人着想。心怀善意,施舍给予,自然能广结善缘,种善因得善果。不计较得失的人,往往更容易心安满足。他们明白人这一生,有得有失,有起有落,做生意有赚有赔,比赛有输有赢,际遇有好有坏。

他们明白人生都是喜忧参半,自然就不容易因为比较或者嫉妒,而让一颗心陷入焦虑不安的境况中。得失不计较,有无不比较,为人厚道,欢乐自在,这才是精明的最高境界。

一个人的顶级实力是什么?是高深的智慧,精准的判断,还是无可挑剔的技术?

我想都不是,一个人的顶级实力,应该是历尽千帆后的平和,是润物无声的魅力。

有人说:"越优秀的人,越懂得舒服地待人。"确实,无论遇到多大的问题,优秀的人都有将问题化解于无形的能力,而且姿势永远那么好看,就像他们生来就如此一样。让人舒服,是顶级的人格魅力。

厚道的人一定是细心体谅他人,极具同理心的人。

《菜根谭》有言:"处世让一步为高,退步即进步的张本;待人宽一分是福,利人实利己的根基。"

孔子的弟子子夏评价孔子说:"望之俨然,即之也温。"

君子如玉,让人舒服的人就好像一块温润的美玉。他们的魅力来自丰富、内敛、温情、善良,由内而外地散发出一种高贵。一个人从表到里,可以分为五个层次:外貌、能力、脾气、品格、心性。对应的品质同样是五个层次:颜值、才华、性格、人品、慈悲。

细细品味,这五个层次,既是身处世间的识人之法,也是涵养内心的修行之途。始于颜值,敬于才华,合于性格,久于人品,终于慈悲,这便是那条完整的路径。

厚道的人尽量让别人舒服,哪怕委屈自己。

生活中,有这样两种截然相反的人。有人生怕别人舒服,尽量让别人不舒服,而只要自己舒服就行。还有一类人生怕别人不舒服,尽量让别人舒服,哪怕委屈自己。

对于高层次的人来说,工作的目的只有一个,就是解决问题,他们以解决问题为目标。

层次越高的人,越懂得尊重别人,他们更懂得尊重中包含的平等、价值、人格和修养的意义。

我曾与一位级别很高的 70 多岁的老人交谈,他的每一句话都不会伤及任何一个人,不会让周围的任何一个人感觉不舒服。在一起聚餐十多人,每一句话都能照顾到所有的人,无论男女老少都感觉舒服,这是何等的修养。

厚道的人具有让别人舒服的能力。

长江商学院 CEO 班有三十几个同学,包括马云、冯仑、郭广昌、牛根生等国内很了不起的人。

有一次,班上组织他们去香港见李嘉诚,他可谓华人世界的超级大哥了。电梯一开,70 多岁的李嘉诚大哥正站着跟大家握手。

一见面他先发名片,还递给你一个盘子,盘子里有号,拿名片顺便抓个号,这个号决定你吃饭的时候坐哪桌。照相也根据这个号,站哪儿就是哪儿。

听完讲话,开始吃饭。四张桌子,每个桌子都多放了一副碗筷,他每个桌子都坐。

一个小时的吃饭时间,他四个桌子轮流坐,而且几乎都是 15 分钟。大哥每个桌子转完,用餐基本就结束了。结束之后他没先走,逐一跟在场的每个人握手。墙角站着一名服务员,大哥专门跑到那儿和他握手。整个过程让大家每个人都很舒服。这就是他的软实力。

你身边有没有这样的人?他们也许貌不惊人,也许才不出众,却无形中有着一股别样的魅力,让你想要与之接近,放下心防,倾诉心中的秘密。

他们让你感到舒服,和这样的人在一起,就像听一曲舒缓的音乐、品一杯醇厚的热茶、看一朵花静静地开放。

人的修为和高度只有到这分儿上,才会生起慈悲。慈悲,是一种境界。

《菜根谭》有言:文章做到极处,无有他奇,只是恰好;人品做到极处,无有他异,只是本然。

到了这分儿上,如何不是人品的极致?我们或许达不到慈悲的境界,但至少可以将心比心。那样,就是在努力成为一个慈悲的人。

始于颜值,敬于才华,合于性格,久于人品,终于慈悲。

做人如此,交友亦如此。

世间纷扰,乱象蔽目,混沌蒙心。守得住这条正道,才能在万千人当中,交下最值得交的那个;在万千种选择中,选出最有意义的那种。

若能如此,便是不枉此生。人生在世,俯仰之间,自当追求卓越,但也要量力而行。我们只是努力的平凡人,主动承认自己的平凡,做好当下的事,才是更聪明的活法。

一位哲人这样说:"人生都是走着走着就开阔了,现在的你,不用着急。让未来的本就该属于你的树再长长,那些花再开开,等你遇见的时候,才是它们最美的时候。"

我们要学会用心甘情愿的态度,过随遇而安的生活,用淡然的心态,面对一切成败得失。因为,美好始终在前方,不用急于去寻找,走好脚下的每一步路,总会有一场花开为你而来。

厚道,做一个快乐的人。

人品是最硬的底牌,是一个人最贵的通行证,是一个人成败的关键。做人有高度,做事才会有深度,人品不行,再有智慧,也不会把事情做到极致。不管做什么,先从修心开始,心正了,方向才不会偏,心定了,才会有坚守,心高了,才会有骨力。

人生各式苦辣酸甜,做人要有大度量,心胸要宽广。

自渡是一种能力,渡人是一种格局。弱者互撕,寸步难行,强者搭桥,渡人渡己,人与人之间最好的关系就是相互温暖,彼此成就。

岁月的路,总有几步值得回忆。相遇的人,总有几个值得用心铭记。人一生中难得几个挚友,珍惜这份难得的情谊!

生活是一面回音壁,你怎样待它,它便怎样回馈你。人与人之间的相处,亦是如此。设身处地地为他人着想,是成全,也是善待自己。

"沉默是金"是句名言,"祸从口出"也被人熟知,这很明确地说明"话多有失"。说话一定要适度,不能什么场合什么话都说。

读有质量的书,认真地去读,会给生活带来诸多乐趣。在这里遇见明月清泉,遇见绿树青山,遇见朝云柳色,遇见水穷云起;遇见平野阔,遇见大江流;遇见月夜,遇见草花,遇见沙鸟,遇见边塞,遇见诗情画意禅理……

涓涓细流汇成海,点点纤尘积就山。不要轻视你读过的每一本书,读得越多,你可能会越清楚自己想成为什么样的人、想做什么事、想过怎样的人生。

站得高,看得远。想得多,看不远。不管做事还是做人,都应向远处看,都不应光看到点,而没有看见面。

视野有宽度,站得高,看得远,想得少一点,就计较少一点,快乐自然会围绕身旁。

成功是急不来的。不计较眼前得失,将注意力真正着眼于正在做的事情本身,持续付出努力,才能一步步向前迈进,逐渐达到理想的目标。从容不迫,结果自会水到渠成。

人生的高度,不是你看清了多少事,而是你看轻了多少事。心灵的宽度,不是你认识了多少人,而是你包容了多少人。做人如山,望万物,而容万物。做人似水,能进退,而知进退。一个人的心态决定了一个人的高度,积极的心态是比黄金还珍贵的。

在生活中,如果我们倾注了热情,一切将耳目一新。只要我们用心去热爱生活,用心去感悟幸福,就能用感恩的心,好好地去享受一切美好。

不求所有的日子都风光,只求所有的日子都健康。愿我们天天与健康同行,愿我们时时与快乐相伴。每一个平淡的日子都值得尊重,每一个还在身边的人都应该珍惜,愿我们眼里有星辰,身边有微风,心中有暖阳。生活其实很简单,昨天、今天和明天;生活其实很复杂,人心、人情和人欲。把简单的生活变充实是聪明,把复杂的人生变简单是聪慧。

第五章　做一名阳光教师,塑造阳光心态,缔造阳光生活,走向阳光未来

新的一天又开始了!带着阳光上路!一样的眼睛有不一样的看法,一样的耳朵有不一样的听法。多看到阳光你就会感到温暖,多看到积极的人,你就会奋进。生活每天都会继续,你阳光,你自己的生活也是阳光的!

有能力时,就做点大事;没能力时,就做点小事;有权力,就做点好事;没权力,就做点实事;有余钱,就做点善事;没有钱,就做点家务事;动得了,就多做点事;动不了,就回忆开心的事。我们肯定会做错事,但要尽量避免做傻事,坚决不要做坏事。把每天当除夕,把退休当假期,把七十当十七,把公交当奥迪,把家里当巴黎,把朋友当亲戚,把同学当嫡系,孩子当知己,把自己当导演……这就是科学发展观和阳光人生路。

生活像一只蝴蝶,没有破茧的勇气,哪来飞舞的美丽?生活又像一只蜜蜂,没有勤劳的努力,怎能尝到花粉的甜蜜?生活中多一份努力与勇气,世界会因我们而美丽!人这一生能力有限,但是努力无限,让我们努力做一个善良的人,做一个心胸豁达的人,做一个积极向上的人,用阳光的心态激励自己!

第一节　阳光心态的主要内涵

阳光心态的主要内涵包括四个方面:一、善良;二、不能改变环境就适应环境;三、不能改变别人就改变自己;四、不能改变事情就改变对事情的态度。

一、善良

长在心底的善良是人生的底色。它如雪花一样晶莹纯洁,如太阳一般温暖明媚,是爱与爱传递的桥梁;它如山间泉水一样清澈透明,荡涤生命的尘埃;它如琴音一样拨动心弦,在心湖上奏出最动听的音乐。

善良是一盏心灯,照亮人们前行的脚步;善良是一片绿洲,装点生命的

诗行。

人之初,性本善,每个人的心底都有一颗善良的种子。善良是对生命的感恩,是一种至善至美的心灵境界;善良可以驱赶寒冷,横扫阴霾,人生路上用一颗善良的心来对待生命的际遇,生活就会处处明媚。

赠人玫瑰,手有余香。每一份感动如花瓣,绚丽生命的春夏秋冬,让我们学会与人为善;每一份善良如雨露,浸润着生命最美的芳华,岁月流逝,即使有一天容颜不再,生命也会因为善良而年轻美丽,永不凋零。

善良是一种修养,善待他人就是善待自己,要想得到别人的爱,首先要学会爱别人。一个善良的人一定是温暖的人,乐于助人的人,懂得珍惜和感恩的人,不会因为小事而斤斤计较,也不会因为得失而过喜过悲,做事肯为他人考虑,小到帮助一个人,大到心里装着芸芸众生。

每一次伸出双手都带着暖意,每一次回眸都留下浅浅的笑靥,善良是人生舞台上最动人的舞姿,如湛蓝的天空,干净通透,如盛开的兰,散发着淡淡的芳香,诠释着生命的云淡风轻。

当人心淡漠时,善良就是融化它的太阳;当生命遭遇冷漠时,善良就是唤醒人性的雨露;当人生处在低谷时,善良就是温暖灵魂的篝火。

有的时候,一句小小的问候,就能温暖一颗封闭的心,一个轻轻的微笑,就能感化一颗心。善良在心与心之间传递着爱,是百转千回里的感动,是帮我们穿越生命中的风霜雨雪的翅膀。

善良是人生最宝贵的财富。种善因,得善果,种下善良,收获感动,种下美好,收获幸福,善良的心可以把岁月装点成诗,将生命装点成画。生活中有了善良,就像生命中溢满了阳光,定会百花争艳,绿树成荫,蝶飞花舞,芳香四溢。

你给我一个拥抱,我还你一个笑脸,你给我一滴水,我还你一片海洋。让我们播种善良,传递温暖,让心中有爱,让生命无悔。

收藏岁月沉淀的芳香,在光阴的剪影中盈盈浅笑,任寒风吹过,依然向阳,历尽沧桑依旧温润,让心充满希望,与善良相随,走过红尘喧嚣,在清清浅浅的岁月中写下动人的暖。

身似菩提树,心如明镜台,一念一清静,心似莲花开。心怀善良,萦绕满怀馨香,走过岁月的坎坷,穿越流年的沧桑,用善良开启一扇心窗,让阳光洒向心海,用温暖来记录一路相随的感动,让生活充满浓浓的爱意,让生命带着淡淡的花香,且行且珍惜。

心善福自来。行善之如春园之草,不见其长,日有所增,福虽未至,祸已远离;行恶之人如磨刀之石,不见其损,日有所亏,祸虽未至,福已远离。

世间的惊喜,往往源自累积的善良。想要收获更多好运气,要从做一个友善的人开始,用更柔软的眼光看世界,用更温暖的心去生活。

对家人体贴,待朋友真诚,和陌生人相处交谈,也眉目温柔。多为别人着想,能帮助别人时,尽力而为。

不管对方是什么学历、什么职业,都保持尊重。对于别人微小的幸福,不嗤之以鼻,真诚地报以祝福。

待人接物有分寸感,不尖酸刻薄、不矫情傲慢、不斤斤计较,更不拿别人的缺陷和所在意的事随意开玩笑。

看破了很多事,却仍愿做个好人,择善而行。当然,这份善良也要温柔而有锋芒,爱人而不伤己。

一心向善,最终善也会向着你。善良,是开在心灵的一朵花;宽容,是洒满人间的阳光;人若慈悲,就会心安;人若大度,就有温暖。生活的美好,在于一颗淡然之心;愉悦的思绪,在于一份内在的充实。笑对生活是一种态度,善待人生是一种境界。任何时候,不做作,不矫情,以善对人,以度做事,以理服人,以德服众,做一个善解人意,心胸豁达之人。

二、不能改变环境就适应环境

人这一辈子,放下架子你会高朋满座,放下面子你会挥洒自如,放下压力你会轻松愉悦,放下消极你会海阔天空,放下自卑你会自信满满,放下狭隘你会虚怀若谷,放下怀疑你会真情长久,放下抱怨你会心生欢喜,放下怒火你会笑口常开,放下懒惰你会改变命运,放下过去你会拥有未来。舍得舍得,有舍才会有得。赢在路上,胜在改变!

有一个人练习搬山术,苦练了若干年后,发功搬山,结果发了半天功发现山没动。他向师父抱怨:"我搬不动山。"师父对他说:"山搬不过来,你绕过去不就行了吗?"

三、不能改变别人就改变自己

人生如镜,你对着它笑,它也对着你笑;你对着它哭,它便对着你哭。成功与否,不在于我们拥有什么,而在于我们想的是什么,采取什么样的行动。改变不了过去,但可以改变现在;改变不了环境,就适应环境;不能改变别人,就改变自己。

孔子曰:"君子求诸己,小人求诸人。"学会从自身找原因,既然改变不了别人,那就改变自己。

请看下面一则故事。

很久以前,人类都还赤着双脚走路。有一次,一位国王忽然心血来潮,要到偏远的乡间旅行。结果因为道路崎岖不平,遍地碎石子,硌得国王双脚疼痛难忍,败兴而归。

等回宫后,气急败坏的国王一边揉着青紫的双脚,一边愤愤不平地下了一道圣旨:"把全国的道路都给我用牛皮铺起来。"

可问题是即使把全国的牛都杀掉,也不够用来铺路。这时,有一位聪明的仆人斗胆向国王进言:"与其劳师动众牺牲那么多牛,您何不只用两小片牛皮包住您的双脚呢?"

国王如梦方醒,于是立刻收回成命,采取了这个建议。

托尔斯泰说过:"世界上只有两种人,一种是观望者,一种是行动者。大多数人都想改变这个世界,但没人想改变自己。"

改变别人和改变自己,可谓是这个世界上的两大难题。

总想着改变别人,也是在给自己找不舒服。最后的结果不是别人改变了,而是自己越看别人越不顺眼,自然也难得平静。

改变能改变的,接受不能改变的,生活真的会明朗很多。

《活出最乐观的自己》中有这样一句话:"不良情绪和行为直接来自你对不好事情的看法,如果你能改变这些看法,那么你就能更好地应对挫折。"

所谓的好事情与坏事情,不过是我们对所发生事情的主观态度。当我们无法改变事实时,我们可以改变自己的想法,改变面对生活的态度。当我们能接受已经发生的,改变能改变的,未来可期。

杨绛先生说:"人虽然渺小,人生虽然短促,但是人能学,人能修身,人能自我完善,人的可贵在于人的本身。"

人活着最有趣的事,就是还能不断改变,还能看见自己慢慢变好。

别让生命的价值停留在当下,从现在开始,改变思维、改变心态、改变自己,这样方能掌控好自己的下半生。

四、不能改变事情就改变对事情的态度

在现实中,有人常常会感到被别人的语言伤害了。其实在许多时候,并不是别人的语言伤害了你,而是你自己的思考方式伤害了你自己。

人生的高度,不是你看清了多少事,而是你看轻了多少事。心灵的宽度,不是你认识了多少人,而是你包容了多少人。做人如山,望万物,而容万物。做人似水,能进退,而知进退。

真心想做一件事情时,再大的困难也可以克服;不想做一件事情时,再小的阻碍也会成为理由。很多事情,先决条件很重要,但更重要的是后天自己创造的条件。

成功学告诉大家,不想当元帅的士兵不是一个好士兵,不想当船长的水手不是一个好水手。但是,只有一个人能当船长,更多的人和你一样,甚至位置比你更低。如果你这样想,你的心胸就会变得开阔起来。当生存基础不成问题了,我们就应保持好心情,努力向上,如果达不到最好,就力争达到次好。

人生起伏本是常态,我们失意时应尽善其身,得意时应不傲不骄。做不成太阳,就做最亮的星星;成不了大路,就做最美的小径;成不了明星,就做平凡的人。不管怎样,坦然接受,悦纳自己就好!

每天都是新的开始,与阳光同行!事有急有缓,路有平有坎,凡事不要想

得太复杂,手握得太紧,东西会碎,手会疼。心累的时候,换个角度看世界,就会感觉生活很美好。要用简单的心境,对待复杂的人生,带着阳光面对生活每一天!

第二节　一个人要拥有阳光心态

一个人最好的心态是什么样的？一个人最好的心态就是：眼里写满故事，脸上却不见风霜。每天笑意满满，自信温和，不羡慕谁，也不嘲笑谁。心如花开，面露微笑，一路芬芳，一路向暖。微笑就是最美的修行，不言时光薄凉，只与阳光相依。不管遇到什么困难，什么烦恼，一路微笑前行，努力做最好的自己。

人有时活在一些极端的情绪里，某一段时间会对生活充满信心，但突然在某一瞬间，又会全盘推翻之前的乐观判断。有信心时，无所不能，而推翻这一切的时候，也是百分之百的灰心。能管理好自己的情绪，你就是优雅的；能控制好自己的心态，你就是成功的。

一、心态好的人，都有几点相似的人生智慧

心态好的人，都有扬在脸上的自信。

想要越活越好，首先要发自内心地认可自己，喜欢自己，和自己和谐相处。

不骄不躁，不随意攀比，也不气馁、不沉沦、不眼红妒忌。

以一颗平常心，坦然接受自己的缺点和不足，并且永不停歇地打磨自己，让自己精进，努力修炼自己。

心态好的人，都有丰盈的知识。

你的气质里，藏着你走过的路、读过的书和爱过的人。

想要越来越强大，一定要多读书，努力充盈自己，丰富身心。

在书的熏陶下，你会遇见更好的自己，更有底气，能更加从容地应对人生的坎坷荆棘。

多读书的你，面对同样的工作，也能有不一样的心境；身处同样的家庭，也能有不一样的情调；处理同样的事情，也会有不一样的素养。

心态好的人，都有融进血里的骨气。

行走社会，迷茫不可避免，诱惑随处可见。你要懂得在迷雾中拨云见日，

在乱象中抽丝剥茧,不囿于眼前的长短,亦不忘自己的初心。

不要去贪一些小便宜,不要在爱里一味索求,更不要过于依赖别人,时刻谨记:安全感是自己给自己的。

你要有赚钱的能力,有自己的社交圈。

时刻记住:一个人最迷人的样子,是有了更好的生活,也不忘努力,不失话语权。

心态好的人,都有刻进生命里的坚强。

面对任何打击,都不要一蹶不振。给自己一段时间疗伤,让自己默默振作起来。

工作失意,别沉溺痛苦,别悲观颓废,重新站起来,和生活握手言和。爱情不顺,也别害怕说再见。

你应当是骄傲的,值得被爱的。坚强起来,勇敢一点,和旧事旧物体面告别,以更好的姿态迎接新的人生。

可以适当发泄情绪,但千万别深夜买醉,更别糟蹋自己的身体。为了不值得的人和事折磨自己,是最愚蠢的事。

什么时候开始新生活都不晚。请相信前方有更好的风景和更好的人在等着你。

心态好的人,都有挂在嘴角的微笑。

时刻做一个明媚爱笑的人,经历了世俗却不世俗,笑着接受人生的风风雨雨。

让自己的每一天都充满阳光,也给身边的家人和朋友带去好心情。

不抱怨,保持乐观,相信一切都是最好的安排,相信那些走过的曲折,最终都会变成一道道彩虹。

不论发生什么,始终记得笑,记得阳光。

二、只要内心有阳光,到哪里都是风景

内心的阳光能照亮一个人的心灵,然后让心灵在一方广袤的天空自由翱翔!

内心有阳光的人思维敏捷。他们做事从不墨守成规,而是不断地去思考和领悟。当一个人有了智慧,得到的不仅仅是为人处世的方法,还有对人生考验的无畏面对。

"以不争而达到无所不争,以无为而达到无所不为。"这是道家的智慧。一个真正聪明的人,小事糊涂而大事睿智,为人低调而洞若观火。一个人能力无论有多大,锋芒不露,懂得大智若愚、韬光养晦,才可能赢得整个人生。

内心有阳光的人精神状态好。他们面对一切都是以积极战胜消极,以开心战胜郁闷,以坚强战胜懦弱,以勤奋战胜懒惰。生活从来不会故意亏欠谁,它给了你一块阴影,必定在不远的地方洒下阳光。遇上无能为力的事,眼界宽一些,得到的就珍惜,失去的就放弃。

内心有阳光的人都拥有梦想。他们对明天充满希望,今天的痛苦他们会慢慢淡忘。人只要不迷失方向,就不会迷失自我。人生没有草稿,年华不容浪费,即使走的路曲曲折折,也要淡然优雅地面对,要学会在乌云中寻找光明,咀嚼平淡如水的生活,领略四季起伏的风景,走出属于自己的人生。

你只要每天在这个世界上呼吸着,就会有大把的时间为生命而奋斗,就有人为你的成功献上鲜花和掌声。有梦就大胆地飞翔,前行的路上不怕有人阻挡,只怕自己投降。

内心有阳光的人都不怕磨炼自己。成长的过程就是酸甜苦辣咸的组合,所以即使伤痕累累,他们也从不抱怨。记住,挫折只不过是人生的一小部分。正是这一小部分,让人变得更加坚强,更加成熟。

内心有阳光的人都坦然。他们每天都笑看风雨得失,凡事随缘,于事心安,坦然微笑地面对生活。面对失败一笑而过,面对误解一笑而过,面对忧愁一笑而过。让自己的心像大海般辽阔,像天宇般无边无际。常说一万个人有一万个人的生存方式和生活道路,要想改变一些事情,首先得把自我找回来。

第三节　心态非常重要

一、心态好,运气就好

心态表示一个人的精神状态,有良好的心态,才能保持饱满的精神状态。心态好,运气就好。精神打起来,好运自然来。

做任何事情一定要有积极的心态,要学会调整心态,有良好的心态工作就会有方向,人只要不迷失方向就不会迷失自我。人活在世上,凡事都要看开点、看远点、看淡点,心胸要豁达些、大度些,相信"任何事情的发生必然有利于我",且"办法总比困难多"。

人要想活得快乐,就必须有一个好心态。有位哲人说得好,既然现实无法改变,那么只有改变自己。改变自己就是调整好自己的心态。如何调整好自己的心态,笔者认为有三点至关重要。第一,欲望不要太高。欲望无止境,欲望越高,一旦不能得到满足,形成的反差就越大,心态就越容易失衡。第二,攀比思想不能太重。如果盲目攀比,就会"人比人,气死人"。如果跟下岗工人比待遇,跟农民兄弟比收入,心态就能平衡,怨气就自然消了。第三,要学会忘记。不要对过去的事耿耿于怀,过去了的事就让它过去,这样才能减少许多烦恼,心情才能舒畅。

在顺境的时候,想着去善待他人。己顺,示人以平和;己达,示人以谦恭;己喜,示人以沉静。即使没有那么高的境界,至少可以做到不张狂、不招摇、不炫耀。善待,有时候,就是一个亲切的姿态,就是一种温和的态度。心胸宽广,不是指能装得下几个自己,而是指可以盛得下多少个他人。

有人说:"人之幸福,在于心之幸福。"人的心态,是掌控人生命运的舵手。心态好,你就有可能成为赢家;心态不好,就可能永远是弱者。

曾听过这样一个故事。

保罗·迪克的祖父留给他一座美丽的庄园,不幸的是,一场山火烧毁了这座庄园和周围的树木,保罗心痛不已。

看着眼前的废墟,保罗每日茶饭不思,闭门不出,人变得十分憔悴。他的祖母知道了这件事情后,意味深长地对他说:"孩子,庄园被烧了并不可怕,可怕的是你也因此被烧毁。"

听完祖母的话,保罗决定走出家门散散心,做点力所能及的补救。

在市场上,保罗发现木炭的需求量很大,他便聘请了几个烧炭工,把那些烧焦的树木加工成木炭,送到集市上去卖。不出所料,木炭很快就卖光了,保罗也因此获得了一大笔收入。他用这笔资金购买了树苗,重新打理庄园,没过多久又拥有了绿树成荫的庄园。

挫折和磨难,就像那场突然降临的无情大火,总是让人措手不及。面对生活里的一片狼藉,暗自沮丧是没有用的,只有怀着积极乐观的心态,才能坦然应对人生中的各种坎坷。

二、拥有好心态,才能拥有好人生

人生就像一个口袋,你越往里面装东西,前行的脚步就会越沉重,人也会愈发疲惫。只有调整好心态,放下负面情绪,才有可能开心快乐地生活。

曾读过这样一个故事。

一天,一位军官来到司令办公室,气呼呼地说一位少将用侮辱的话指责他。司令听罢建议他写一封言语尖刻的信回敬那名少将。

军官接受了这个建议,当场写了一封措辞强烈的信,然后拿给司令看。司令看完后高声叫道:"对了,对了,就是这样,写得真好!"但当军官把信叠好,要寄给那位少将时,司令却叫住了他:"你这是要干什么?"

军官有些摸不着头脑地说:"寄出去呀。"司令说道:"不,这封信不是让你给对方的,而是让你扔到火炉里去的。你在写这封信的时候已经发泄过了,就不要再让愤怒的情绪占据你的心了,让它在火焰中消尽吧。等怒火平息了再回头想想,这事情也就过去了。我们又何须斤斤计较呢?"

听了这番话,军官冷静了下来,渐渐调整好了自己的心态,不再为这件事愤怒。

心宽似海,才有风平浪静;心若向阳,才能处处温暖。少一分计较和浮躁,多一分宽容和理解,不记恨别人,自己也会自在舒心。

很多事情本无好坏,若你以消极悲观的心态对待,往往会陷入负面情绪里,惶惶不可终日。若你以阳光般的心态对待,常常能观赏到好风景,感受到满径花香。

心态不好,处处碰壁;心态好,万事顺心。良好的心态,是迈向成功的坚实根基,是改变命运的人生利器,是收获幸福的心灵法宝,是滋润生命的灵丹妙药。

三、好的心态,能激发人生最大的潜能,是最大的财富

烦恼的根源都在自己。生气,是因为你不够大度;郁闷,是因为你不够豁达;焦虑,是因为你不够从容;悲伤,是因为你不够坚强;惆怅,是因为你不够阳光;嫉妒,是因为你不够优秀。

越计较越痛苦。人生,有多少计较,就有多少痛苦;有多少宽容,就有多少欢乐。痛苦与欢乐都是外界事物在心灵中留下的影像,就像镜子里面有什么,决定于镜子面前的事物。心里放不下,自然成了负担,负担越多,人生越不快乐。计较的心如同口袋,装满了烦恼;宽容的心犹如漏斗,漏出心灵的沉渣。

抱怨是一种毒药。它摧毁你的意志,削减你的热情。抱怨命运不如改变命运,抱怨生活不如改善生活。凡事多找方法,少找借口,强者不是没有眼泪,而是含着眼泪在奔跑。

人生无悔便是道,人生无怨便是德。

得到的要珍惜,失去的就放弃。过多地在乎会将人生的乐趣减半,看淡了,一切也就释然了。执着其实是一种负担,甚至是一种苦楚,计较得太多就成了一种羁绊,迷失太久便成了一种痛苦。放弃,不是放弃追求,而是让我们以豁达的心去面对生活。

心态好,人缘就好,因为懂得宽容;心态好,做事顺利,因为不拘小节;心态好,生活愉快,因为懂得放下。

别让脾气和本事一样大,越有本事的人越没脾气。心态好的人,处处圆融,处处圆满。

第四节　做阳光教师的途径

美国知名学者麦克尔曾分析教师群体有三种境界。第一种境界的老师，能按部就班地把事做好，做规范。第二种境界的老师，是教书的行家里手，简称教学能手。第三种境界的老师，每天在工作中诗意地成长，幸福并快乐着。我们老师要努力追求第三种境界：让自己每天快乐工作，并诗意地成长。遗憾的是在我们教师群体中，出现了六少六多：认为教书快乐的少，感到枯燥乏味的多；把教书当作事业追求的少，把教书当作谋生应付的多；只教不研的多，静心钻研的少；劳而无功的多，劳而无怨的少；创造性劳动少，重复性劳动多；协作性劳动少，个体性劳动多。教师作为一个特殊的群体，要时刻保持健康的心态，这不仅有利于教师自身的心理健康，有利于提高工作效率，有利于教师向专业化发展，而且有利于促进学生的心理健康发展。作为一名教育工作者，教师在学校和学生朝夕相处，教师的一言一行、精神状态都会对学生产生直接影响。魏书生老师说得好："你把周围的人看成天使，你就生活在天堂里；你把周围的人看成魔鬼，你就生活在地狱里。"什么样的心态就有什么样的行为表现，教师良好的心态能显现出良好的师德行为。如果一个老师经常心情不好，这种不好情绪就会悄悄地传染给学生，导致整个班级情绪低迷。教师的心理健康，将会直接、间接地影响学生的心理健康，关系到学生的未来。因此，作为一名优秀的教师，拥有阳光心态至关重要。

带着阳光在路上！多看到阳光，你就会感到温暖，你阳光，你自己的生活也是阳光的！

一、保持一种正确的平和心态

也许常听周围老师们说，我们以前的学校如何如何好，学生如何如何好教，现在的学生真是差，真是一届不如一届！其实，那是位置与年代变换造成的，应该看准且相信，最好的学校应该是我们现在的学校，最好的学生是我们现在的学生，位置因变而动、角色因动而变，一个好的思维方式会直接或间接影响自己的工作状态。爱岗敬业每个人都会说,其实要做起来很难,特别是"爱"。你不理解你现在的工作对你如何重要,又如何生爱?没有爱的工作如何做到敬?又比如工作主次把握、利益得失认识等问题,也是在一个正确的平和心态上。我们需要工作的同时也需要面包,有时甚至我们工作的目的就是为了获取面包。没关系,这说明我们在食人间烟火,因为我们都是人。但主次把握不对很容易导致心态失衡。我们常听人说"有多少报酬我做多少工作",这样的对等关系没错,但这种工作思维是错误的,它很容易导致你工作缺乏主动性、创造性,会让你工作时处于一种非常机械被动的状态,工作起来很费劲,效率也很低。工作激情、工作乐趣、未来希望对一个人的工作状态、身心健康很重要,有些人付出再多也无怨无悔,有些人付出很少却感觉疲惫劳累。因此,我们要端正心态,及时进行有效调节,拥有健康的阳光心态。

二、改善人际关系,有一颗宽容的心

破万卷书不如行万里路,行万里路不如阅人无数,阅人无数不如明师指路,明师指路不如贵人相助。闲置就是浪费,使用才是财富,建立你自己的贵人圈,互学互助,共享共赢。

教育的人际关系主要是教师和学生、教师和教师、教师和领导之间的关系,这种人际关系构成教师工作、生活的特殊环境。教师应主动搞好和学生、同事、领导之间的关系,消除隔阂,相互理解,缩短彼此间的心理距离。宽容待人,多看别人的长处,求大同存小异,正面理解客观环境中的各种现象。学会与人交流,与人相处,获得幸福人生。

帮助人是一种崇高,理解人是一种豁达,原谅人是一种美德,服务人是一种快乐,得到别人的理解或欣赏是一种幸福。月圆是诗,月缺是花,仰首是春,俯首是秋。人生就是这样,只有通过不断修行完善自己,提升自己,才能做到至善至美,至真至纯,面对生活的浪涛,才能做到荣辱不惊,淡然平静。

珍惜身边的幸福,欣赏自己的拥有,背不动的就放下,伤不起的就看淡,想不通的就丢开,恨不过的就抚平。人生本来就不易,生命本来就不长,何必为了无谓的烦恼,作践自己,伤害岁月。

量有多大,心有多静;心有多静,福有多深。心静不静,和环境无关。最深的宁静,来自最宽广、包容的胸怀。福深福浅,心态安好,世界纷扰皆成空,笑口常开,无病无灾,心无邪念,逍遥自在。

与人相处,我们要有兼容、包容、宽容的心态。每一个人的性格,都有一些让人难以接受的部分,要学会辩证对待,只要不触及你的尊严与底线,就不必太较真。正如欣赏一朵玫瑰,谁还会评判那些刺呢?对于别人的瑕疵与过失,无须过于苛求,做到以严人之心严己,以宽己之心宽人,人生道路就会地阔天宽。

不要在意别人背后怎么看你说你,因为这些言语改变不了事实,却可能会搅乱你的心。曾经拥有的不要忘记,难以得到的更要珍惜,属于自己的不要放弃,已经失去的留作回忆。时间是一把尺子,丈量着你每一寸的坚持和付出。

三、善于发现快乐,提高快乐的能力

每个人的心里,都藏着一个了不起的自己,只要你一直酝酿着乐观,培养着豁达,坚持着善良,就没有到达不了的远方。

我们要成为一个阳光好教师,要把物质转化成一种精神,要让自己沉稳谦逊,守住自己的内心,做一个安静的自己,做一个真诚热爱教育、热爱学生、热爱课堂的人。

我们常说"自寻烦恼""杞人忧天",这样的人心态如何不言而喻。今天我不去评价这种人,而要说生活中也有"自寻欢乐"的办法。平时我们常说"心想事成""万事如意",其实,这只不过是人们善良的心愿,生活中不如意事时有发生,关键是看你如何对待它。有些人,本有九十九件好事,遇上一件坏事,也会哭哭啼啼,满脸忧愁。另有些人,在九十九件坏事之后,遇上一件好事,也会乐呵呵。我们应该学会做后者。

作为教师,我们要从生活中、工作中、学生中、同事中寻找乐处,要做到"事业提神""责任提神""爱心提神"。

魏书生老师曾经说过,一个人从自己的工作中感受到快乐,那是永久的

快乐,吃喝玩乐中的快乐是一时的快乐,是一种低层次的快乐。当你的快乐同你的理想信念一致,与社会发展主流一致的时候,你才会感到真正的快乐。

愿我们的老师都做有理想的教师。因为为实现自己的理想而奋斗,再苦再累也是快乐的。你快乐,学生才会快乐。

爱人者人恒爱之,敬人者人恒敬之。懂得关怀获得朋友,懂得放心获得轻松,懂得遗忘获得自由。你不能做成你想做的一切,你只能做成你想做的一点。活在当下,导向未来,向下比较,就能使你每天获得阳光心态。教师是树,良好的心态是阳光。

打开一扇心窗,心情豁然开朗,人活着,其实越简单越好,活得简单,才能活得自由。静静地享受生活给予我们的一切:辽阔的蓝天,宽厚的大地,温暖的阳光。生活是多么惬意!怀着美好的心情去感受人生,让心简单、让心透明、让心轻松、让灵魂净然!拥有一份恬淡的心态,幸福就时刻伴随你,生活即使不完美,也是最美!

第五节　塑造阳光心态的七种方法

怎样塑造阳光心态呢？这里介绍七种方法和大家共享。

一、改变态度

改变不了事情，就改变对事情的态度。改变了态度，往往就能产生激情，就有了奋发向上的斗志，结果往往会向好的一面发展。

古时候甲、乙两个秀才去赶考，路上看到了一口棺材。甲心烦意乱地说："真倒霉，碰上了棺材，这次考试死定了。"乙笑逐颜开地说："棺材（官财），升官发财，看来我的运气来了，这次一定能考上。"结果乙真的考上了。这个故事说明，心态可以影响人的能力，能力可以改变人的命运。

良好的心境有利无弊。心情好，阳光才明媚；心境好，人生才流畅。

还有一个经典的故事。

古时有个读书人第三次进京赶考，住在一个经常住的旅店里。考试前两天他做了两个梦：第一个梦是梦到自己在墙上种白菜；第二个梦是下雨天，他戴了斗笠还打伞。这两个梦似乎有些深意，读书人就赶紧去找算命的解梦。算命的一听，连拍大腿说："你还是回家吧。你想想，高墙上种白菜不是白费劲吗？戴斗笠又打伞不是多此一举吗？"

读书人心灰意冷地回到旅店找店老板退房。店老板奇怪地问："不是还没考试吗？怎么就回乡了？"读书人如此这般说了一番，店老板一听乐了："我也会解梦的。我倒觉得，你这次一定要留下来。你想想，墙上种白菜不是高种（中）吗？戴斗笠又打伞不是说明你这次有备无患吗？"读书人一听，觉得更有道理，于是精神振奋地参加考试，结果居然中了探花。

二、享受过程

生命是一个过程，不是一个结果，我们要享受这个过程。生活中并不缺少美，缺少的是发现，我们要学会欣赏每个瞬间。

怎么享受生命的过程呢？要把注意力放在积极的事情上。生命如同旅游,记忆如同摄像,注意决定选择,选择决定内容。甲、乙两个人看风景,开始的时候你看我也看,两人都很开心。后来甲耍了一个小聪明,走得快一点,比乙早看一眼风景。乙一看,怎么能让你比我早看一眼?就走得更快一点超过了甲。接着两人越走越快,最后都跑了起来。原来是来看风景的,现在变成赛跑了,后面一段路程的沿途风景两人一眼也没看到,到了终点两人都很后悔。这就是不会享受生命的过程。

三、活在当下

活在当下的真正含义来自禅学。有人问一个禅师,什么是活在当下。禅师回答,吃饭就是吃饭,睡觉就是睡觉,这就叫活在当下。

我现在问大家,对于我们来说,什么事情是最重要的?什么人是最重要的?什么时间是最重要的?有人可能会说,最重要的事情是升官、发财、买房、购车,最重要的人是父母、爱人、孩子,最重要的时间是高考时、毕业答辩时、举行婚礼时。我告诉大家,这些都不是,最重要的事情是现在你做的事情,最重要的人是现在和你在一起的人,最重要的时间是现在,这种观点就叫活在当下。

一个人被老虎追赶,他拼命地跑,一不小心掉下悬崖,他眼疾手快,抓住了一根藤条,身体悬挂在半空中。他抬头向上看,老虎在上边盯着他;他低头往下看,万丈深渊在等着他;他往中间看,突然发现藤条旁长了一个熟透了的草莓。现在这个人有上去、下去、悬挂在半空中吃草莓三种选择,他怎么选择?最后他选择吃草莓。这是一个禅学故事,吃草莓这种心态就是活在当下。你现在能把握的只有那颗草莓,现在重要的是把它吃了。现在连接着过去和未来,你能够把握的只有现在。如果一味地为过去的事情后悔,你就会消沉;如果一味地为未来的事情担心,你就会焦躁不安。因此,你应该把握现在,认真做好现在的事,不要让过去的不愉快和将来的忧虑像强盗一样抢走你现在的愉快。

曾国藩说:"既往不恋,当下不杂,未来不迎。"

"既往不恋",过去了的就让它过去,无论是情感上的爱恨情仇,还是物质上的困苦喜乐,都无须念念在怀,让其影响现在的心情和行为。过去了的已经无法改变,印刻在身心中的也无须刻意抹杀或保留,去留随意。

"当下不杂",好好体验、感受此时此刻的人和物,做好此时此刻的人和事,不要左顾右盼,要保持心绪平静不杂乱。

"未来不迎",无须为未来做刻意的期盼,刻意的期求,要来的总是会来,不来的迎无可迎。

迷惑的人活在过去,奢望的人活在未来,只有清澈的人活在当下。过去的无法挽留,哀叹也没用,不如学会放下;未来还没有来到,有无数可能性,妄求也没有用,徒增烦恼;活在当下,才更有可能充实地过好每一天。

活在当下,是让大家现在快乐。如果现在你不开心,就不是活在当下。当然,活在当下不等于今朝有酒今朝醉,而是今朝有酒不喝醉,不使明朝有忧愁。

有一个乡下姑娘挤了一罐牛奶,把它顶在头上,然后就开始胡思乱想:这罐牛奶可以卖几块钱,这几块钱可以买几只小鸡,小鸡长大了可以下很多的鸡蛋,鸡蛋又可以孵出很多小鸡,小鸡长大又可以下很多鸡蛋,这些鸡蛋卖的钱就够我买一条漂亮的裙子了,我穿上裙子到王宫跳舞,我的舞姿吸引了王子,王子邀请我跳舞,我要显得矜持一些……想到这里,她一歪脑袋,牛奶罐掉在地上摔碎了。这就是"不会活在当下,就会失去当下"。

不要活在自己的世界里,盲目自大;不必活在别人的世界里,迷失自我。太阳不会因你的失意而明天不再升起,月亮不会因你的抱怨而今晚不再降落。即使蒙住自己的眼睛,也不等于世界就是漆黑一团;即使蒙住别人的眼睛,也不等于光明就属于自己。不要把自己看得太强,以致无视外因的成就;不要把自己看得太轻,以致成为他人的踏板。活在当下,活出自我,用心生活,守住自我。

时间不会等你,机遇不会等你,不管人和事,遇见了就得好好把握、珍惜!活在当下!

有些努力是为了将来,而有些事情则是为了当下。不要把人生过成任务,也不必事事强求好结果,更不要因为看不到终点,在起点就放弃了。过好当下的每一天,只要日有所得,那就是快乐而充实的生活。

四、情感独立

一个人真正的独立,是情感的独立。一个人骂了你一句,你记住一天,他就骂了你一天;你记得一年,他就骂了你一年;你记了一辈子,他就骂了你一辈子。水虽柔和,水滴而石穿;人若平和,定能春风化雨,劈山凿河。所以,最好的养生是养情感,真正的独立是情感独立。

一次,苏东坡和禅师佛印逛庙,发现庙里的观音菩萨手里也拿着念珠。苏东坡问:"人持念珠念观音,观音持念珠念谁?"佛印回答:"还念观音。"苏东坡又问:"为什么观音还念观音,念自己呢?"佛印的回答是:"求人不如求己。"因此,要想让自己内心状态良好,就要学会情感独立。

情感独立,就是不把自己幸福的来源建立在别人的行为上面,我们能把握的只有自己。

有人总是为未来担心,忧心忡忡。不要庸人自扰,如果你担心的事情不能被你左右,就随它去吧。我们只能考虑力所能及的事情,力所能及则尽力,力不能及则由它去。考清华大学经管学院博士生,50个人才录取1个,竞争非常激烈。有人说:"我要是考不上多丢脸啊,我的未来怎么办啊?"我告诉他:"48个人都跟你一样考不上,你能把握的就是努力考试,把考试当作人生的一个经历。"

人生,看透不如看淡。在岁月中跋涉,每个人都有自己的故事,看淡心情才会明媚。累时歇一歇,随清风曼舞,烦时静一静,与花草凝眸,急时缓一缓,和自己微笑。

每一段时光,每一程行走,在生命里都会绽放该有的色彩,似陈年老酒,醇绵飘香。沐浴阳光,云淡风轻,静修心性,简约平顺,这种感觉多好!

路过俗世,深感静好最美;阅过繁华,深信平淡最真。任岁月荏苒,我亦笑容不减,任世事沧桑,我亦无悔无怨。时光未央,岁月安好,世态安稳,念人如初,不奢求得到很多,只求一份相知和懂得。

努力做一个可爱的人,不埋怨谁,不嘲笑谁,也不羡慕谁。阳光下灿烂,风雨中奔跑,做自己的梦,走自己的路。

五、学会感恩

曾经有人问泰戈尔三个问题:第一,世界上什么最容易?第二,世界上什么最难?第三,世界上什么最伟大?

泰戈尔回答:一、指责别人最容易。二、认识自己最难。三、爱最伟大。

我们需要做的是:感恩给你机会的人,感恩给你智慧的人,感恩一路上陪伴你的人。

保持一颗感恩的心,你将无所不能!

心怀善念,能利人;心怀感恩,能利己。学会换位,人生才和谐;知道感恩,岁月才温暖。活着,就是一场修行,真正的修行不在一张能言的嘴上,而在一颗向善的心里。人生之光,是一颗宽容的心;岁月之好,是一份随缘的爱。懂得,才会不怨、不恨、不躁。和谐共处,不指责、不抱怨、不嫉妒,低调做人,高调做事!厚德载物,德行天下!

做最好的自己,才能遇见最好的别人。

眼是一把尺,看人先看己,心是一杆秤,称人也称己,心中有德,是慈悲,口中有德,是善良。

一个人的涵养来自大度,来自宽容。一个人的修为,是懂得包容,懂得尊重。目中有人,才有路可走,心中有爱,才有事可为。

做一个懂得感恩、懂得付出的人,路才会越走越宽。

某企业老总告诉我,他招聘大学生时首先看他们孝不孝敬父母。如果他们连父母都不孝敬,也不会忠诚于企业。学会感恩,首先是要对父母感恩,这很重要。

西方有感恩节,大家在那天都会感谢别人对自己的帮助。许多人会给所有曾经帮助、支持、爱护自己的人发一条短信,感谢他们对自己的关照。你发一条短信,别人就会回复,并给自己需要感恩的人发短信,这样就会产生连锁反应,人际关系就会变得更加和谐。感恩能够使人获得好心情。

心里装着善良、宽容、真诚、感恩，你的生命就充满了阳光。无论遇到任何矛盾，都会首先查找自身的不足并加以修正，他人的一切不完美，都会在你博大的胸怀中消释。

你把最好的给予别人，就会从别人那里获得最好的。当我们学会了欣赏和感恩，就拥有了幸福和快乐。养成感恩的习惯，一辈子受用不尽。

每个人的人生是一部没有彩排的电影，永远都是现场直播，所以我们不能给自己留下太多的遗憾，该回头的时候就不能让自己一错再错，人生更要懂得感恩！

每天的好心情来自清晨的感恩，感恩清晨的第一缕阳光，感恩新鲜美好的空气，感恩每一株小草，感恩清晨的鸟语花香，感恩我们生命当中的所有遇见，感恩身边所有的人和事物。每天的好心情，从我们的感恩开始。

感恩，也是一种修养。学会感恩是人与人交往的最低准则，教会学生感恩，也就教会了学生一个生存技能。

一个人生活得是否快乐，不在于他是否年轻帅气，也不在于他是否是高官富豪，而在于他是否拥有一种健康的精神状态和一颗善于感恩的心。

人的一生漫长而遥远，在漫长的人生途中，我们会结识许许多多的人，会经历许许多多的事。其中有无法言语的感动，有发自内心的感激，也有不可避免的艰难困苦和委屈无奈，无论遭遇什么，我们一定要学会宽容，学会感恩。

日有阴晴，人有善恶，自然界有很多事物都不是我们人力所能为的。我们不可能改变世界，也不可能改变别人，我们能改变的只有我们自己的心态和处世哲学。

学会感恩，你的内心会豁达而开朗，你对世界上所有的美好会心存感激，你的生活也会快乐许多。

我时常对自己说，做一个谦虚而知足的人吧，把生活中所有的苦难都当作上帝赐予你的礼物。未经历寒冷，怎知道温暖？未体验艰辛，怎知道甘甜？我愿把所有的痛苦和不快乐都藏在心底，当作生活对我的历练，用一颗感恩的心去微笑面对世界。

我感谢父母给予我生命,感谢磨难给予我坚强,感谢挫折给予我勇气,感谢欺骗给予我智慧,感谢贫困给予我信念,感谢藐视给予我自尊。

在水中放一块明矾,可以沉淀水中的渣滓,在我们心中培植一种感恩的思想,则可以沉淀许多的烦躁与不安。

学会感恩便是学会了一种良好的生活态度。当你对世界万物,对周边所有的人都心存感激之时,你自己便可以消除内心所有的积怨与不满,你眼里的世界也没有了尘埃,透明而洁净的心便是你快乐之所在。

快乐是生活中最宝贵的财富,是一种生命情绪的自然流露,快乐要靠自己用心去汲取。有了感恩的心,你就会快乐而满足。

一条简单的短信,一句轻轻的问候,一个善意的微笑,一声遥远的祝福,都可以表达对生活的感恩、热爱。学会了感恩,你就学会了洒脱,学会了感恩,你就学会了快乐。

感恩是一种处世哲学,常怀感恩之心,你会拥有很多朋友。感恩是一种生活态度,常怀感恩之心,你会变得淡泊名利,知足而愉悦。学会感恩,生活将赐予你灿烂的阳光;学会感恩,生活将充满爱与希望。

六、懂得转弯

生活从不完美,甚至让人窒息。但那又如何?我们依然会好好地生活着,也会因为一点点小欢喜而热爱这个并不理想的世界。

太完美只是幻想,有舍有得才是人生。

电视剧《武林外传》中白展堂和佟湘玉的一段对话,让我至今印象深刻。

白展堂:"你觉得现在日子苦了是吧?"

佟湘玉:"苦倒不苦,反倒挺开心的。但是,我多累啊。"

白展堂:"累了,那好,你现在回去当你的大小姐去,你肯定不累。回去吧。"

佟湘玉:"那多苦啊,一点自由也没有。"

白展堂:"湘玉啊,人生就是这样,苦或者累,你总得挑一样。哪有什么好事都让你一个人占了!"

人一生总会有很多不切合实际的幻想,想着会出人头地,却发现温饱很难,想成为凤毛麟角的存在,却发现自己只是碌碌无为的平凡人。

放弃那条自命不凡的"英雄路",拐弯走入普通的日常后,你会发现生活没有那么苦,柴米油盐中也有着简单的幸福。

人这一生,最大的智慧就是接受不完美,不和自己较劲,学着和生活和解。

烦恼和幸福,往往就在一念之间。心变了,脚下的路变了,感受自然也就不同,这也就是"拐弯"的魅力。

林语堂说过:"明智的放弃胜过盲目的执着。"

明知不可为而为之,明知是南墙还要撞得头破血流的人,终其一生也难以享受到生活中那点滴的幸福。所以,陷入深渊,困进泥潭中,别急着前进,停下来想想,转弯换条路走,或许能走出一段更广阔更远的路。

顺势而为,才能借势有为,才会在不起眼的拐角处一不小心遇到幸福。

人这一生,世事无常,苦难和幸福总是在不经意间到来的。身处苦难之中,人总会被黑暗包围,看不到黑暗之后的光明;身处幸福之中,人就会被喜悦笼罩,从不会思考喜悦之后的变化。但福祸相依,福和祸是事情的两面性,相互依存,也可互相转换。无论身处怎样的境地,都要换个角度思考,没准一切都是最好的安排。

看过这么一个有趣的故事。

皇上做了一个梦:山倒了,水干了,花谢了。他醒来后,把梦境告诉了皇后。

皇后说:"不好,山倒了江山不保,水干了民心散了,花谢了是好景不长!"皇上一听,一病不起。

大臣们听说这件事后,却走到皇上身边说:"皇上啊,这个梦真好啊!山倒了天下太平,水干了真龙现身,花谢了是果实要收获了!"皇上一听,大病痊愈。

很多时候,困住我们的不是"死胡同",而是不会转弯的心态。

漫画家郑辛遥曾言:"在路走完的时候,并不意味着到了路的尽头,而是提醒我们是时候转弯了。"

太执着地一条路走到黑,结果只有撞南墙,但如果在路的尽头转个弯,那就会柳暗花明,走入一种全新的境遇之中。

心只有那么大,装了太多的悲伤,就容不下幸福的存在。因此,别盲目地做个悲观的人,换种心态,虽不会事事如愿,但总会遇到那个更好的未来。

天下没有不散的宴席,人生没有不痛的别离。

《山河故人》中有这样一句话:"每个人都只能陪你走一段路。"人这一生,大约会遇到2920万人,在这么多人当中,我们和大部分人的关系都只是路过,连擦肩都没有。虽然,我们一定会遇到那个打心底里珍惜的人,但如果前路无法继续结伴前行,也不必强求,彼此珍藏美好的时光,就不算辜负了一起走过的日子。不是所有的人生都是团圆的美好大结局,没有大悲大喜,却再也回不到过去,才是人生的常态。

《山河故人》中沈涛的一生,就是如此。

作为主角的沈涛,分别在1999年、2014年和2025年这三个时间段,经历了爱情的坎坷、父亲的逝去、儿子的不归。但她却从没被离别打倒,反而活出了自己的倔强。我们都是凡人,相处再久,都无法逃脱掉离别的魔咒。离别无法避免,但面对离别的选择却在我们自己手上。

选择了执着于过去,那就是选择了痛苦,但如果选择了释怀,离别那一时的痛苦,只会成为你前进的一段插曲,无伤大雅。有些人的存在是为了快乐,有些人的存在是为了怀念,不必执着于别人的路,转个弯回到自己的路上,珍惜来来往往的路人与你擦肩而过的那一刻就已足够。

人生天地间,路路九曲弯,从来没有笔直的。水能直至大海,就是因为它巧妙地避开所有障碍,不断拐弯前行。

许多聪明人没能走上成功之路,不少是因为撞了南墙不回头。

人生路上难免会遇到困难,拐个弯、绕一绕,何尝不是个办法?

山不转,路转;路不转,人转。只要心念一转,逆境也能成机遇。只要心里拐个弯,就会路随心转从而超越自我,开创新的天地。

行至水穷路自横,坐看云起天亦高。路旁有路,心内有心,凭的是眼界与心胸。

命运只有自己掌握,拐弯是前进的一种方式。有人说,人在前进的路上就是两件事:前进和拐弯。前进需要勇气,拐弯需要智慧。路不通时,选择拐弯;心不快时,选择看淡;情渐远时,选择随意。

爱因斯坦曾说:"一个人最高的本领就是适应客观世界的能力。"达尔文说得更透彻:"适者生存。"他们所说的"适"用通俗的话说,就是会"拐弯"。

人生之路,有崎岖有平坦,总有许多沟坎需要跨越;生活之味,有苦辣有甘甜,总有许多咸涩需要品尝。

面对痛苦,无须躲避;生活百态,坦然面对。

做一枝倾情绽放的花朵,盛开时无须小心遮掩,凋零时坦然面对凄凉。用简单快乐之心,笑迎人生。

七、找准方向再前进

如有可能,请多角度思考问题,然后比较发现核心问题所在。一个角度思考问题,容易形成定式,且不利于问题的解决。

"提起千斤重,放下二两轻",一念放下,万般自在。放下那些自私的欲望和心头的恶念,放下那些无谓的执着和顽固的偏执。风起时,笑看落花;风停时,淡看天际。懂得放下,生命才会更加完美,不以得为喜,不以失为忧,顺其自然,随遇而安。

有这样一个案例:加拿大有一对夫妻总吵架,处在离婚的边缘。于是,他们决定出去旅游,试图挽救自己的婚姻。两人来到魁北克的一条南北向的山谷,他们惊奇地发现山谷的东坡长满了各种树,西坡却只有雪松。为什么东、西坡差别这么大呢?为什么西坡只有雪松能生存呢?后来两人发现西坡雪大,东坡雪小,雪松枝条柔软,积雪多了,枝条会被压弯,雪掉下去后,枝条就又复原了。而别的树硬挺,最后树枝会被雪压断,树也就死了。两人明白了,人在压力大的时候,也要学会弯一弯。丈夫赶快向妻子检讨:"都是我不好,我做得不对。"妻子一听丈夫检讨了,马上说:"我做得也不够。"于是,两人和好如初。

刀再锋利,如果一碰就断,也没有什么用。我们不妨向中国传统文化中的太极学习,以柔克刚;向古币学习,外圆内方。当然这样很难,但是我们要努力。

碰到一点压力就觉得不堪重负,碰到一点不确定就把前途描述得暗淡无光,碰到一点不开心就似乎遭遇了这辈子最黑暗的时候,大概都只是为不想努力而退缩找的最拙劣的借口。

成熟的麦穗总是低着头颅,包容的海洋总是置身低处。真正有力量的人不怕身处低位,他们扛得了风雨、装得下委屈,懂得放低自己才能拔高人生。

再看看这则故事:有两只蚂蚁想翻越一段墙,寻找墙那头的食物。一只蚂蚁来到墙角就毫不犹豫地向上爬去,每当它爬到大半时,就会由于劳累、疲倦而跌落下来。可是它不气馁,一次次跌下来,又迅速地调整自己,重新向上爬去。另一只蚂蚁观察了一下,决定绕过墙去。很快,这只蚂蚁就来到了食物前,开始享受起来。而那只蚂蚁还在不停地跌落下去又重新开始。

要实现一个远大的理想或达到一个奋斗目标,除了不懈地追求、积极地进取,不怕苦、不怕累,勇于付出辛苦的汗水以外,还要注意拼搏的方式即"方向"问题。找准方向,就会事半功倍,轻松地步入成功的殿堂;找错方向或根本不辨方向,就会事倍功半,甚至与成功失之交臂。

每天的太阳都是新的,愿时光不会被辜负,勿忘初心,努力去做一个可爱的人,不羡慕谁,也不埋怨谁,在自己的道路上,欣赏风景,遇见幸福。你现在经历的一切,都是为了遇见更好的未来。

第六节　以阳光心态享受生活,快乐工作,服务学生

居里夫人说:"生活对于任何人都非易事,我们必须有坚忍不拔的精神。最要紧的,还是我们自己要有信心。"

每个人都有可能遭遇像挑夫一样挑着重担在无路可走的地方走一段路,你只能咬牙,艰难地迈出步子,向前走。在无路可走的地方坚持开展工作,在披荆斩棘中坚持一步一步地前进,并找寻到自己的一条道路,这就是生存的智慧,这就是事业的智慧。

没有坚持,就没有生活;没有坚持,就没有经历。

一、让学生感觉自己很重要

每个人都希望得到大家的认可。作为一名老师,如果以漠然的态度对待学生,就会给学生带来伤害。老师应该让学生感到自己很重要。只有让他们成为很重要的人,才能激发他们潜在的能力,从而去完成许多重要的事。在布置工作时,常用"这件事情我想来想去,觉得还是你去完成最好""你们来做个示范,让其他学生向你们学习"等鼓励的话。同样,在某项工作完成以后,举行总结会,放大学生的优点,让每个人都感到自己在班级的重要。

老师在任何场合都要变"一言堂"为"群言堂",认真倾听学生的意见,让他们有机会表达自己的意见,并由此感受到对他们的尊重。老师还需要经常在人前人后表达对学生的欣赏和称赞,鼓励学生向最近发展区域"跳一跳"。其实,每个人都有可称赞之处,关键是你要说出来让学生知道,而不是藏在心里。

有时想想,教育其实很简单,就是先让自己丰富起来、健康起来、阳光起来、快乐起来,然后去感染孩子,带动孩子,让孩子也丰富、健康、阳光、快乐。把家长当亲人,把学生当孩子,家长才把你当贵人,学生才把你当偶像。

二、尊重学生,鼓励学生保持个性

何为尊重? 尊重是我们为人处世的修养,是待人真心实意的表现。尊重

是人和人之间的认同,是心和心之间的平等。尊重,不仅是一种礼貌的行为,更是对他人的肯定。一个在生活中懂得尊重他人的人,言行举止中会散发着有修养的芳香。

一位老校长找新老师谈话,校长语重心长地对他说:"考100分的学生你要对他好,以后他会成为科学家;考90分的学生你要对他好,将来他会成为你的骄傲;考80分的学生你要对他好,以后他可能和你做同事;考60分的学生你要对他好,以后他可能会经商并捐钱给学校;考试不及格的学生你也要对他好,他将来会非常尊重你……"我们一定要善待每一个孩子,让每一个孩子以适合自己的方式发光发热。没有什么是一成不变的,每个人都有无限的可能,所以不要框住自己或者框住别人,不要轻易否定自己、否定别人,要以开放包容的心态去面对生活中的一切,这样才会有更多的意外之喜。

三、简化管理,为学生松绑,让学生快乐学习

学生没有分数,就过不了今天的高考,但如果只有分数,恐怕赢不了未来的社会考验。分数不是教育的全部内容,更不是教育的根本目标。教育只关注升学率,国家会没有核心竞争力。好的教育应该是培养终生运动者、责任担当者、问题解决者和优雅生活者,让孩子具有健全而优秀的人格,赢得幸福,造福社会。

许多教师在介绍学生管理经验时,常常以"创造"各种规章制度为亮点,甚至有些学校竟以建立各种规章制度作为老师管理的主要实绩。我对此有两点思考:第一,管理的目的应该是将复杂问题简单化,通过管理求得最大的效益;第二,规章制度是为了规范人的行为,但如果建章立制过于盲目,规章制度过多过滥,甚至不切实际地照搬他人,所谓"他人所具有的我也要具有",那么,规章制度就很难让每个学生熟记并内化,管理也必定流于形式。显然,这不应是我们所追求的目标。

我们可以根据学生的特点,在全班学生积极参与的基础上,简化各项规章制度,汇编《班务手册》,内容包括"奖惩制度""学习制度""班委岗位职责""活动制度""财产保管制度""交往文明礼仪""师生交往中的规范用语"等。

这些符合学生实际的规章制度,能较好地体现学校的办学理念和价值取向,在让学校的每个学生明白自己有所为和有所不为的同时,起到了简化程序、便于执行、淡化矛盾和易于内化的作用。

心是晴的,所见都是阳光;心是善的,所遇都是好人;心是美的,所听都是乐声。你是笑着的,世界就洋溢微笑;你是善意的,生活就报以善果;你是乐观的,未来就充满希望。不完美才是人生:人生不如意,十固常八九。可是,如果你拥有一个美好的心态,那么,你人生的每一天,都将是阳光灿烂。

生活因为热爱而丰富多彩,生命因为有信心而瑰丽明快,激情创造未来,心态营造今天。心若安,可步步生莲。心清一切明,心浊一切暗,心痴一切迷,心悟一切禅。一切境由心造。祝大家带着阳光心态,友爱同事;缔造阳光生活,热爱学生;走向阳光未来,工作更阳光,身体更健康。

第六章　敬业是爱岗的升华　爱岗是敬业的基石

职业精神是教师不可缺失的最本质的东西。一名教师能不能称为好老师,关键看他有没有职业道德,有没有职业信仰。今天的教育,缺的不是楼房,而是文化与技术;缺的不是理念,而是行为与操作;缺的不是知识,而是责任和精神。教育的希望,在于教师精神家园的重建。

第一节　敬业,站在结局的角度看待开始

一个人的涵养,就在于一个"敬"字。待人不分众寡,待事不分大小,一一恭敬,不敢怠慢。

主敬,不是不闻不思不见的兀然端坐,而是一种淡然,因为时时有敬意,无事能安然,有事能应变。曾国藩曾说,聪明睿智,皆由"敬"出。

一日敬畏一日精进,一日放肆则一日怠惰,一个人气象如何,由此可见。

一、以平常心看世界,守护松静匀乐的心田

"流水下山非有意,片云归洞本无心。人生若得如云水,铁树开花遍界春。"(宋·释守净《偈二十七首·其一》)山上的水流下来是随性而为,云彩飘到洞边是无意为之。人生如果能像云水一样洒脱自在,那么铁树也会开花,处处是春天。人生洒脱,随性自在,春天自来。

以平常心看世界,首先要认识自己。每个人都是一个独立的个体。尺有所短,寸有所长,认清自己,谈何容易!

认识自己,要先了解他人对自己的评价,再自我评价,经过综合评判,得出一个相对客观的结论。人活着最有趣的事,就是不断地认清自己,改变自己,完善自己。

今天,我终于得以静心坐下来,将自己的真实经历和思想成长的过程呈现出来。

《敬业爱岗和成长智慧》这个书名,是13年前我和一位县教育局局长在一起开会时谈起的。他说:"吴老师,您讲的语文方面的内容很实用,大家受益匪浅,而这都得归功于您敬业爱岗的精神。您本身就是一本好书,如果写出来必能武装老师们的头脑,提升他们敬业爱岗的自觉意识。一个人之所以说苦难多,那是因为他能力不强;之所以说烦心事多,那是因为他智慧不够。一个人的认知能力和知识视野决定了他的工作质量和生活品位。"

的确,生活中有些人往往认识不到自己的不足,即使你给他讲道理,他也未必接受。这种情况怎么办?多读书,特别是多读名人传记。如《毛泽东传》和《毛泽东选集》就是以弱胜强的宝典,是自我强大的最有力武器。

那次谈话引出的这一话题,始终萦绕在我的心头,可由于种种原因,我却一直没能动笔。此后有不少地方的教育局、学校邀请我给岗前、岗中的管理干部、班主任、教师做鼓劲加油的报告,我都欣然应允。虽说开始没有稿子,不过所讲的内容挺受欢迎。这一讲就是10多年。直到2021年,我才开始整理所讲的内容,包括自己的经历,对工作和生活的体验、感悟,将它们一一落笔成文,这才了却了一桩心愿。

二、一个人最大的成熟,是接受三种平凡

人世间的一切不平凡,最后都要回归平凡。伟大、精彩、成功都不算什么,把平凡生活真正过好,人生才是圆满。人生可以分为三个阶段:懂得父母平凡,接受自己平凡,允许孩子平凡。

长大成人的第一步,就是懂得父母的不容易,理解父母的平凡。苏轼一生四处漂泊,长子苏迈一直陪伴在他身边,照顾他的饮食起居。苏迈年少时,居无定所,没有一个安定的成长环境。苏迈成年后,苏轼被捕下狱,苏迈四处奔走营救,尝尽人间苦楚。苏迈成婚后,有了自己的家庭,但苏轼又遭贬谪。从黄州一路贬谪到荒无人烟、瘴气横行的海南岛,苏迈抛家舍业,到贬谪之地照顾苏轼。作为苏轼的儿子,苏迈是幸运的,他有一个名垂青史的父亲。同样,作为苏轼的儿子,苏迈又是不幸的,一生都受到父亲牵连。尽管如此,他从未抱怨。他清楚在命运面前,父亲也只是个凡人。宽容父母的过失,原谅

他们的平凡,是为人子女最基本的修行。

苏轼21岁金榜题名,同年弟弟苏辙也高中进士,一时两人名动京城。他在《沁园春·孤馆灯青》中写道:"当时共客长安,似二陆初来俱少年。有笔头千字,胸中万卷;致君尧舜,此事何难?"

此时,苏轼胸怀天下,理想远大。当他正欲一展抱负时,母亲却突然病故,按制要回乡守孝3年。3年后,苏轼参加制科考试,入第三等(宋朝官吏考核的最高等级),为百年第一。不料却被小人诬陷,因"乌台诗案"被贬黄州。在黄州,苏轼日日除草种麦,畜养牛羊,把一片荒地开垦成为历史上著名的"东坡"。从朝堂之上沦落到乡野之间,即使被人推搡谩骂,苏轼也不觉得难堪,反而欣喜于别人未能将他认出。他接受了自己的平凡,全身心地享受着市井凡俗的生活。

茫茫人海中,我和其他人一样都是普通人。许多人终其一生不曾经历苏轼的坎坷,也没有苏轼的才气,却自命不凡,一味抱怨命运的不公。

勇于承认并接受自己的平凡,才是对生活真正的诚意。我们只有接受了自己的平凡,才能真正理性地规划未来。

接受平凡,不是向命运妥协,而是与自己和解。接受平凡,不是将无所作为,而是明确自己能做些什么。一个人开始接纳自己的平凡,是活出自我的开始。

接受自己的平凡,做好当下的事。

生活中的每个转角处都会遇到不一样的风景。想要把不可能变成可能,唯有脚踏实地地行动。

河南省教育学会语文教育专业委员会和河南语文网曾搞过这么一个征文题目:《假如让我们重新选择,我们会做什么》。答案各式各样,应有尽有,却很少有人想做现在的自己。

如果给予一次重新选择的机会,很多人都不会满足于当下的生活状态,即便做着众人十分羡慕的工作,内心依旧感到不满足。也许,生活就是这样:感动过我们的一切不能再感动我们,吸引过我们的一切不能再吸引我们。我们甚至会怀疑,当初是否值得拼尽全力。就好像登上一座巍峨的高山,放松之余我们不免空虚抱怨:这里的景色也不过如此。

人生不能推倒重来,只能在哪里跌倒在哪里爬起。人生在世,俯仰之间,自当追求卓越,但也要量力而行。我们只是努力的平凡人,主动承认自己的平凡,做好当下的事,才是更聪明的活法。

允许孩子平凡,是为人父母的必修课。父母总是对孩子的未来满怀期待:孩子刚能骑木马,父母就忍不住幻想他以后能当将军;孩子期末考第一,父母就开始考虑他将来是上北大还是上清华。然而,苏家两代为人父者,却都反其道而行之。苏轼11岁那年,父亲苏洵曾作《名二子说》一文,讲述苏轼、苏辙两个孩子名字的含义。文中写道:"轮辐盖轸,皆有职乎车,而轼独无所为者。虽然,去轼则吾未见其为完车也。"

车辐、车盖和车轸,都是一辆马车的重要组成部分,而轼不过是马车上用作扶手的横木。相比其他部件,轼并没有什么太大的作用。但如果没有轼,也无法组成一架完整的马车。为人父母者,大多期望孩子做人中龙凤。而苏洵的这番话,似乎是想对儿子说,你也可以做一颗普普通通的螺丝钉。等到苏轼自己有了儿子,终于体会到当年父亲的良苦用心。他在一首诗中写道:"人皆养子望聪明,我被聪明误一生。惟愿孩儿愚且鲁,无灾无难到公卿。"不要把自己没有实现的愿望、自我的期待强加到孩子身上,平凡、平安就是父母对孩子最美好的祝愿。《中庸》开篇即说:"天命之谓性,率性之谓道。"人生的道路各有不同,按照自己的天性去生活,只要能尽性,平凡也是圆满。

接受平凡,在接受的基础上,锤炼从平凡生活中攫取幸福的能力,平凡的日子,一样可以有诗和远方。

三、以欢喜心过生活,凝聚奋斗不息的精神

"尽日寻春不见春,芒鞋踏遍陇头云。归来笑拈梅花嗅,春在枝头已十分。"每天都在寻找春天,为此走遍无数山峰,鞋都踏破也没有找到春的气息。回到家时,偶然嗅了下梅花,却发现梅花枝头已经布满了春天的气息。有的时候,我们苦苦寻找的,其实早已拥有了。

做任何选择,都不被裹挟。你的智慧和胆识足以让你从疲倦不堪的人和事的旋涡中抽离出来。知道自己想要的是什么,活成自己想成为的样子,便是最好的一生。

安静的时光里,心底流淌着淡淡的欢喜,被岁月包裹的人间,虽然有突如其来的变故,但我们只需让心安静下来,默默努力,默默承受,总有一天,生命的光芒势不可当。

罗曼·罗兰说,一个人如能让自己经常维持像孩子一般纯洁的心灵,用乐观的心情做事,用善良的心肠待人,光明坦白,他的人生一定比别人快乐得多。能遇见阳光,是一种快乐;能自由呼吸自由行走,是一种幸福;静看一朵花开,是一种娴雅;醉赏一片流霞,是一种浪漫。人生需要从荒凉中走出繁华的风景,在人生的低谷蜕变重生,心灵要保持一树花开的芬芳和一种永恒的生命力,那是傲立于岁月之巅永不屈服的灵魂。相信风雨过后必有彩虹,低谷时可以坐看云起,顺逸时不忘谨言慎行。坚信美好,坚持善良,坚守信念,人间值得。

我的父亲几乎靠讨饭度过了童年,只接受了两年半的学校教育。他在李楼公社的集中政治学习铸就了他力求上进、坚强不屈的革命精神和斗争意志。

父亲一生酷爱学习,他的会议记录本上的内容写得工整干净,现在我还保存着十几本。他一生对党无比忠诚,处处、事事都以干净、自律、担当服人,一心为集体谋事创业,全力舍小家为大家,深得群众和领导的信任。直到改革开放后的1982年,他为了集体事业更好发展,主动从胡集乡史桥大队党支部书记位置上退下来(享受退休待遇),才结束了他的"仕途生涯"。

父亲中规中矩,凛然正直,生活中不畏艰苦、乐观进取。

父亲盖了几次房子,1985年终于把我家变成了"四方院",堂屋地坪不用水泥浇,而用砖头砌。他说歉年(灾荒)时,砖头可以换钱。他还在院子里栽了12棵榆树,他说这是为了防歉年。因为春天可以吃榆钱、榆叶,冬天可以吃榆皮、榆根,榆树一身全能吃。因为父亲勤劳、节俭,又善于挣钱,所以我家在村上首先有了压水井、自行车、手表、缝纫机、的确良衣服……父亲可以算得上是个"创业王"。他的思想是:自力更生,艰苦奋斗,吃苦在前,奋发图强。他的消费哲学是:宁买不值,不买吃食。但他从外地回来,总是给我们带回小皮球、玩具小手枪、凉鞋、围脖等,使得我们几个的童年充满了温馨和乐趣,现在依然感到极其幸福。

父亲喜欢开家庭会议,他遇到一些事,会让大家在会上讨论,各自发表意见,还常常在会上跟我们讲他的亲身经历,每次开会时是我家最幸福的时刻。

相对于出身贫寒的父亲,母亲可谓出生于"官宦之家"。尽管我母亲是姥爷唯一的女儿(我母亲兄弟姊妹三个,上有哥下有弟),但思想教育从没放松。在姥爷的严管教育下,她是一个极具政治思想觉悟的人。

我的姥爷为他唯一的女儿找对象时定了一个标准:找最穷的人家。我父亲就是他用这个极其严格的标准选出来的。实践证明,我姥爷还是有眼光的,无论生活多么艰难,父亲与母亲相濡以沫,把家庭经营得有声有色,儿女们都健康成长。父母的婚姻影响了我们,我们组建的家庭都和睦温馨,下一代孩子都非常自律、争气。

我的父亲一生最崇拜毛泽东。他心中既有大家也有小家,做事大公无私,做人襟怀坦荡;他生活乐观,吃苦耐劳,对他人、对家庭有着强烈的责任感。我母亲传承着革命家庭的"红色基因",爱党爱国,和睦乡邻、勤俭持家。我在父母言传身教中长大,父母的德行为我人生三观的形成打下了坚实的基础。

父亲母亲的一生,在外人看来也许很平凡,但在我的心中却极不平凡。父亲的童年在逃荒要饭中度过,青年时期发愤图强,壮年时期艰苦创业,老年时期闲不住,总是找活儿干,一天把地扫几遍。他光明磊落、堂堂正正做人,做事迎难而上、百折不挠;他内心无比强大,一生无私无畏、刚直不阿,苦字当头不讲苦、累字当头不讲累。在他的人生字典里,没有苦和累,只有拼字当头看结果、看效率、看质量。母亲与人为善,对人宽宏大量,从不与人计较,事事都设身处地为他人着想。我在这样的环境里长大,形成了我现在的精神样貌。我们一家几代人都是人穷志长,发愤图强。"自力更生,艰苦奋斗",是我们的传家宝。

有人说:"苦出来的才是生活,熬出来的才是日子,逼出来的才是人生。"这就是生活的真谛:生活从来不是容易的,在生活里熬过什么样的痛苦和抗争,最终造就一个什么样的你。而这个熬的过程,就是你发掘生活意义的过程。

"光景不待人,须臾发成丝。"当有那么一天,岁月悄然变老,我们也不再年轻,回首来路,心底满是温柔感动;一份思念和祝福,为所有的过往情意保留,便是此生最大的幸运。

漫漫风雨人生路,要学会自己撑伞,别人给你的只能是一时的帮助,自己给自己的才是一生的安稳,永远不会发生变故。风风雨雨自己扛,酸甜苦辣自己尝,困难考验自己闯,一切靠自己,从此无畏惧!

一路走来,远去的都成了不变的风景,近处的才是真真切切的人生。唯愿,珍惜!精神上的贫穷比物质上的贫穷更为可怕,读书则是医治精神贫穷和物质贫穷的良药。

生活在同样环境里的两个人,生命状态可能会完全不一样。拥有什么样的生命状态取决于每个人对外界发生的事情如何进行解读,如果能够看懂就能够有更多接纳,那么生命中的坎儿就会更少。

生命是场漫漫旅行,遇见谁,都是美丽的意外,珍惜每位朋友,因为,他让你漂泊的心有了驻足的地方。

一路上,错过了很多,收获了很多,有得有失,有苦有乐,也许这才是人生。

人生哪有一帆风顺的,经历了风风雨雨,彩虹才会出现。心中向阳,何处不是温馨满怀?心中有景,何处不是花香满径?

第二节　爱岗,站在整体的角度看待局部

人生只有站在整体的角度看待每一步的发展,才能看到部分与部分之间、部分与整体之间的联系。只有站在整体的角度看待局部,才能认清自己是谁,能干什么,怎么干好。因为人生有三点:优点、缺点、盲点。当个性释放到正面上时就是优点,当个性释放到负面上时就是缺点,盲点就是自己看不到的地方。

人生就是一次充满未知的旅行,在乎的是沿途的风景,在乎的是看风景的心情,旅行不会因为美丽的风景终止。走过的路成为背后的风景,不能回头,不能停留,若此刻停留,也许将会错过更好的风景,保持一份平和,保持一份清醒。享受每一刻的感觉,欣赏每一处的风景,这就是人生。

人生有很多驿站,只要内心是安静的,无论是站在红尘外静赏繁华,还是在尘世烟火中百味尝尽,都会多一分淡定与从容。尘世间的一切,来了开怀拥抱,走了挥手作别,只要心中有爱,看一场烟花的绚烂,或守一段细水长流的平淡,皆是美好。一直相信,有多少爱,就会有多少温暖,爱是一盏灯,照亮别人,温暖自己。心怀感恩,让人生多一些暖色,每一个有爱的日子都是幸福。

一、读书使人充实

人生即修行。总有人抱怨自己的起点低,但实际上,重要的不是起点在哪里,而是你是否能够设置合理的目标,是否能够走好每一步。每个人身上都有潜在的能量,你能达到什么样的高度,决定权在你自己手上。

人生中会遇到很多艰难困苦,越是在这种时候越能体现人的心性修养。寻常人往往慌乱悲戚,修养深厚者则能做到泰然处之。

跻身于浮躁的社会,在各种压力面前,我们常以为外来的帮助最重要,实际上自己内心深处的力量才是使我们熬过冰雪风霜、获得重生的动力。书籍,犹如一支明亮的火炬,在我们迷惑与彷徨时为我们指引方向,在我们狂喜与得意时及时帮我们过滤躁动。

"读书使人充实。"读书的好处,培根说得简洁明了。

关于读书,南宋诗人尤袤云:"饥,读之以当肉;寒,读之以当裘;孤寂而读之,以当友朋;幽忧而读之,以当金石琴瑟也。"春,读之以当雨;夏,读之以当风;夜灯以读之,以当明鉴;百忙以读之,以当诗酒琴茶。爱书之道如是,读书者当持此心。

我爱买书、读书,家里最多的就是书。我不怕冷热、不怕渴饿,具有很强的随遇而安的适应能力。正因为这样,我总是一心一意看书学习。有人见我成天捧着本书,夸我勤学,说我善良;也有人笑我"大智若愚";还有人说我傻。换来的结果是,大家都不跟我一般见识,大大地原谅了我的"傻"。2000年6月7日,全国中语会学术委员会主任章熊知道了我的事迹后,写下了这样的题词:吴伟的生命力比野草还要顽强。

我爱人史旭很支持我的工作,我儿子学习很优秀。2020年的春天是一段很特别的时光,因为新冠肺炎疫情的影响,我儿子在家待了4个月。这段时间,我把自己上学时获得的证书,工作以来获得的通知、题词,发表的文章,出版的书籍等,都分类整理,儿子则将它们一一拍照留存。我和儿子为这件事花费了半个月的时间。

二、书缘之路

越到艰难处,越是修心时。心不静而躁动,这些躁动就会在做事时被充分地激发出来,而要把事情做完、做好,就势必得调整自己的心、耐住自己的性。

面对人生的剧本,我们无须大喜,也不必大悲,我们需要用一种淡定的心态去面对。而这,正是对心性的最好磨砺。

给自己一个美好的心态,学会驻足欣赏生命驿站的每一处风景,看花雨纷飞,看远山含笑,浅舞时光,紧握安然,让一季明媚的笑颜永驻。

1990年5月,我的第一本书《考场作文指南》,在广西民族出版社出版。6月的一天,我骑着自行车带了一捆《考场作文指南》去县城学校试卖。路两旁的杨树都舒展开了叶子,风一吹,哗哗地响。风将这美好的时光吹进了我的心里,留在了我心田。我走到县城,在路旁树下休息。不一会儿,一个小伙子向我走来。他看了看书的封面,说:"老师,这书是卖的吧?"我说:"是的。""那这些书我给您卖了吧,我是城关镇一中的学生,在三(2)班,我叫丁一心。""好,你拿走吧。"临走,他还说:"您这书,在我们班里就能卖完。"那时没有手机,不好联系。过了几天,我到他的学校去找他,还真找到了这个学生。没想到,从此我们结下了不解之缘。我们相互珍惜这样的天缘,相互鼓励,携手同行。他现任河南省收藏家协会副会长,在业内口碑特别好,他豁达大度、宽厚过人、善解人意、乐于助人。

人与人之间,最大的吸引力,不是你的容颜,不是你的财富,也不是你的才华,而是你传递给对方的信赖、踏实、真诚和善良。当时,丁一心领着我去见郸城一高的段相君老师。段老师任丁一心主编、学校文学社主办的社报的顾问。他把我介绍给段相君老师,当时的情形我记得很清楚。中午时,我们在堂屋里见面了。段老师右手托着面条碗,碗里漂着几截韭菜,左手拿着筷子,坐在右边的床帮上。他一边吃一边与我们说话。

段老师为人低调谦和,率真坦荡。他不仅在语文教学方面是郸城的权威,在书法方面也有较高的造诣。他的字被行家称赞"功力深厚、风格独特",在他的笔下,每个字都被赋予很强的生命力。

三、初识贵人

生命中的一切重压与担当,人都可以承受,它会使人的生活坦荡而充实。我们被担当压得越贴近大地,就越能真实地感受生活。

郸城一高段相君老师教语文课,兼任郸城县政协委员;李宏亮老师教地理课,是政协常委,一手毛体字名震四方。段老师把我介绍给了李宏亮老师。李老师听了我的一些介绍,对我的奋斗经历及成绩非常称赏。李老师当即邀我去他家里吃晚饭。饭后,他带我先去县教育委员会党组书记罗永仓的家里。罗书记在县政府家属楼住,离一高很近。李老师一进门就对他说:"这就是吴伟,咱县还没听说谁出了那么多专著哩,有外单位调他去工作,咱得留住这样的老师,不然,对教育是个大损失。"罗书记当即说,这样的人才一定要留住。我留下自己的几本专著,我们就离开了。李老师兴奋不已,回到一高,又跟我说要带我去县教育委员会主任于云山的家里。很快就到了于主任的家,他正好在家,李老师就把刚才在罗书记家说的话又说了一遍。于主任当即表示要将我调到县教委工作。还记得,那天晚上我没回家,他和段老师两家住得很近,所以我住到了段老师家的背屋里(就是在门道旁边的小屋,面朝北开门)。

1994年的冬天,段老师告诉我郸城一高换了校长,学校需要招聘教师。校长陈志强才29岁,是他的学生。他就把我推荐给了陈校长。约好了时间,让我试讲一节语文课。我讲的是高中语文第五册里的一篇文章《美丽的语言》。那天很冷,在段老师的家里,陈校长穿着绿色军大衣,坐在藤椅上,听我一个人讲课。讲完之后,陈校长跟我一起去找县教育委员会(现在是县教育体育局)副主任刘相合(主管人事)。由于当天是星期天,我们直接去刘主任家。他就住在当时的天棚街北门往西10米,洺河的北岸。正好刘主任在家,我和陈校长走进堂屋,刘主任在西面,我们站在对面。我们还没有坐下来,陈校长便开门见山对他说:"课讲完了,在我之上。"刘主任立即回应:"这么优秀的老师不能为你一个学校服务,要为全县的老师、学生服务。调他到教委!"然后我离开了,他们俩继续商谈这件事。

走过一些路,才知道辛苦;登过一些山,才知道艰难;蹚过一些河,才知道跋涉;遇上自己的真心朋友,才知道这就是幸福。

第三节　成长,站在历史的高度看待现在

简单的事情重复做,你就是行家;复杂的事情简单做,你就是专家;喜欢的事情用心做,你就是赢家;爱上的事情一辈子做,你就是大家。如何实现自己的理想,不在于文凭,也不在于水平,而在于你不忘初心,牢记使命!

一、树奉献精神,求一流水平,创一流业绩

有人会问,人读了那么多书,最终还不是要回到一座平凡的城,打一份平凡的工,组建一个平凡的家庭？何苦折腾？

读书的意义,究竟是什么？

读书,能使人不卑不亢地活着,能使人心灵纯净。读书,能解决80%以上的迷茫。很多人的问题主要在于读书不多而想得太多。读书,能悄悄帮你抹去肤浅与无知。所谓书犹药也,善读之可以医愚。在碰见问题的时候,读过的书可以让你多一些思考和权衡,少一些盲从和轻信。读书,能让你变得辽阔。所以,不管怎样,要养成读书的习惯,每天至少花上半小时读书。你获得的思想和力量,谁都拿不走。

你奔跑,这个世界就会跟着你奔跑,你停住,这个世界就会舍弃你独自奔跑。唯有你确定一个方向,使劲地跑起来,这个世界才会为你让路。

读书不保证命运可以好好地对待你,但是书读多了,可以保证你能够更好地对待命运。书读多了,读出智慧,就可以正确地面对各种突如其来的命运。

阅读自己,阅读别人;阅读生活,阅读经典。阅读是最浪漫的教养,是门槛最低的高贵。读书可以让一个人在所有人都激动的时候,保持冷静,并和那些激动的人保持适当的距离。如果一个人读了很多书,还做不到这一点,那么读书没有错,是他读的书不对。阅读是一种精神操练,阅读能够改变我们自己,可以极大地促进个人心灵成长。阅读不能改变我们人生的长度,但是可以改变我们人生的宽度和厚度。

阅白纸黑字,嗅纸墨幽香,就会有一个个新奇灵动的世界在我面前栩栩如生地渐次展开,令我情不自禁地沉醉于悠久的历史、厚重的文化、丰富的知识和迷人的科技,并由此找到一条生慧、增能、厚德、修身、成长的康庄大道。

我读《毛泽东传》《毛泽东选集》,目标是100遍。"书读百遍,其义自见"这句话对我很有启发。一个人把任何一本经典著作读100遍,必能提升其为学的能力,必能从中领悟为人处世之道。

1991年,我著书苦学的精神,引起当地记者的关注,首先由郸城广播电视台记者谢迪以《爬山人之歌》作为开篇报道,发表在《周口日报》《河南日报》上;接着《周口日报》记者张磊、《周口教育》记者陈复军、《教育时报》记者于刚等,分别给予深度报道;紧接着《中国教育报》《人民日报》《光明日报》《新华每日电讯》先后报道了我的事迹。此后,我先后成为《中小学教与学研究》《河南教研》《语文教学通讯》《语文知识》《东方青年教师》等杂志的封面人物。

1994年对于我来说是不平凡的一年,在这一年的五一国际劳动节,当时已94岁的著名作家冰心先生给我题词:"教书 读书 著书。"这6个字,给我指明了人生之路。当时她大我64岁,却称呼我"先生",令我十分感动。她这种宽大的胸怀,一直影响着我。我时时告诫自己,一定要努力学习,勤奋工作,不负冰心老人寄予的美好希望。

九三学社原中央主席、全国人大常委会原副委员长吴阶平,中共中央宣传部原副部长、中国作家协会原党组书记翟泰丰,中国教育学会名誉会长、中国教育国际交流协会副会长顾明远等先后为我题词。这些题词我都牢牢记在心上,它们不仅为我指明方向,而且给了我巨大的学习动力。为了不辜负前辈和领导的嘱咐和希望,我心无旁骛脚踏实地专心治学,埋头著书,致力教研,把能为自己倾心的事业毕生奉献,当作我这辈子最大的幸福。

我的奋斗目标是:树奉献精神,求一流水平,创一流业绩。

1995年以来,我先后应邀到江苏、河北、山西、陕西、海南、山东等20多个省讲学600多场,2016年10月应邀到马来西亚10余所大中小学讲学。为中小学管理干部主讲《敬业爱岗和管理智慧》,为中小学教师主讲《敬业爱岗和成长智慧》《课堂教学艺术的智慧》《习惯养成教育的智慧》，为中小学学生家长主讲《家庭教育艺术的智慧》，为语文教师主讲《导读导写艺术的智慧》等。

二、教研之路

别总抱怨诸事不公，时间永远是公平的，你用了多少时间去精进自我，不必你说，时间自会说明结果。1995年3月26日—27日，我去周口地区影剧院参加了杨初春的快速作文报告会，27日晚上住在了县城。第二天早上，正好是上班的时间，我步行到县教委大门口时，忽见一辆面包车进去，刚拐过弯儿，进了大门口有一半的车身，忽然一个人从车窗伸出来一只手，并大声喊："吴伟，吴伟……刚才那个就是吴伟。"我不知道是叫我，继续往前走。随后有人从车上下来，我一看是张劲平老师，上虎岗高中时他教我英语课。他说："吴伟，领导找你好几次了，找不到你，今天终于看到你啦。走吧，跟我一块去见领导。"张劲平老师当时在县教委人事股工作。他将我领到刘相合主任办公室。刘主任对我说："吴先生啊，我们决定调你来县教委工作，从今天开始，你去教研室上班。你租房子住，房租费由单位报销；你的工作调动关系，由人事上具体负责办理；孩子上学给你安排。走，我跟你一块去教研室。"他领着我一起到了教研室。办公室里一位50多岁、身材略胖的男老师站了起来，刘主任告诉他说："苏主任，这就是吴伟。我把人给你带来，交给你了，就看你的了。"他往门口走了几步，又回过头来告诉我说："这就是我们郸城的语文元勋苏新宇主任。"

苏主任请我吃午饭，教研室领导班子成员都参加了。苏主任饭后告诉我："你回家处理一下手头上的工作，下周一你来上班，你不要让我三顾茅庐啊，都很忙，你到时间就来。"

我在教研室工作，任高中语文教研员、郸城县教育学会秘书长。这一时期还不太讲签到、考勤，但是我从没有迟到，也没有因私事请过假，我八年如一日，兢兢业业地工作。后来，县教委人事股的于秀川任教研室主任，他待人宽容、知人善任、疾恶如仇、仗义豪气，工作上助人成长，生活上助人成熟。

那个时期，上班的时间就是上班，从不请假，是自己管理自己，自己约束自己,没有人管也自觉得很。上班就学习,和上学一样。现在好多单位把考勤放到第一位,年年讲、月月讲、天天讲,还是有无故空岗的。我想,不能只管人的外在,要管理人的思想,要挖掘每个人工作的潜力。只要有了敬业爱岗的思想,随之而来的就是成长的智慧。无论走到哪里,无论在哪个岗位,都要做到"工作语言要专业,生活语言要文明"。40多年的工作使我感到最幸福的是:珍惜工作缘分,发展弟兄友谊;不是弟兄,胜似弟兄。我先后被评为郸城县首届十大杰出青年、郸城县教育功臣、周口地区十大职工技术攻关成果者、周口市优秀教师、河南省优秀教研员,还当选郸城县政协常委,等等。

百年修得同船渡,千年修得共枕眠,万年修得年会缘!1997年5月1日—3日,周口地区中语会第七届年会在周口影剧院召开。时任周口地区基础教研室主任的李正林(退休后,他任周口市关工委副秘书长、市教育局关工委副主任,还负责家庭教育工作,我们成了好朋友,曾一起去新疆等地考察学习),很欣赏我,准备让周口师院院长邹文生任中语会会长,我任秘书长。年会由周口地区基础教研室副主任张学林主持。1日晚上他找到我说:"李正林主任让你明天上午第一个发言。"按照要求,我连夜写成了发言稿。第二天上午8点年会开始,我以《教研沃土培育了我》为题,讲述了自己敬业爱岗的成长过程。我的发言得到与会者肯定。

会议结束,我和著名教育家魏书生老师在一起就餐,有幸认识了他,这是我这次年会最大的收获。魏书生老师一直深深地影响着我,经常鼓励我,对我有求必应。魏书生老师的"松静匀乐""自育自学"的教育思想,在我的语文教学研究和现实生活中起着指引的作用。

为了大力弘扬"南钱(钱梦龙)北魏(魏书生)"的教育思想,实现"南钱北魏"教育思想的融合,让这两座语文教育界的丰碑牢牢矗立在中原大地,在著名教育家魏书生、钱梦龙老师的关心和支持下,2018年10月,由我倡导、策划成立了河南省松静匀乐教育科技中心,2019年3月又成立了河南梦龙教育科技有限公司,挖掘、学习、推广魏书生、钱梦龙老师的教育思想,由我任这两家单位的学术委员会主任。从此,"南钱北魏"这座金桥喜架中原。我也因此在各省各市留下了自己讲学的足迹。

三、创新起点

有一种相遇,不是在路上,而是在心里;有一种感情,不是朝夕厮守,而是默默相伴;有一种语言,不必出声,却字字心声。人世间,有一种爱,不须表白,懂得,便是温暖。

难忘 2003 年,"非典"疫情肆虐的时候正是春天。"非典"疫情来的前两周,因河南教育学院中文系主任、河南省教育学会语文教育专业委员会秘书长蔡明教授举荐,党委书记孙建中批准,将我调到河南教育学院,任中文教研中心教研员、图书资料管理员,主编《大语文教育》。为了让大语文教育插上互联网的翅膀,为了给语文教育教学做出更大的贡献,我通过努力先后创办了河南语文网、河南网、魏书生网。

到任之后,一个月不到,因"非典"疫情封校,不能随便出入。到 2022 年新冠肺炎疫情出现,已相隔整整 19 年。在这 19 年的工作中,我深深地感觉到:工作是人生的基石,认真工作是人生的智慧。工作真正投入了,才是真正的智慧人。

2000 年 1 月 8 日,我主编的《大语文教学》创刊,河南省教育学会语文教育专业委员会会长、河南师范大学研究生导师王文彦教授提议改为《大语文教育》,定为河南省教育学会语文教育专业委员会会报。在原有纸媒和三个网站的基础上,我又策划运作了 26 个微信公众平台,还有抖音、微博、头条、视频号等多种媒体。2018 年综合成立了河南松静匀乐融媒体中心。在此期间,我策划、主持河南语文年会 20 届,河南省语文名师多种风格教学展示会 8 届。从 2019 年起,年会和展示会已易名为 SCETF 大语文教育科技节、河南语文课博会,规模愈发宏大,质量愈发提高。

第四节　智慧,站在生命的高度看待生活

所谓人生,就是在生与死之间的这条路上,蹚些宽宽窄窄的小河,扑些飞来飞去的蝴蝶,哼些自言自语的心歌,遇些或明或暗的镜子,做些雅俗相融的游戏……而最重要的,借一件件利人利己的小事,长成生命应有的样子。

人生路漫漫,万事须靠自己,钱权名利转头成空,唯有人品与努力才是真正靠得住的。从长远来看,人生路是靠人品去打拼的,我们常说"不忘初心",初心就是人品。想赢得人生,必须靠自己,生活要想美满幸福,必须靠努力。生活有望穿秋水的期待,也会有意想不到的欣喜。

一、人品是最高学历

要做事,先做人。我国传统文化中有许多强调个人品德的名言警句:"子欲为事,先为人圣""德才兼备,以德为先""德若水之源,才若水之波"……古人强调德在才前,由此可见人品的重要性。

能力固然很重要,但人品比能力更重要。"人才"二字,人在才前,倘若轻视人的自我修养与塑造,哪怕才高八斗,也成不了人才。人品,是人真正的最高学历,是人能力施展的基础。一个人人品好又有能力,一定能获得成功;如果一个人有能力但人品不好,那他的能力可能就会变成毁掉他人生的利剑。人生路上人品比才能更靠得住。

"德者才之主,才者德之奴。"有德而无才,不过是一个粗汉;有才却无德,则会变成一个恶人;有才学、聪明的人失去良好品德的驾驭,会变成一只猛兽。

二、人品好,运气才好

人这一辈子,低调做人,稳重做事,真诚交往,善良处世。和人相处懂让步,与人往来要谦虚。人品好,才能长久发展,好人品是立世根本。

眼里长着太阳,笑里全是坦荡。做人,拼的是人品。

就像白岩松说的那样:"人品是最高的学位,德与才的统一才是真正的智慧,真正的人才。"一个人值不值得交往和信任,不是看他的财富和地位,而是

看他的人品。人品不好的人,再优秀也不受欢迎;人品好的人,再平庸也深受欢迎。

看过这样一个故事。

有个年轻人去面试,正准备进去,突然一位老人冲过来抓住他说:"我可找到你了,太谢谢你了!上次在公园里,你救了我女儿。"诚实的年轻人回答说:"老先生,您认错人了,我不是您女儿的救命恩人。"

老人还是坚持说:"就是你,不会错的。"

年轻人安慰道:"我知道您找恩人迫切,但我真的不是您要找的人!我也没有在公园救过人。"

老人最后松了手试探道:"难道我真的认错了?"

那天年轻人面试很顺利,很快就上班了。

后来,他又遇到了那位老人,就上前关心地询问他是否找到那人。

老人说:"没有,我一直没有找到他。"

回到岗位后,年轻人很忧伤,他觉得老人可怜。他和同事说起此事,同事笑他:"他一点都不可怜,他是我们老板,没有女儿。那个只是一个考验,看你的人品过不过关。老板说,人品好的人,才是可塑之才。哦,对了,比你先来的那个面试者就没通过考验。"

人品,是一个人最好的底牌。做人,人品就是根基,大于能力。就像希腊诗人米南德说的:"人品好的人,自带光芒,无论走到哪里,总会熠熠生辉。"人品好的人,做事踏实,为人靠谱,心地善良。和这样的人相处共事,没有钩心斗角,只有热情和温暖。

有好的人品作为支撑,人生才会上升到更高的高度。古言说:"小胜靠智,大胜靠德。"聪明,可以让人一时获利;好德行,可以让人终身受益。做人,真的很简单,多点真诚,懂得感恩,守住人品就够了。懂得做人的人,会让别人舒服和温暖。一个人可以不富裕,但不能没有德行。无论什么时候,我们都要记住:真诚比金钱重要,感恩比索取有用,人品比一切都昂贵。

生活不能靠运气,毕竟好运气不常有。但一个人如果人品好,那他的运气也不会太差。人与人之间,人与社会之间本就该传递美好,一个品行好的人在将自身的善良与美好传递出去的同时,也会收到来自他人或社会的善意回馈。

江忠源为人讲信义,在参加会试期间曾两次护送友人灵柩回原籍,千里跋涉,善始善终。咸丰帝登基后,诏令部院九卿举荐贤才,时任礼部左侍郎的曾国藩举荐了江忠源。

金安清才高,理财能力极强,但"心术不正",他想成为曾国藩的幕僚,借助曾国藩的力量达到自己敛财升官的目的。据传,金安清曾7次均求见曾国藩,曾国藩7次均拒而不见。

好人品是人生的桂冠与荣耀,它比财富权势更具威力,也更持久。财富权势可能转瞬就失去,好人品则一生拥有。

人品是一个人的底子,是基石,所有荣誉的获得都是建立在人品的基础上,倘若人品不过关,底子打得不好,不管之后获得多大的成就,都会有崩塌的那一天。

好人品可以弥补智慧上的不足,才气却永远弥补不了人品上的缺陷。做人要有好人品,待人以德为先,做事以诚为先。

三、努力是生活态度

万事须努力。

人生不过是一场旅行,你与我擦肩而过,然后各自向前,各自修行。在岁月中跋涉,每个人都有自己的故事,看淡心境才会秀丽,看开心情才会明媚。好好扮演自己的角色,做自己该做的事。生活不可能像你想象的那么好,但也不会像你想象的那么糟。人的脆弱和坚强,都超乎自己的想象。有时,可能脆弱得听到一句话就泪流满面,有时,自己却咬着牙走了很长的路。各自安好,努力生活。

曾国藩一直认为,不管是居家、居官、行军,都应该以"勤"字为根本。"勤"就是勤奋,就是努力。努力不是外在压力逼迫你去前进,而是自己内心对更进一步的渴望,是一种积极向上的生活态度。

努力不是非得做出大成就,而是尽自己的能力让自己感到满意。

努力是对自己的人生负责。我们拼尽全力努力,不是为了别人的看法,而是为了让自己的生命更有意义。

人生路不可能一帆风顺,没有人能天生拥有一切,但是不停地努力,就会有所改变,就会拥有希望。当努力成为你人生的常态,你的生活就会充满希望。

曾国藩年轻时努力读书,为官后努力修身,历百千艰阻而不屈服。从建立湘军到开办洋务,曾国藩都在不停努力,不停丰富自己。儿子曾纪鸿喜欢数学与物理学,曾国藩虽然不懂,但也尽自己所能去了解,去努力学习。

人生路上有风有雨,钱、权皆可能转瞬烟消云散,只有人品与努力靠得住。"德业并进,则家私日起"。品德与努力二者皆有,又何愁不能拥有美好人生呢?

四、道德长跑持之以恒是形成良好家风的基础

《礼记·大学》说:"古之欲明明德于天下者,先治其国;欲治其国者,先齐其家;欲齐其家者,先修其身。"修身就是加强自身修养,提高自身素质。何以修身?家风是基础。家风是人生成长的启蒙,家风正,行事端。好的家风必定有良好的教养,良好的家教能培养孩子优秀的品质。

家是人生的第一站。不同的家庭有不同的家风,不同的家风会给孩子带来不一样的影响和教养。中华民族有着几千年的优秀传统文化,忠孝礼仪的儒家思想影响着一代又一代中华儿女。有的家庭崇尚读书习文,重视教育,注重人才培养;有的家庭崇尚忠孝贤德,重视孝道,注重道德培养;有的家庭重视勤劳;有的家庭讲究节俭;等等。翻开古今中外的历史,那些有作为的人,无不是教养使然。不管是司马光,还是曾国藩,都为大家在对子孙的教养上点燃了一盏智慧之灯。特别是诸葛亮的《诫子书》,更是写得语重心长、言简意深:"夫君子之行,静以修身,俭以养德。非淡泊无以明志,非宁静无以致远。夫学须静也,才须学也。非学无以广才,非志无以成学。"

通常所谓的"教养",第一条,总得有礼貌。没有家教,即没有家风和教养。家风很重要,家风会影响一个家族一代又一代人。家是孩子的第一所学校,父母是孩子的启蒙老师,更是孩子一生的榜样。改革开放后,大量西方文化的渗透,网络文化对传统文化的挤压,特别是独生子女现象的出现,使得博大精深的中华传统文化、孝贤文化对人们的影响日渐式微,传统上的孝道被残酷的社会现象所颠覆。现代家庭谁最大?孩子最大,独生子女最大。全家人都围着小孩转,把好菜、好饭、好语、好脸留给了最小的,所有大人都服务于小孩。看看现在的家庭,父母们都在做什么?拼命地赚钱、攒钱,一切为了孩子省吃俭用。为了不让孩子输在起跑线上,父母千方百计让孩子上好的学校,请好的老师,希望孩子考好的分数,上个好大学,然后找关系为其谋个好职业。现在很少有家庭重视家风、家庭教育,也很少有人跟孩子分享圣贤的教诲和圣贤的故事,很多父母心甘情愿地当孩奴。因此,现在的孩子往往一切以自我为中心,缺乏做人的基本道德品质。

家风就是思行修德。良好的家风形成良好的教养,良好的家风是任何一个家庭或父母或教师送给孩子的一笔无价之宝,是为孩子心灵世界打造的一盏智慧之灯。孩子生于贫穷之家,拥有了良好的教养,他知道自己怎样立足现实和发展自我;孩子生于富贵之家,拥有了良好的教养,他知道怎样利用自己的优势拓展未来。中华千百年来的家国情怀中,家文化与爱国情怀是紧密相连的,家风建设是国风建设的重要基础。在当今社会,我们必须重视、正视家风建设的重要性和必要性,将家风、民风、国风融为一体,形成充满正能量的社会风气,让勤劳、诚实、阳光、善良、奉献以及温良恭俭让、仁义礼智信等中华民族的优秀传统文化得以传承和弘扬。

我的儿子东元自小就懂事,从未惹我和他妈生气。他上高中时,有一次午饭,他只吃了一半,他妈看看他笑了笑说:"是今天我做的饭不好吃吧?"他说:"不是,妈,是我不饿。"到晚上我爱人告诉我:"向辉(乳名)这孩子真懂事,我知道今天我做的饭不好吃,可他宁肯饿着也不说饭不好吃。"她边说边掉下了欣慰的眼泪。

管理孩子、教育孩子的办法很多。我管理孩子首先让他写日记,从小学一年级开始,一直在写。我是从1980年开始写日记的,写到现在,一天也没停。其次,要让孩子享受到父爱和母爱。父爱是阳光,母爱是雨露。要让孩子的心灵茁壮成长,就要让他生活在父爱母爱的氛围里。只要我在家,他放学回来,我会在第一时间递给他一杯不热不凉的白开水,他每次接过茶杯后总是边喝边说:"爸,我自己会。"说这句话时,他脸上的笑容总是那么甜蜜。

儿子上高三第一个学期时,有一次晚饭后下起鹅毛大雪,我和爱人步行去接他。我们去得早了些,便分列学校大门东西两侧,任凭大雪落在头上、眉毛上、衣服上。下课铃响了,学生走出校门,儿子一眼就认出了他妈,先是握住了她的手,接着就是一个拥抱。到了家里,我问我爱人:"刚才向辉抱住你时给你说的啥?"他说:"妈,这么大的雪,您咋来了?"就这几个字,充分说明孩子深深懂得了母爱。父爱母爱就在生活的点滴中。

五、创建良好的家规、家训、家风

国有国法,家有家规。中国是文明古国,礼仪之邦,五千年的文化传承至今,已深深铭刻在中国人的心中。每个家都有家规、家训、家风。俗话说得好,无规矩不成方圆。好的家规、家训、家风不仅承载了祖辈对后代的希望和鞭策,也体现了中华民族的优良传承。

家规是治家教子、修身处世的重要载体。我所理解的家训不是字斟句酌的名言警句,它更像一种精神风气,对一代又一代的人产生潜移默化的影响。古人有言:"家之兴替,在于礼义,不在于富贵贫贱。"家训是家庭言行的方向灯,在一定程度上反映了一个家庭的价值观、世界观,也体现了父母的道德水平。家训,是一个家庭的精神文化,深深影响着孩子的品行与教养。一个家庭如果有好的家训,孩子未来走再远,也不怕迷路。

家风又称门风,指的是家庭或家族世代相传的风尚、生活作风,即一个家庭当中的风气。家风是给世代家族成员树立的价值准则;是建立在中华文化根脉上的集体认同,是每个个体成长的精神足印;是一个家族代代相传沿袭下来的体现家族成员精神风貌、道德品质、审美格调和整体气质的家族文化风格。家风对家族的传承、民族的发展都产生重要影响。家风作为一种精神力量,既能在思想道德上约束其成员,又能促使家庭成员在一种文明、和谐、健康、向上的氛围中不断成长。

家是每个人最初的记忆,我们在这个温暖的港湾里学习、成长,树立属于我们每个人的价值观念,家规、家训、家风则是指引我们找寻方向的灯塔。家规、家训、家风,是一个家庭最宝贵的财富。

良好的家规、家训、家风,能帮助整个家庭成员提高适应社会的能力,创造未曾想到的美好奇迹,变一切不可能为可能,从而坚定地、勇敢地、快乐地铸就幸福家庭的美好之路。2021年2月21日,吴东元提议为我们家树家风,立家规。经过反复讨论,又经过回顾和展望,我们家定了如下家规、家风和家训。

家规:1. 孝道为先,厚德载物。家庭中的每个成员都要孝顺长辈,想长辈之所想,做长辈之所想做,经常和长辈谈心。2. 克己厚人,以诚待人。家庭每个成员先做人后做事,严格要求自己,对身边的每一个人都要坦诚相待,多做善事。3. 知恩感恩,以身作则。4. 身心健康,规律作息。每天保持良好的心态,科学用餐,劳逸结合,尽自己所能干好每一件事。5. 好好读书,写好日记。

家风:口中有德,目中有人,手上有艺,肩头有担,心中有爱,腹中有墨。

家训:立德、立功、立言。

家庭教育,才是一个人受到的最好的教育。冰心曾说过:"家是什么,我不知道,但烦闷、忧愁都在此中融化、消失。"是啊,一家人在一起,无关乎钱多钱少,房大房小。家不是房屋,而是心灵的港湾,你可以卸下所有伪装,纵然门外寒冬如雪,门内也是春风暖意。一个家最好的风水,就是闻到书香,听到安静,看到从容。

苏轼在《三槐堂铭》中说过:"忠厚传家久,诗书继世长。"一个家族唯有为人忠厚、饱读读书,才能够长久地发展下去。历史上一家出三才子,莫过于苏家三父子:苏洵、苏轼、苏辙。最让人佩服的应该是苏洵,他培养了两个才子,为后人留下了许多经典作品。

在当时,作为父亲的苏洵,也是愁坏了,两个儿子调皮捣蛋不说,还不爱读书,硬来吧,又怕起反作用。于是,他决定以身作则来教育孩子,从激励入手,积极引导,让孩子对学习感兴趣。

一开始,苏洵就每天躲在书房里偷偷摸摸地看书,被孩子看到了,就把书藏起来,还严重警告他们,不准进书房。这下激发了两个孩子的好奇心,两个孩子想尽办法,去书房偷书看。就这样一来二往,苏家兄弟发现了读书的乐趣,渐渐地读书成为习惯。

就如清代姚文田所说:"世间数百年旧家无非积德,天下第一件好事还是读书。"对于一个家庭来说,最好的传家宝不是留给孩子房子、车子、金钱,而是教会孩子读书。家庭教育是伴随孩子一生的,父母是孩子的第一任老师,也是孩子终身的良师益友,一个爱读书的家庭,才会让孩子受益一生。

人生没有白读的书,每一页都算数,虽不能让我们马上致富,但却能让我们教会孩子,通过书里的知识,去寻找人生的答案,发现生活的真善美。

一杯混浊的水,放着不动,才会达到清澈的程度,家庭也是,每天沉淀,多沟通,不吵闹,才不会那么烦躁。

曾国藩考了7次才中了个秀才,而曾国藩的家人,从来没有责骂过他,一如既往地支持他。读书时,父亲虽然严厉,但也会跟他沟通,要求他慢慢来,不着急,不读懂上一句,不读下一句,不读完这本书,不读下一本书。

曾国藩到北京考试,落榜之后,钱也花光了,身无分文的曾国藩找他父亲的朋友借了一百两银子,买了一套二十三史。曾国藩的父亲没有责骂他,而是一脸平静地说,你用心读这些书,我替你还债。自此,曾国藩发愤图强,最后进京做了高官。后来不管曾国藩遇到多大的问题,他都会好好沟通,用静处之。

都说沟通才是世界和平的源头。的确,一些家庭,往往因为沟通不畅,经常为一些鸡毛蒜皮的小事吵得不可开交。而一个会沟通的家庭,往往是安静的、心平气和的。

不需要高声,因为听得见,言语轻轻,反而透着修养,彰显素质;不需要昂扬,因为看得见,走路轻轻,反而含着一种风度,蕴着一种风韵。家是港湾,不需太大，宁静就好，虽不华丽，却欣欣向荣。

有人说："孩子永远不会乖乖听大人的话，但他们一定会模仿大人。"是啊，身为父母，你的一言一行都会潜移默化地影响着孩子。你在情绪崩溃时，是习惯性讲道理，还是随意发脾气，孩子都看在眼里。

如果你每天抱着手机刷视频、懒惰、不上进，又怎么可能要求孩子好好学习，做一个努力向上的人？你是什么样的人，孩子就是什么样的人。

我国近代史上最著名的人物梁启超，是政治家、思想家、文学家，但他最厉害的，不是拥有这些光环，而是他是一位优秀的父亲。在教育子女这一块，他有着自己的心得，尤其是对于孩子们的考试成绩，考得不好，梁启超从不生气。

有一次梁思庄考试，得了第16名，尤为伤心。梁启超知道后，非常淡定地说：庄庄成绩已经很优秀了，哪怕考试不及格，也不要紧，咱们慢慢来。甚至在孩子们选专业的时候，梁启超也是从容淡定的，非常尊重孩子们的意愿。

也正是这份从容淡定，使得梁启超的9个孩子都能按照自己的意愿发挥，最后出了3个院士，个个都是佼佼者。说到底，家庭教育才是一个人受到的最好的教育。面对生活，或许孩子一开始手脚笨拙，但只要我们从容不迫，没有太多的忧虑，就会给孩子营造一个良好的成长空间。

没有人可以一辈子为孩子挡风遮雨，好的父母就是揽一份从容，让孩子学会坦然地面对人生中的失败，轻松驾驭跌宕起伏的人生。

一个家最好的风水，就是做到从容淡定，让孩子在自己的时区里不慌不忙、不紧不慢，活出自己喜欢的样子。

六、南钱北魏中吴金桥喜架中原

魏书生、钱梦龙老师是大家公认的两座教育丰碑，我得到二位老师的关爱、指导已有30多年，他俩的人品和学品一直影响着我，鼓舞着我，我尽情地吸收着他们赋予的营养，渐渐长成现在的模样。所以，多年来我一直思索着该如何筑牢深入学习的意志，树立深入学习的信心，更好地传播他们的教育思想。

2018年,我爱人史旭牵头,经过两年的不懈努力,积极策划筹备,具体组织实施,终于成立了河南省松静匀乐教育科技中心和河南梦龙教育科技有限公司。这件事情实际上我们已酝酿了20多年。我们深知这是一项前所未有的创新工程,必将步履维艰,会遇到诸多困难,但我们坚信,只要我们付出足够多的努力,辛勤的犁耙必将会使荒野变成良田,挥洒的汗水必将催生出可口的甜果,所以我们一直相互勉励,共同促进,不辞劳苦地努力奋斗着。特别是我爱人,她任劳任怨、兢兢业业地做了大量艰苦细致的工作。有心人天不负,南钱北魏中吴喜架金桥的梦想终于得以成真。在河南省第23届语文年会开幕式上,钱梦龙老师和魏书生老师喜笑颜开地携手为"河南省松静匀乐教育科技中心"和"河南梦龙教育科技有限公司"正式授牌,我们如愿以偿地完成了河南乃至全国教育界的一桩大好事。

有句话说:一个人只能有一种人生。只有尽早认准一个领域,几十年如一日地执着于此,才有望在有生之年做出一点成绩,成为一个领域的专家。很多人能量投入得很被动,也很分散,也有人能量投入面过窄,不利于打通,这些都会成为一个人未来发展的障碍。

种一棵树最好的时间是10年前,其次是现在,但愿我们每个人都能确定自己的人生目标。

第七章　成长是智慧的自豪　智慧是成长的源泉

第一节　成长,仁者乐山山如画,智者乐水水无涯

梅花香自苦寒,美景常在险峰。经受过风霜雨雪,遇大事才能举重若轻;征服过悬崖绝壁,有困难自然履险如夷。拥抱挑战,就是拥抱成长。

一、要坚定选择好的方向

人生的道路有很多条,但我们只能选择其中一条走下去。只要确定了方向,并且坚定信念,就一定会达到目标。

人生需要磨砺,没有磨砺的人生,必然平平淡淡,平平庸庸,必然没有精彩,没有风景。不经磨砺,不能成为珍珠,不能成为真金。不经磨砺,不能顶天立地,不能创出辉煌,更不能品尝到幸福的甘甜。

梦想是我们心中的殿堂。任何一个人一生中都有一份属于自己的财富,等着你去寻找,去发现,去享用,但前提是你心中必须有梦想,充满希望,拥有勇气、智慧和意志。

站在明媚的春光里,我们也应该种下希望的种子,让它生根发芽,茁壮成长。在青春年少、多姿多彩的季节里,在生命的沃土上种下希望的种子,经过辛勤的耕耘和浇灌,在秋天才会有丰硕的收获。只要不失去自信心,只要对事业、对理想尚存一息希望,那么,厄运可能会变成一个深不可测的宝藏。持续不断地做一件事,把一件事做透,才能真正达到自己期望的目标。心灵的品级决定人格,决定着人一生的命运。敬畏、慈悲、舍得、务实,能做到这四点的人,人生一定更精彩。

二、提高自己的"屏蔽力"

在这个信息时代,一个人对信息的屏蔽力变得越来越重要。不要因为在意别人的看法,而乱了自己的生活。生活中,我们经常会遭到别人的质疑,听到一些闲言碎语,这些质疑和闲言碎语何尝不是一种垃圾信息呢?

聪明的人,懂得屏蔽别人的评价和看法。

有位作家曾说:"我从不在乎别人如何评价我,因为我知道自己是怎么回事。如果一个人对自己是没有把握的,就很容易在乎别人的看法了。"

如果我们总是在意别人的看法,把别人的话放在心上,自己的生活就会受到影响。他人的恶意诋毁,我们阻止不了,但我们有能力屏蔽。

不管全世界所有人怎么说,你自己的感受才是最重要的。不论全世界所有人怎么看,你都不该因此打乱自己的节奏。

提高自己的屏蔽力,让生活更简单。不是所有人都值得我们浪费时间和精力去争辩。我们只有提高自己的屏蔽力,屏蔽掉那些垃圾信息,才能把有限的精力用于提升自我。

生活是属于自己的,别人的窃窃私语,无须放在心上。懂得屏蔽别人的看法,才能做好自己,掌控自己的人生。屏蔽别人的看法,是对自己的一种热爱。只有热爱自己,才能在平淡的生活中挖掘到极致的美好。与其小心翼翼在乎别人的看法,不如遵从本心,做好自己。

当我们能够屏蔽外界的干扰热爱自己时,我们的人生会如同即将绽放的花儿一样美丽动人,如同天上的行云、地上的流水一样畅快自然。

人生在世,众口难调,我们没办法让所有人都满意。没有人能够做到面面俱到,而不被别人议论。

很多时候,我们只需做好自己,问心无愧就好。专注自己的生活,把时间花在自己想做的事上。不必强求所有人的理解,走好自己的路,人生自会豁然开朗。

三、让教学研究成为一种幸福的生活体验

我经常说,语文问题用语文方法去解决。其实,语文方法正是解决生活问题最高效的方法。语文精神在,我们的生活就精彩。所谓语文精神,首先是对语文这门学科有一个根本的认识。语文其实是一种对世界用语言进行文饰,以使读者在获得准确信息的同时,又能获得美感的载体。即使是科学说明文,也是需要文字文饰的。文饰的水平取决于文字的运用者内在的精神

世界。而这个精神世界需要读书、需要对世界修炼出一种汇集一个或者几个思想家思想精华的独特认识,每个人都需要一些语文精神。

我始终坚持教学和科研并举、学识和能力并重,一直在教学第一线实践着自己的教育理想。我经常说:把人当人,让人像人。把人当人是教学的出发点。教师所面对的学生是与自己一样有生命质量的人,而不是接受知识的容器,教师带给学生的不仅是知识和能力,还有对生活的感悟、对幸福的追求。因此,我们尊重每一篇课文,尊重每一位学生,严格要求自己既要做好经师又要做好人师。让人像人是教学的归宿。教师的工作是在呼唤人性的回归,是在陶冶人的情操;好教师应该通过自己的教学,让世界上增加许多真诚、美好、善良的心灵;教学的成功在于课内课外人文环境的营造,在于教学对象之间人文关怀的形成、教学者与教学对象的共同成长。

我一直把自己的教学科研工作当作一种幸福的生活体验,乐此不疲地努力工作。春风化雨勤育人,从事语文教育工作40多年来,我凭着对教育工作的满腔热情和对学生的爱,全身心地投入到工作中,任劳任怨、勇挑重担。爱岗奉献的品行让我在全市赢得了一定声誉,而敬业育人、为人师表的职业道德又使我成为一名深受学生欢迎的老师。

我在13年班主任工作中始终奉行教书育人、发展学生完备人格的宗旨,尊重学生,爱护学生,并且不断学习教育理论,指导工作实践,探索出自己的带班方式(风格):1.坚持全面关心学生成长的教育思想。2.坚持尊重、理解、宽容、严格但不严厉的和风细雨式的教育方式。3.坚持行之有效的教育管理制度。学生戏称我为不会板脸的班主任,认为在我的微笑面前不好意思犯错。我还探索出一种新的学生思想工作模式——三年一系统分段式思想教育,以传统道德、传统文化为突破口,结合学校的思想工作实际,根据不同学段学生的思想实际,高一开展礼(规范)的教育,高二开展信(责任感)的教育,高三开展仁(爱心)的教育。通过循序渐进的教育,并配以一系列行之有效的班团活动,制订各项严格的班级管理制度,我所带的班学生表现出强烈的集体荣誉感,班内学习氛围浓厚,每年都被学校评为文明班级、市岗位学雷锋先进集体、市优秀基层团支部。

告诉孩子,生命高于一切,没有什么比生命更重要。也告诉孩子,无论为人还是处世,遵守规则和坚持原则,才是最便捷和最安全的路。决定一个人成就的,不是天分和运气,而是坚持和付出;是不停地做,重复地做,用心去做。当你真的努力了,你会发现自己潜力无限!

四、三尺讲台深钻研

与其羡慕他人智慧,不如自己勤奋补拙;与其羡慕他人优秀,不如自己奋斗不止;与其羡慕他人坚强,不如自己百炼成钢;与其羡慕他人成功,不如自己厚积薄发。

时时保持谦虚,才能有更多成长的机会,能干大事的人不会夸夸其谈、趾高气扬。一个人在任何时候都须懂得谦虚。满招损,谦受益。

人之处境妙趣就在于,人必须是不止息的学习者。越是有职业素养、越是有生命自觉的人,越容易获得一种自如感,获得对生命的洞察力。

阅读和思考,既是生活的必需品,又是生活的奢侈品。

一位称职的老师的课堂教学应该是十分出色的,应具有扎实的专业功底,丰富的知识背景,较强的课堂驾驭能力,漂亮的音色和普通话。多年来,我力求课堂教学的艺术效果,特别强调情味(文章情、师生情的融合),注意调动学生的情绪,注重学生的情感体验。先后尝试和实践了点面式教学和情景教学,运用美学和心理学原理,对课堂教学进行艺术设计,形成了以情启智、以美引真的语文教学模式。我的课堂教学优化设计包括课堂教学的各个环节,如:导言、标题、课堂节奏(起、承、转、合)、朗读配音、提问、板书、迁移练习的设计,等等,这些设计都力求艺术化,并围绕设定的情感基调进行整体的布局。如,执教《故都的秋》时,对秋意进行引发设计,获周口市优质课一等奖;引入古代送别诗设计的《雨霖铃》一课,获河南省一等奖;运用音乐设计执教的《荷塘月色》,作为河南省语文年会观摩示范课,获得听课老师的一致好评。学生们也说,听吴老师的课是一种美的享受。

五、课堂改革出成效

立足于课堂教学的改革,以课内带课外,不断进行课型设计的研究和教学模式的探索是我教学科研的突破口。

1995年起,我着手进行课堂教学优化设计的课题研究和实践,该课题成为河南省教育厅立项课题。我从课堂教学各个环节的艺术处理、课堂教学流程的艺术安排、课内活动与课外活动的艺术联系等方面,提出了课堂教学的优化设计的理论依据、实施途径及其与提高效率的关系。研究成果在《语文教学通讯》《语文建设》《语文教学与研究》《语文学习》《教学月刊》等报刊和河南语文网、河南教研网、微语文网、大语文网、读写教学网、导读导写网、河南教科云、梦龙教科、梦龙教育、松静匀乐育学园、松静匀乐教育等媒体上发表。当前,相关课题被河南省名师工程推广应用。

为了发挥自身的教研优势,我提倡"下水教研",并亲自到各地进行公开教学,带着课题,带着问题,进行广泛深入的教学科研活动,用一种新的理念指导教学,解决了教学中的一些实际问题,使教学研究与教学实践更紧密地结合起来。"下水教研"不仅得到了河南省教研室领导的一致好评,而且备受广大教师欢迎。作为语文教研工作者,我十分注重师资队伍的建设。在部分县试点积累了经验后,每年组织开展送教下乡、骨干教师培训、学科评优活动等,采取多层次培养教师的策略,加强了教师队伍的梯队建设。2004年,我以课题组主持人的身份参加全国著名教育专家西部行活动,赢得广大同仁的好评,获得中央教科所的表彰。

20多年来,我策划、主持河南语文年会20多次,邀请200多位省内外名家走进河南,带领近百名河南名师走出河南。河南语文年会成为河南语文人的春天,激发了广大教师的学习热情。为树立更多的榜样,河南省教育学会语文教育专业委员会副主任委员申建民提议,我们筹划,把春天组织的语文年会进行延伸,在秋天召开语文课博会,我主持实施了8次。河南省教育学会语文教育专业委员会的副主任委员、理事、学术委员成为名副其实的名师。河南省松静匀乐教育科技中心对语文年会、语文课博会的支持,是锦上添花,让更多的名师立足本职,找到自我,把自己的经验传授出去,把外地的经验引进来,真正让语文老师感受到"语文之家"的魅力所在。为了更好地倡导科学、人文、创新、特色的教育教学,指导河南语文教师的教育教学科研工作,交流省内教育教学理论和实践经验,展示教学科研成果,我策划、创办了26个微信公众号。各市县优秀教师纷纷响应,投稿、报名参加主编,给广大教师的理论学习和实践活动提供了丰富的信息和具体的指导。同心同向同行,共生共享共长。相互搀扶,相互滋养,相互成就。

落红不是无情物,化作春泥更护花。昨天,我们通过努力培养了一批知识渊博在讲台上循循善诱的好老师,让诸多学子如沐春风;今天,一批出类拔萃、德才兼备的会员、理事、学术委员,让更多教师成长发展;明天,我们将怀着对人对事对工作的真诚和善意,一如既往地实践我们的教育理想。

为激励优秀教师砥砺前行,河南省教育学会语文教育专业委员会副主任委员史大士提议,理事会讨论一致同意,组织开展河南省十大语文年度人物、十佳语文教师、十佳语文教改之星和推动语文教育发展卓越局长、校长评选活动。至今已经顺利组织表彰了10届,我主持了每届的颁奖典礼。

带着欣赏的眼光看人,带着包容的心做事,带着知足的心生活,带着感恩的心看世界,你会发现世界很美好。释迦牟尼曾说,无论你遇见谁,他都是你生命中该出现的人,他一定会教会你一些什么。

生命本是一场漂泊的旅途,遇到谁都是一个美丽的意外。感谢生命中遇到的每一个人。

种下阳光,你便会收获明媚;种下善意,你便会收获温暖;种下感恩,你便会收获美好。

六、技能增值

听过这样一个故事。

一家工厂里的两名技工,二人同样勤恳,业绩同样优秀。可是一年后,一位还是一名技工,而另一位成了管理他的领导。为什么会有这么大差距呢?

那名普通技工,虽然也很努力,但他除了埋头做事,完全不考虑其他;另一位则在加强专业技能的同时,坚持学习一些管理知识,后来因综合能力突出被领导破格提拔。

《论语》有言:"君子不器。"一个人应该博学多识,具有多方面的才干,而不是只局限于某个方面。我们可以从相关专业或自身的爱好特长去拓展,多学一门技能。你可以以年为单位,尝试每年学习一个新技能,比如学习画画、书法、手工、摄影等,年底的时候,你就发现自己的综合能力会有所提升。

多学一项技能,生活就多了一条出路。多一项本领,你就有更多的选择权。

第二节　智慧,急中生智,静能生慧

智慧是人生的导航,遇到逆境,懂得用智慧来转,做出决断,便能开拓出另一番天地。一个人的精力有限,真正的能源在于内心的智慧,开发内心的能源,才会活得充实、快乐。智慧让我们的心更广阔、更深远。心胸越大,智慧越深。

静,是一个人最具魅力的气质和独有的风度,如同夏日水中之莲,亭亭玉立,可远观而不可亵玩。

静,是一个人的磁场,积蓄的静气越多,磁力越大,影响也越大。和有静气的人在一起,如松间听风,如临瀑听水。爱静的人,必是爱读书的人。家有书房,人有静气。沉浸在书房里,或朗诵,或默读,让灵魂与文字交融。爱静的人,必是爱艺术的人。独处一室,或习字,或临摹,或品一幅画、煮一壶茶、点一炷香,让灵魂自由呼吸,让心灵自由翱翔。

"流水不腐,户枢不蠹。"人应该充满活力,经常活动筋骨,学会享受生活,喜爱一切美好的事物,赞美并享受它们所带来的美好,困难来临时,用微笑去面对,用智慧去解决。

静能生慧,宁静致远。人生的真滋味,只有沉静的人才能品尝得到;世间的一切缘由和归宿,只有沉静的人才能看得透彻明了;天下的一切真情实景,只有沉静的人才能说得真切。

"静如处子,动如脱兔。"既能爬山攀岩,也能焚香弹琴;既能挥汗如雨跑前跑后,也能心如止水心无旁骛;既能端居室内正襟危坐,也能奔跑户外尽情玩闹。人就应该有一种"亦庄亦谐,能动能静"的本事。

古人说:"能动能静,所以长生。"动以养形,静以养神,形神兼养,可以长生。

一、心的宽度就是人生的高度

大海可纳百川,在于容的气度;群山可耸云霄,在于势的高度;人生舞台的大小,则取决于心的宽度。

一颗心唯有置身好气场,才能彰显出正能量。于人于事,于理于情,真善至上,宽大为怀,定能经得起时光的磨砺,为自己的生命注入新的冲力。

心有多宽,路就有多宽。污泥里可以长出莲花,苦涩中可以酝酿甘甜,烦恼可以转为菩提。生命如一叶轻舟,在浩瀚的江海里行走,有风平浪静,亦有波涛险阻。在浪静的时候,切莫高歌,在波谷的时候,不必沮丧。一浪推一浪,便是人生的彼岸,也是修行的升华。以欢喜心看事,事事皆为我而生;以感恩心看人,人人皆为我而来。

心安则静。富贵三更梦,平安两字金。

宋代邵雍有一首《心安吟》:"心安身自安,身安室自宽。心与身俱安,何事能相干。谁谓一身小,其安若泰山。谁谓一室小,宽如天地间。"

有一副对联:人喜富贵三春景,我爱平安两字金。说富贵如同三春美景,其实富贵更多时候是枕上一梦,梦醒成空。

由来富贵三更梦,何必楚楚苦用心。大富大贵往往伴随着大起大落,这需要极强的承受力和应变力,所以不值得羡慕,而幸福不是用金钱和权力来衡量的,唯有"平安",才是享受人生的根本保证。

平、安二字值千金。平安是富。有一句俗语,"平安当大赚",意思是一个人如果平安无事就等于赚了大钱,也就是说,平安是人生最大的财富。

平安是道。道经上说:"元居道安。"道就是"安",道使得宇宙万物各安其所,各得其安。

平安是福。人的一生,只有平安,生活才能幸福;只有平安,才能对未来充满希望;只有平安,才能实现自己的梦想;只有平安,才能享受梦想成真的喜悦。

人人都需要平安,自己平安,家人平安,国人平安,世界平安。平民百姓信奉"知足常乐",图的是平安;英雄伟人总想"解甲归田",盼的是平安;山中耕夫说的"三十亩地一头牛,老婆孩子热炕头",为的还是平安;宦海文人感叹"惟愿孩儿愚且鲁,无灾无难到公卿",为的也是平安……

追求平安,是人的本能,是生活的真谛。

"君子不立危墙之下。"我们应该尽可能回避危险,使自己处于安全的地方。这样不仅自己获得平安,挂念你的人也会安心,挂念你的人平安了,你也会觉得安心。

平安,是友人间最深切的祝福,是亲人间最热切的期盼。

唐代岑参有一句诗:"马上相逢无纸笔,凭君传语报平安。"亲人平安和向亲人报个平安,这是人生中重要的事。

一声"我没事",一句"我很好",让牵挂你的家人安心。只有看到家庭和睦,家人平安,才能体味出平安的幸福。要求平安,须从心上求,心安才能真正获得平安。

心中无尘心自安。烦恼由心而生。同一桩事,计较得少则少忧,计较得多则多忧;同一个问题,看到光明的一面则喜,看到灰暗的一面则忧。人生的苦乐,不在于碰到多少事情,而在于心里装着多少事情。为生活的烦恼所困,不如深吸一口新鲜空气。清空心里的阴霾,返璞归真,才能自在自安,随缘即安。

天有不测风云,人有旦夕祸福,前行的路上,有风雨,也有彩虹,还有不为人知的心酸和伤痛,人生八苦,归根结底不过求而不得。人生一切的伤痛唯有时间去淡化,以静去医治。

人能常清静,天地悉皆归。常怀清静心,天地澄澈,神智自安。人生如茶需慢品,岁月如歌需静听。

人有悲欢离合,月有阴晴圆缺,世事不如意十有八九,对错得失,莫要强求。唯有持一颗安静的心,方能抵挡沧海横流。红尘滚滚,尘世苍茫,生活不得不在明天和意外之间穿梭,面对世事无常人情冷暖,需要给自己减压,不管外面的世界多么精彩,守一颗丰富安静的心,才是真正的富有。

一程山水,一程跋涉,我们的心灵总得不到满足,期望得到别人的认可,想要满足各种欲望。想要站在人生巅峰俯瞰众生,却又不愿努力。内心强大的人从不会期望得到外界的认可,而是默默努力,默默坚强。

安静的人也是最有实力的人,不言不语间也能一眼洞穿人心。安静的人不急不慢,不骄不躁,不争不抢,心中自有定力安稳乾坤。静下来的人才能听见内心的声音。

太过在意别人的言论,总是活在别人的阴影里和评价中,会限制自我的潜能,抑制自我的发展。生命最好的状态,就是活出自我,开心快乐。

一个人最好的成长方式不是向外求,而是学会向内求,向内求就是找到自我成长的节奏。一个人只有了解了自己内心的真正需求,才能成就自我。内心强大的人,只会把精力放在自我成长、实现目标上。

人只有把心路走好了才能轻松愉快。如果不幸福不快乐,那就改变一下自己。

人只有做回自己,回归生命本真,方能呈现一种宁静的状态,让心灵摆脱环境和外物的束缚,以不变应万变。

人的心掌管着各自的情绪思维,你的心里若有欢乐,又怎能在意外界的萧瑟和悲凉?你的心灵若丰富饱满,又何须活在外界的评论里,活在别人的舌尖上?我们的心灵饱满而丰富,我们的内心强大且坚韧,我们只做最真实的自己,自给自足,一切皆在心中,何苦向外求索?

人生的淡定,在于不放弃,不封闭,用自己的一份从容,去嫁接内心的丰盈之树,并时时丰富自己的内涵,多点儒雅,少点市侩,学会建立一个丰富高贵的精神世界,让自己的生活多些诗意和温馨。

慢下来,静下来,去建构一种人生抗震和豁达的免疫功能,修炼一些人生谦和与深远的静态雅致。用心不浮躁,才能拓境界;运势不轻浮,才能展大局;行路不辍步,才能奔远途;尚志不言弃,才能羽化生命,涅槃重生。

慎独则心安。修身之道,最难是养心,养心最难之处是慎独。"慎独",是独自一人时,亦有一双慧眼观照自己,不做出格事,不说出格话。慎独,之于他人是坦荡,之于自己,则是心安。一个表里如一的人,事无不可对人言,就少有愧疚、猜疑、顾忌等种种阴暗,心中自然绿意盎然,步步花开。

有一种修行,叫"山中习静观朝槿,松下清斋折露葵"。人在静中,心在定中,智慧才能熄灭烦恼。有一种境界,叫"淡泊以明志,宁静以致远"。淡泊从心,宁静处世,人生才能走得远长。

人生路漫漫,我们会遇到无数的羁绊和纷扰。心态平和,内心安宁,才能无惑面对生活给予的种种挑战。让心静下来,才能看清自己;让心静下来,才能无畏困苦;让心静下来,既是享受,也是修行。

看清自己,需要静心;好的人生,需要静养。静,是一种智慧,更是一种力量。

唐玄宗李隆基,前半生是一代明君。他治下的开元盛世,成了大唐王朝的顶峰。人过中年,他变得荒淫无度,宠幸奸佞。他贪恋女色,再也看不见人间疾苦,满眼尽是纸醉金迷。结果,"九天阊阖开宫殿,万国衣冠拜冕旒"的大唐,转眼变成了一副"朱门酒肉臭,路有冻死骨"的惨象。

欲令智迷,利令智昏。人心本是一池春水,切忌被利欲搅浑。

庄子也说:"至人之用心若镜……故能胜物而不伤。"唯有心如止水,像镜子一样,才能映照一切外物,而不被外物所伤。

心烦意乱可以用静气平复,意乱神迷可以用静心化解。静能养心,心静则慧生。

陶渊明是东晋大将陶侃之曾孙,他也曾想继承曾祖父遗志荡平天下。可惜老天没有实现他的志向。他做过江州祭酒、镇军将军参军。他做彭泽县令时,再也忍受不了官场上的奴颜婢膝,在任80多天后,便辞官归隐。

当他静下心来,才懂得人生不只有达则兼济天下这一条路,穷则独善其身也不失为一种选择。

静能生慧。让心静下来,你才能看淡一切。静中你才会反观自己,知道哪些行为需要修正,哪些地方需要精进,在静中让生命得到升华洗礼,在自观中走向觉悟。要想大智大慧,大彻大悟,必须由静做起。

以静养心。人生在世,难免面对许多纷纷扰扰,内心不静,遇到难题就会内心惶恐、不知所措。既然人生不如意之事十有八九,那就顺势而为,好的坏的,想要的不想要的,都把它当成经历,坦然、勇敢地去面对。心静则清,心清则明,这是最好的生活态度,也是人生至高的境界。

心要静,须在平时多下功夫。没有人生来就懂得如何静心,必须经受住世事的磨炼,才能在有事时心能定,无事时心亦静。

无论周围环境如何,我们都要学会静心。遇到失意之事能处之以忍,遇到快意之事能视之以淡,遇到荣宠之事能置之以让,遇到忧愤之事能平之以稳。

人生,就像一场与自己的较量。越心浮气躁,越会失去对事物的理性判断。唯有沉得住气,控制好自己的情绪,才能有条不紊地处理好眼前的每一件事。

沉得住气,是意志的磨砺,是自我的突破,更是智者的品质。沉得住气,修得安静沉稳的内心,才能宠辱不惊地面对生活的磨砺。

善于在低处经营的人,最后往往能到达人生高处。

守得住低处的人,温厚、宁静,就像大地,永远把自己置于低处,但没有人否认它的博大;守得住低处的人,收敛、含蓄,就像大海,永远把自己放在低处,却从没有人否认它的深邃。

在宁静中仰望,必能靠近辉煌。有远方就有梦想,有梦想就有不灭的灵魂,就有朝着阳光奔跑的力量。纵然风不止,树依旧苍翠流年,花依旧会用暗香熏染时光。而我们,也要心中有远方,一如既往地在岁月的原野上孜孜寻觅,探求一个繁华鼎盛的人间奇迹。

让我们遵从心底的声音,安守自己的节奏,在一份静与安中拓展心灵的宽度,创造属于自己的那方宽广而又阳光灿烂的人生大舞台!

心有多静,福有多深。人一旦进入了"静"界,便多了一些祥和,少了一些纷争;多了一些幸福,少了一些灾祸。

属于自己的风景,从来不会错过;不是自己的风景,永远只是路过。天地太大,人太渺小,不是每一道亮丽的风景都能拥有。

一辈子,只求有一道令自己流连忘返不离不弃的风景就已足够。每一颗心,都有一份无法替代的情愫和某一道风景永远关联着。人生的风景,是物也是人。

我们都是时间的过客。人,空手而来,必然空手而归。在你我的时间尽头,一切都将化成云烟。因此,在拥有时,要好好珍惜;失去之后,要舍得放开。

失去之后还紧追不舍,最终追回来的只有无尽的落寞和悲伤。能拥有的即使再不堪也比已失去的强,只有懂得珍惜、舍得放手的人,才能邂逅越来越多、越来越好的风景。

正确看待自己的拥有,以一颗平常心看待人生的得与失,就能享受充实而幸福的人生。清闲有清闲的寂寞,也有清闲的快乐;繁忙有繁忙的热闹,也有繁忙的烦恼。

任何东西都是祸福相依的。因此,得到了别骄傲,要珍惜自己拥有的;没有的别失望,要对未来充满信心。生活在于过程,犹如生命在于成长。平淡不是无味,而是生活的真味;平淡不是无所求,而求得的恰是人生的本质。

高山峻岭能够让我们心生慨叹,但平原上的稻香麦浪,才能满足我们的真正需求。任何激越的爱情,都会回归于柴米油盐;任何辉煌的人生,都将隐没于平静的回忆。

说不清生命的味道,分不清人生的滋味,得有得的滋味,失有失的味道。生命的过程中,五味俱全,失落时我们不能不伤情,得意时我们不能不欢欣。

我们总是把人生的种种得失融入我们的感情,得之则喜,失之则悲。生活就是这样,忙忙碌碌,平平淡淡;人生就是这样,坎坎坷坷,起起伏伏。

气量有多大,心有多静;心有多静,福有多深。福深福浅,不在于能笑着迎来多少,而在于能看淡多少失去。

人生之苦,在得失间。心胸宽广之人,拿得起,放得下,无意于得失。花谢明年复开,心静人自在。心静了,才有闲心品味出已有的幸福。

心净则悦。我们每个人都有一片属于自己的净土,那就是自己的心灵。在这片土地上,你种草,它就长草;你种花,它就长花;你种果,它就结果;你种庄稼,它就能让你收获五谷。因此,我们要学会整理自己的心灵,学会随时清理心灵中的杂草,始终保持良好的心态。有人说,心态决定命运,其实就是说好的心态决定你有好的生活质量和幸福指数,好的心态能让你身体健康、心情愉悦。所以,我们都要阳光一点、善良一点、平淡一点、幽默一点,让自己的心灵更平静、心态更积极,充满希望和正能量。即使遇到困难和挫折,也要坚信那都是暂时的,乌云毕竟遮不住太阳,没有一个冬天不可以走过。

人活着,除生死外无大事。越长大越明白,生命是一种减法,没有人知道下一秒会发生什么。一生很短,没必要和生活过于计较,有些事弄不懂,就不去懂;有些人猜不透,就不去猜;有些理儿想不通,就不去想。无论遇到什么事情,都不要为难自己。走自己想走的路,做自己想做的事。

别抱怨,是对自己最好的鼓励。罗曼·罗兰说:"只有把抱怨环境的心情,化为上进的力量,才是成功的保证。"抱怨是一种毒药,它摧毁你的意志,削减你的热情。生活再难,日子再苦,心中再痛,也请不要抱怨。要知道,天上从来不会掉馅饼,只有付出才有收获。

别憋屈,是对自己最好的保护。人生一世,总会遇到不顺心的事,不讲理的人。有时候我们会说能忍则忍,但有时候也不能憋屈。不高兴就要说,不愿意就不做,没有谁值得你委屈自己。取悦自己是一生的事,不辜负别人,不委屈自己,爱他人,更要爱自己。

别着急,是对自己最好的温柔。余生虽然不长,也不必着急。慢一点,才能看见更美的风景。姜子牙80岁才遇见明主,司马懿60岁才得到重用,刘邦40岁时还在沛县做亭长。新东方创始人俞敏洪,曾在一次演讲中说:"你们用5年做成的事情我用10年去做;你们用10年做成的事情我用20年去做。如果这样还不行,我就保持身体健康、心情愉快,到80岁把你们一个个送走以后再来做。"从古到今,真正厉害的人,从来都不着急。不着急的人比快节奏的人更懂得体会生命的乐趣。

别担心,是对自己最好的安慰。网上有这样一个话题:"你什么时候开始体会到生活不易?"有个很扎心的评论:"当我吃苦瓜开始不觉得苦时。因为生活比苦瓜苦多了。"的确,成年人的世界里,一边崩溃、一边坚强,似乎是一件稀松平常的事儿,没有人不辛苦,只是很多人不曾对人言语。但是,真的不用担心。上帝关闭了所有的门,一定会在别处给你留一扇窗。但行好事,莫问前程。你要相信,天永远不会塌下来,明天会比今天更好。别担心,就是对自己最好的安慰。

别勉强,是对自己最好的宽容。生活中有些事,可能你经过再多的努力都无法完成,因为一个人的能力终究有限。只要自己努力过,争取过,便也可以无愧无悔。走不通的路,换条道;做不成的事,别勉强。顺其自然就好,竭尽全力就行。

别拖病,是对自己最好的负责。人食五谷杂粮,都有生病的时候。得了病,千万别忽视、拖延,要及时就医,以免耽误治疗。平日要经常体检,才能防患于未然。钱没了可以挣,工作丢了可以找,没有什么事情比身体健康重要。

别太省,是对自己最好的尊重。节俭是美德,但是太过节俭,也不值得提倡。人要懂得赚钱,也要舍得花钱。在不浪费的前提下,想吃就吃,喜欢就买,不亏待自己。

别太累,是对自己最好的善良。一辈子很长,也很短。工作再重要,也要休息,赚钱再重要,也要睡觉。人只能活一次,千万别活得太累。累了就歇,困了就睡,委屈了就诉,烦了就说。轻轻松松生活,比啥都好,每天快快乐乐,才是良药。人这一生,开心也是过,伤心也是过,疲惫也是过,轻松也是过。与其愁眉苦脸,不如露出笑脸,把心放宽一点,把事看淡一点。琐事烦恼随它去,流言蜚语别在意。喜怒哀乐全体验,酸甜苦辣都尝遍,这辈子就算没有白活,这一生也算过得值得。

一个人就像一个瓶子,高贵和平庸是由心灵里面装的东西决定的。无论我们是培养孩子还是对待自己,都要看给自己的心灵装了些什么。只有我们心中装着伟大,生命才会伟大;只有我们心中装着美好,生命才会美好;只有我们心中装进去了无私,生命才会无私。

因为身处顺境或巅峰而趾高气扬,因为身处逆境或低谷而垂头丧气,都是浅薄的人生。面对挫折,如果只是一味地抱怨、生气,那么你注定永远是个弱者。

有自信才能赢。当你不自信的时候,你很难做好事情;当你什么也做不好时,你就更加不自信。若想破解这个恶性循环,首先要树立自信心。

自信是成功的第一秘诀,是一个人取得成功的内在驱动力。在内心树立起自信,用信念激发出自己内在的勇气和雄心,是迈向成功人生的第一步。

心动更要行动。每天觉知自己的念头,每天明晰自己所要做的事情,清晰地看到头脑中的念头是低能量的还是高能量的。看到了才能掌控,看到了才能转化,掌控了才能改变自己的命运。一切都是自己创造的,想要什么样的人生由自己来定义,然后按着这个定义去创造,这是生活的一种智慧。

学习能不能改变命运,要看你的思维有没有改变,改变了之后有没有选择,选择完有没有行动、践行。

每个人的命运都可以自己去选择,有什么样的认知,有什么样的行动,就会相应得到什么样的结果。让我们学会随时随地做选择、做决定,朝着正确的方向行动,朝着我们想要的目标行动,在行动中创造想要的结果。

一个人最好的状态,就是与梦想互不辜负,微笑挂在嘴边,自信扬在脸上,梦想藏在心里,行动落于腿脚。

每一份坚持,都是成功的累积,只要相信自己,总会遇到惊喜;每一种生活,都有各自的轨迹,记得肯定自己,不要轻言放弃;每一天,都是希望的开始,记得鼓励自己,展现自信的魅力。这世上,没有谁比谁更幸运,只有谁比谁更坚持、更执着、更努力。虽然行动不一定会成功,但不行动则一定不会成功。一个人的目标是从梦想开始的,而一个人的成功则是在行动中实现的。

渔夫出海前,并不知道鱼在哪里,可是他还是选择了出发,因为他相信自己一定会满载而归。人生有很多时候,都是选择了才有机会,相信了才有可能,不是看到了机会才行动,而是行动了才有机会。

宽容是一种美德。退一步海阔天空,让几分心平气和。宽容就像一盏明灯,能在黑暗中放射万丈光芒,照亮每一颗心。风会记住一朵花的香,光阴也会记住我们留下的那些足迹。

真正的宽容,是给人留点体面。清代人张湖曾在《幽梦集》中写道:"律己宜带秋气,处世须带春风。"意思是说:要求自己要像秋风一样严厉,而对待别人要如春风般地给人温暖。

宽容的人,都有一颗悲悯之心。他们能包容别人的缺点和不足,也能理解别人的不易和艰难;他们既能与人同患难,也能和人共喜悦。包容,是肯定自己,也承认他人,是一种善待生活、善待别人的境界。包容,是人生最大的修养。

为人温和,宽宏大量,心里总是装着别人,就如温润的美玉,让人感到舒服、温暖,心生美好。学会包容,自己往往是最大的受益者。

二、聪明的人得失心重,智慧的人则勇于舍得

据说,左宗棠很喜欢下围棋,而且还是个高手。有一次,左宗棠微服出巡,看见一茅舍,横梁上挂着匾额"天下第一棋手"。左宗棠不服,入内与茅舍主人连弈三盘。主人三盘皆输,左宗棠笑道:"你可以将此匾额卸下了!"随后,左宗棠自信满满兴高采烈地走了。

没过多久,左宗棠班师回朝,路过此处,左宗棠又好奇地找到这间茅舍,见"天下第一棋手"之匾额仍未拆下,左宗棠入内,又与主人下了三盘。这次,左宗棠三盘皆输。

左宗棠大感讶异,问茅舍主人何故。主人答:"上回您有任务在身,要率兵打仗,我不能挫您的锐气,现今您已得胜归来,我当然全力以赴,当仁不让!"

世间真正的高手是:能胜,而不一定要胜,有谦让别人的胸襟;能赢,而不一定要赢,有善解人意的意愿。

真正的耳聪是能听到心声,真正的目明是能透视心灵。看到不等于看见;看见,不等于看清;看清,不等于看懂;看懂,不等于看透;看透,不等于看开。

常常听人说:没文化真可怕!可"文化"到底是什么呢?是学历?是经历?是阅历?都不是。

看到了一个很靠谱的解释,文化是根植于内心的修养,无须提醒的自觉,以约束为前提的自由,为别人着想的善良。

三、智慧增值

北宋才子黄庭坚早就告诫我们,人不读书,则尘俗生其间,照镜则面目可憎,对人则语言无味。

读书,是拓宽视野的捷径,也是最低成本的自我增值方式。著名主持人白岩松在刚入行的时候,每次采访行业大咖都会感到自卑,那段时间他十分焦虑、迷茫。偶然间他翻阅了《曾国藩》这本书,从书中他看到了一代名臣的为人处世之道。白岩松发现,无论遇到什么问题,曾国藩都会积极面对,全力以赴。白岩松也意识到人无完人,人都是通过学习和积累一点点成长起来的。后来,白岩松开始博览群书,增加知识储备,让自己的大脑充实起来。当他再面对那些行业大咖时,他逐渐应对自如。

书犹药也,善读之可以医愚。我们要想增长智慧,增加见识,就要多读书。那些读过的书、收获的感悟、浸染过的气质,会不断提升你的认知,让你和过去不成熟的自己告别。

第三节　培根铸魂，启智增慧

心在哪里,哪里就有风景;志在哪里,哪里就有成功;爱在哪里,哪里就有感动;情在哪里,哪里就有温暖;梦在哪里,哪里就有未来。

有一则寓言:一块石头被分成两半,一半雕刻成佛,一半做了台阶。台阶不服气:我们本是同一块石头,凭什么人们都踩着我而去朝拜你? 佛说:你只挨了一刀,而我却经历了千刻万凿。从此,台阶沉默了。

人生何尝不是如此? 没有千回百转的艰苦磨砺,就很难到达成功的彼岸。走向辉煌的人,付出肯定比常人多。

人的一生需要拼搏、奋斗,需要静思、定夺,需要交流、分享,需要肯定、激励……但有一种需要,往往人们很不喜欢,但也未必就是一件坏事,那就是吃苦。苦尽甘来!

快乐的人不是没有痛苦,而是不会被痛苦左右。意志,总在磨砺和忍耐中变得坚强;思想,总在经历和感悟中变得成熟;生活,总在热爱和付出中变得精彩。

当你能够忘记你的过去、看重你的现在、乐观看待你的未来时,你就站在了生活的最高处。人生过到极致,就是加减乘除。

一、以加法快乐

每个人一来到这个世界就开始通过不断地学习来丰富自己的认知,从而融入这个世界。

人生一世,每个人都有属于自己的时区,亦有属于自己的前进步伐。睿智的人,懂得调整自己的心态,看淡别人的目光,洒脱处之。人到了一定年纪,经历了太多的人情冷暖,心也变得愈加柔软。

失意落魄时,别忘了给快乐做一点加法:多想想那些温暖的人,多想想那些真诚的情,多想想那些开心的事。

二、用减法生活

历尽沧桑,方知平淡最真;看尽繁华,才知简单最美;人生无常,阅尽芳华,心安便是归处。生活本就平淡如水,放一点盐它就是咸的,放一点糖它就是甜的,想调成什么味,全凭自己。

徜徉在岁月之河,学会做减法,是一种难得的能力。凡事过犹不及,适当留白,才能让更多美好走进生命。

减少不必要的应酬。成年人在社会上奔波,饭局、酒局、牌局不断,有时去参加只不过是不好推脱。但真正的朋友,从不是来自于推杯换盏,何必碍于情面,让自己活得那么累?

减少烦恼。人生不如意十之八九,然凡事都有两面性,遇事多角度看问题,烦恼自然无。

生活有苦有乐,有悲有喜。不如意的时候,都会有情绪,都想发牢骚,用恰当的方法,适度宣泄,有助于自我调节。

减少有负担的心事。常言道,心有千千结,且需细细解。心事重重,往往会让自己不堪重负,濒临崩溃。把心事一件件处理妥当,方可心无旁骛,一往无前。

精雕细琢的美玉,才能完美无瑕。生活的减法,是为了轻装上阵,走得更快更稳。

三、以乘法感恩

人生的乘法,本质是把美好的事物倍增。古人云,滴水之恩当涌泉相报。受人恩情,自当铭记于心,成倍感恩。

《诗经》中讲:"投我以木桃,报之以琼瑶。匪报也,永以为好也。"纵使他人不图回报,自己也要懂得感恩,常存一颗感恩的心,并将这份恩情用善心传递出去。成倍感恩,自然成就非凡人生。

生活就是朝起暮落的辗转,人生就是月缺月圆的浮沉。行于尘世,重要的是要有一颗感恩的心。一个懂得感恩的人,定是一个善良的人,一个虚怀若谷的人,一个心地澄明的人。心怀感恩,便能感受到一滴水的润泽,一朵花的芬芳。

心中有多少恩,就有多少福;心中有多少怨,就有多少苦。要相信任何事情的发生都有其原因,相信一切都是最好的安排,相信宇宙中所有事情的发生都是来帮助你实现目标和梦想的,心存感恩才会获得源源不断的能量。

人生短短几十年,等你到了终老时刻,一切都归于尘土,什么也无法带走。人生需要珍惜的时刻,无非就是天真的童年、激情的青年、奋斗的中年、乐享天伦的老年,能完全掌握在自己手中的日子,也就短短的几十年。由你懂事开始,你就要经历拼搏、打拼人生,后面的路才能走好。

没有一个人能够一辈子享受幸福快乐。只有经历过,才会懂得;只有痛苦过,才知道珍惜快乐;只有爱过了,才知道心痛的感觉;只有付出了,才能获得回报;只有辛苦过,才知道快乐是那么不易;只有失败过,才知道成功是那么艰难。

人这一辈子,活着不是为面子,不是为别人,不是为金钱,不是为物质,不是为享受,不是为占有,是为了自己。只有自己充实了、开心了、快乐了,到了终老时刻才不会带着遗憾走入尘土。

人生在世都不容易,懂得珍惜该珍惜的,懂得放弃该放弃的,懂得把握该把握的,懂得享受该享受的,让自己这辈子过得充实、快乐、健康。

学会感恩,铭记每一次感动。心怀感恩,愿你生命里拥有更多的阳光;心怀感恩,愿你的人生更加辉煌;心怀感恩,愿你遇见一切美好。

四、用除法放下

这里的"除",是指去除、清除、消除。房间堆放杂乱,要时常打扫;手机内存不足,要时常清理;人心亦如是,只有内心清净,方能平静处世。

听过一句话:当你握紧双手,里面什么都没有;当你放开双手,全世界都在手中。一念放下,万般自在。清除苦闷,消去忧愁,世上本无事,庸人自扰之。

放下烦恼,才能收获快乐;放下狭隘,才能收获宽容;放下执念,才能收获智慧。

第四节　格局决定人生上限

格局指人对所处时空位置及未来变化的认知程度,是人的眼界、胸襟、胆识等心理要素的内在布局。说起来抽象,却能被实实在在地感知,它体现在一个人所追求目标的高度、眼界的广度、思维的深度,以及这个人身上所体现出的从容大度。

同一个新闻,你看的是热闹,别人看的是时局;同一个选择,有人想的是最后能赚多少钱,有人想的是能为国家、为群体解决什么问题。这就是大格局。

一、眼界

人生的道路上,总会有人有事出现来为你上一课。欲思其利,必虑其害;欲思其成,必虑其败;塞翁失马,焉知非福;水能载舟,亦能覆舟。所谓迷茫就是才华配不上梦想,大事干不了,小事不肯干;不想做手边的事,只想做天边的事。

在成长的过程中,我们也曾鲁莽、冲动,也曾不顾一切,不计后果。

原来,成熟的背后,都是要你我付出代价。有人做了生活的好学生,领悟真谛;有人还是和生活较劲,执迷不悟。

也许一切皆有定数和因果轮回,生活这部大书,小心翻看,谁又能看透?

人若没有高度,看到的都是问题,人若没有格局,看到的都会是鸡毛蒜皮。你的眼界有多高,成就就有多高。

下棋的时候,往往需要往后看几步,提前想到对手可能落子的地方,并找到应对的办法。善谋大事者,眼界愈宽、愈深。

宽,即看得远。有的人做事,只看眼前的利益及已经发生的事情,那么他的时间和精力也大多都耗费在这些蝇头小利上。有的人做事,却看几十年的发展。看得够远,才能走得更远;放眼全局,才能掌控大局。

深,即看得透。有的人认识问题往往流于表面,因此解决起问题来也只能头痛医头脚痛医脚,被人牵着鼻子走。而真正的智者,总是可以直达问题的本质,集中力量,毕其功于一役。

欲提升眼界,需读万卷书、行万里路。

二、气度

宽容,是一种非凡的气度。古人云:和以处众,宽以待下,恕以待人,君子人也。

大智者必谦和,大善者必宽容。以宽广的胸怀,接纳世间百样事、笑看千种人。

胸怀宽广之人,能容忍别人的冒犯、谅解别人的过错。咽得下小气,则不至于受大气;吃得了小亏,则不至于吃大亏。

诸葛亮骂死了王朗、气死了周瑜,却摆不平司马懿。为了激司马懿出兵,诸葛亮派人给他送去女装。司马懿毫不在意,竟然在大堂之上,换上了女装。诸葛亮拿他没办法,最后只能收兵。

常听人说:"人之谤我也,与其能辩,不如能容;人之侮我也,与其能防,不如能化。"

面对那些流言蜚语、恶意中伤,再多的争辩和解释,全都无济于事。防不胜防,全靠自己内心去化解。人的心就像一个容器:宽容装得多了,戾气自然也就少了。格局自然打开了,日子也就顺遂了。

三、面对得失的态度

有得有失,是人生的常态与规律。有些人只看到眼前的损失,咽不下这口气,甚至为此整夜整夜睡不着觉,而有格局的人总能保持内心的平静,不过分计较,他们能在低谷时蛰伏,能从失败中总结教训。

不惧得失,方能坚定方向,朝着自己长期奋斗的目标笃行。

不惧得失,方能转变看世界、看问题的角度,不让"沉没成本"拖垮自己的脚步。

舍得,舍得,有舍才有得。若没有适时的转弯和当机立断的放弃,哪有难得一遇的良机?灵活机动的人,往往可以绝处逢生。学会变通,才能困顿少、

生机多,走得通达。

千江有水千江月,万里无云万里天。你若不弃,人间不寒;你若不离,净土不远;你若不恨,苍天有暖;心若无澜,碧海晴天。坎坷路途,给身边人一份温暖;风雨人生,给自己一份淡然。从容于表,淡然于心,修养自身,关爱他人,你终会发现,人生最美是释然。

四、遇事最有格局的处理方式

生活中,很多人遇事便沉不住气。但也有人在危急关头,保持清醒,想出办法,解决当下困境。如何处理、解决问题,最能看出一个人的气度和胸襟、见识和格局。

遇急事要"缓"。古人说:"处难处之事愈宜宽,处难处之人愈宜厚,处至急之事愈宜缓。"

清代周容在他的《春涵堂集》中,记录了一个这样的故事。

一年冬天,周容想从附近的河港进入县城,吩咐小童用木板夹好,捆扎了一大摞书籍跟随。天色渐晚,太阳就要落山,离县城还有大概两里路。他问摆渡人:"城门关闭前,还来得及吗?"

摆渡人仔细打量了一下书童答:"慢慢走,尚可;急忙走,就关上了。"

周容听了认为摆渡人是在戏耍他们,便与书童快步前行。走到半路,书童摔了一跤,绳子断了,书籍也散了一地,等到把书整理捆扎好,前方的城门已经紧紧关闭。

周容在文后自评:"天下事以自急自败!"

与其忙乱中出错,不如缓下来慢慢做好。遇到急事时缓一缓,给自己一个做事的心情和环境,然后沉浸于此,忘我工作,往往可以达到事半功倍的效果。当心态和行动都稳稳的,终会圆满。

遇大事要"静"。生活中,我们常常会遇到很多无法预测的突发状况。遇事越是着急,头脑就越混乱,越容易把事情搞砸。人生的很多智慧,往往都藏在沉稳与冷静里。

读杨绛先生的《我们仨》,对她的一句"不要紧"印象深刻。

家里门轴坏了,关不上门,她笑着说"不要紧";钱锺书头上长了个疖疮,心情烦躁,她安慰道"不要紧";丈夫每每遇到郁闷的事情,她都会温柔地劝道"不要紧"。

她一生平静从容,不管遇到什么事,似乎从来都不曾慌乱过。简单的"不要紧"三个字背后,藏着杨绛"静心求稳"的处世哲学。在遇事之时,能够像没事时那样泰然自若,使种种忧虑平静下来,那么就找到了处事之道。

遇难事要"变"。这世间万物,往往很多都是迂回曲折、循环往复的。人生在世,我们也总会遇见许多无法解决的难事。遇到困难时,懂得变通,给思维转个弯,往往就可以解决难题。

人生就像一次打井的过程。倘若在一个地方总打不出水来,你还执着地坚持继续打,那么只会浪费更多时间和精力,到最后只是徒劳无功。及时变通,冷静分析,寻找更容易出水的地方打井,方能觅得清澈的泉水。

遇顺事要"敛"。"君子不自大其事,不自尚其功。"不把自己看得太重,是一种修养,是心态上的一种成熟。

山外有山,人外有人。格局大的人,越在"得意"时,越是内敛。

演员陈道明饱读诗书,一身正气,季羡林盛赞他的学问,钱锺书与他结为忘年之交。

在人人自称"老师"的环境中,陈道明始终以"戏子"自居,他说:"演员就是我的职业,我就是一个'戏子'。做人做事不能太把自己当回事。"

谦虚、低调、内敛、有度,会让一个人的胸怀更广博,格局更大。

人生于世,我们要面临无数的事情和选择,胸怀足够宽广的时候,困难就少了;眼光足够高远的时候,天地就小了。

五、格局决定命运,什么决定格局

恭默守静,动心忍性,读书,方掌全局。

认知决定视野。读过这样一个故事,让我沉思良久。

一只小小的蜉蝣(水上飞虫),生命周期只有短短一天。蜉蝣和蚂蚱交了朋友,很欢喜地在一起玩了一天。到了晚上,蚂蚱说我要回家了,明天早上见。

蜉蝣不解,问蚂蚱:什么叫明天?什么叫明天早上?蜉蝣的生命只有一天,它从未见过明天。

后来蚂蚱跟青蛙做了朋友。到了秋天,天气逐渐转冷,青蛙说:我要回去睡觉了,明年春天见。蚂蚱不解,问道:什么叫明年?什么叫春天?蚂蚱只有几个月的生命,这就是它整整的一生。

青蛙开始冬眠,第二年惊蛰时醒来,开始了新一年的生活。不同于蚂蚱、蜉蝣,青蛙见识过春夏秋冬,也明白一个春夏秋冬的轮回就是一年。

后来青蛙认识了老虎。在山脚下,它陪老虎玩了一段时间。直到老虎说:我要回到山上了,我是山头的首领,我不能不在。但是,青蛙不知道什么是山头,也不知道什么叫"占山为王",更不明白老虎作为兽中之王应有的担当。

后来老虎又和大雁做了朋友。到了冬天,大雁说:我要到南方过夏天了。老虎同样难以理解大雁为什么冬天要去南方。

老虎只能在一个山头占山为王,见不到五湖四海的风光;而大雁却能领略不同地方的春华秋实。

对于蜉蝣、蚂蚱、青蛙、老虎、大雁,由于它们的经历、认知不同,它们看到的世界就不同,整个生命也就呈现出完全不同的景象。

对于我们,又何尝不是如此?一个人的认知和眼界,往往决定了一个人看待问题的高度,决定了一个人看问题的长度,决定了一个人看问题的深度。而这就是一个人的格局。

格局可以分为三个维度,一是看问题的高度,二是看问题的长度,三是看问题的深度。

一个人的立脚点不同,决定了他看问题的高度不同。你从一个职员的角度出发和从一个领导的角度出发,所考虑的问题、所做的决策自然是不同的,一个高瞻远瞩的人总能从全局出发、从长远出发。

所以,遇到问题,不要老是走自己的老路,从自己的角度出发,而要学会跳出去,从一个更高的角度去看,这样你会看明白更多事,做出更好的决策。

一个人的眼界不同,决定了他看问题的长度不同。在那个美国疯狂的淘金热时期,人人都挤破头去淘金,而有一个人却想到淘金工人需要食物、水和耐磨的衣服,结果很多人空手而归,他却赚到了人生的第一桶金,他就是牛仔大王李维斯。

所以,看问题不要只局限于当下,不要被当下的困境绊倒,而要学会把眼光放得更远一些。

一个人的思想厚度不同,他看问题的深度自然也不同。我们每个人一开始总是太单纯,总以为"眼见为实",认为眼睛看到的东西就是真实的;然而随着逐渐成长,发现山不再是山,世道复杂,根本不是你想象中那么简单;到最后,又发现山还是那个山,世事变幻,转眼皆空,淡定做人,淡然处事,如此就好。

一个人的格局越大,他的人生越具有高度、长度和厚度。格局往往决定一个人的结局。

那么什么决定格局,如何提升一个人的格局呢?

我想,每个人都不希望自己的一生那么狭窄,那么暗淡,那么短暂,像蜉蝣那样甚至连明天的精彩都看不到,也不愿意像那只老虎那样只享受一个山头的精彩,而是期待自己的世界更广阔,能够领略更多旖旎的风光。

坦然接受,乐观以对。一个人的格局是经历"喂"出来的,没有阅历的格局往往是一纸空谈。

磨难启迪智慧,苦难淬炼心境。人生中的每一笔经历都是财富,都是为你的格局增砖添瓦。就如千古流芳的大诗人苏轼,若没有前半生的颠沛流离、跌宕起伏,哪有后来的超脱达观的人生态度、广阔豁达的胸襟?

正如董卿说的,在最低的境遇里,活出最高的境界。此谓格局之道。

多读书,腹有诗书"格自高"。一个人的格局是以思想的厚度为后盾的,没有思想为基础的格局只是空中楼阁,虚无缥缈。

书能开阔一个人的视野,书能净化一个人的心境。书读多了,视野自然就宽了,智慧自然就来了,心境自然就变了,格局自然就高了。所以,要多读书,读好书,让书充实你的人生,武装你的头脑,放大你的格局。

此谓格局之魂。

走出去,放低身子,虚心请教。一个人的智慧、力量、视野毕竟是有限的,站在巨人的肩上,方能看得更远,站在众人的肩上,方能成长得更快。

生活中,我们总是过于自负,总是觉得自己很厉害,懂得很多,容易目空一切,这几乎是每个人的通病,殊不知山外有山,人外有人。

每一个人身上都有自己独特的闪光点,与你不同的视角,会带给你不同的思路,这就是交流的力量。

所以,多与别人交流,多向优秀的人学习,你就会收获意想不到的灵光、新思路,闭门造车只会让你的格局越来越小,目光越来越狭隘,越来越短浅。

此谓格局之要。

人活一生,无非就是修行。有的人越活越狭隘,有的人却越活越宽阔,区别就在于格局。一个人的格局,往往决定着一生。

当人生路上那些不期而遇的"石头"落下,你若是一个小水坑,便会水花四溅、污泥乱飞,你若是一片大海,便平静无波、淡泊宁然。

六、有一种格局,叫"沉得住气"

在通往成功的道路上,很多人只注重自我提升和机遇,却忽略了最重要的一点,那便是做人的格局。

一个人只有坐拥沉得住气的格局,才能静得下心来,不断沉淀自己,最终厚积薄发。

生活越忙乱,越要沉住气。生活的忙碌,容易让人心浮气躁,甚至气急败坏。

有人说,生活无非是忙着生或忙着死,但其实,最好的人生状态,正是忙而不乱。忙碌乃人生常态,但只有心平气和地接受,才能从中找到适合自己的方式和节奏,在忙乱的人生中忙出价值和意义。反观生活中很多人,一旦遇到紧急的事,就变得慌乱,结果不但没有解决任何问题,反而让事情往更糟的方向发展。其实,越是忙乱时,越要告诉自己沉住气,保持冷静。

越是身处乱局,越是不能急躁,沉得住气,将眼前的事情一件一件处理好,自然会豁然开朗。

沉得住气,是成熟的开始。每个人都渴望过一生顺遂的生活,然而世事难料,生活总会有诸多的不如意。一个人真正走向成熟,不是默默承担一切,独自忍受痛苦,而是有勇气去面对,有胆量去承担,在看清生活的真相后,依旧热爱生活。当有一天,你面对任何事情都能沉住气冷静思考时,你就真的成熟了。

能沉得住气的人,才能过好人生。《道德经》中讲:"天下大事必作于细。"很多时候,我们急于求成,想成就一番大事业,却不知所有的成功都是由一件件小事逐渐累积起来的。只有能将烦琐小事做到极致的人,才具备成就大事的潜能。

正所谓:"心浮气躁者,一事无成;沉着冷静者,百福自集。"一个人真正的能力,不在于取得多少成功,而在于如何取得成功;不在于经历多少失败,而在于能够承受多少失败。居里夫人在实验室中十年如一日地做实验,最终才在成千上万的矿石中提炼出0.1克的镭。只有沉得住气,才能掌控自己的人生。沉得住气,不仅是对自我意志的磨炼,更是一个人内心的突破。做事沉得住气,才能发得了力,这一秒能够沉住气,下一秒才会充满希望。

愿你我修一颗沉得住气的心,波澜不惊地面对生活中的风风雨雨,领略人世间的无限风光!

第五节　做内心强大的人

患得患失的人,不会有开阔的心胸,不会有坦然的心境,也不会有真正的勇敢。

面对困难时不必太过焦虑,该看开的就要看开,该放下的就要放下。学会像丰子恺笔下所写去生活:"既然无处可逃,不如喜悦。既然没有净土,不如静心。既然没有如愿,不如释然。"

要做到平静谦和。太过计较的人,往往过不好这一生。世上没有真正的"完美无缺",有时候事事去计较,追求完美,反而适得其反。"大智者必谦和,大善者必宽容。"不拿自己的尺子去衡量别人,你会发现,生活会少很多"不如意"。

要做到开放包容。要想让日子过得丰富,就应该保持积极开放的"空杯心态",多了解、多接触新生事物。不要总是怀有偏见,更不要盲目抗拒,暂时放下过去的所学、所见、所闻,接纳和学习更多的东西。打开眼界,才能改变认知,推开通往新生活的一扇门。

一、为什么做内心强大的人

所谓"内心强大",不是霸道独裁,不是蛮横专行;而是内心坚定地认为自己能把事情做成,无论外界传来怎样的声音,都可以遵从自己的内心,自动屏蔽,不盲从,不焦躁,按照自己的节奏,一步一步向前走,笃定最后到达的终点一定是自己所期望的。这一点,说起来容易,做起来却很难。我们常常会因为外界的评价,变得左右为难,渐渐动摇自己的初心。但有的人却能在惊涛骇浪中,始终牢牢地握住自己人生的风帆。

心若不动,万事从容。万事万物都是人内心的投射,凡事都在人的心里。一个人如果内心足够强大,那么无论外界发生什么,他都能从容应对。

内心强大,是治愈一切的良药。人生不如意,十之八九。命运波澜不定,世界变化万端,我们无法逃避,只能承受。我们无法改变世界的轨迹,也无从窥测命运的真相,只能改变自己,改变内心。

内心强大,治愈自己。《菜根谭》中讲:"众人以顺境为乐,而君子乐自逆境中来。"这句话用来形容苏轼,再合适不过。他被贬黄州,没钱买羊肉,只能买点羊脊骨。他把羊脊骨放在火上烤,撒上调料,也能吃得津津有味。生活拮据,他就自己开了块地,和农人一起唱歌耕作。被贬到惠州,他说:"日啖荔枝三百颗,不辞长作岭南人。"苏轼在黄州三年后,跟着农人去买田。路上遇到下雨,别人都赶紧跑去避雨,只有他还在慢吞吞地走。片刻之后,云收雨歇,阳光洒在脸上,苏轼若有所悟,写下了千古名篇《定风波》。外界再多的风雨,也不能影响他内心的豁达。纵然他现在成了一个农夫,竹杖芒鞋,也依然走得潇洒从容。顺,不妄喜;逆,不惶惑。苏轼内心强大,外界环境再糟糕,也不能影响他的心情。他在逆境中不断成长,活得高级而优雅。

内心强大,治愈万物。苏轼青年时才气逼人,锋芒毕露,说话做事,难免有些不够周到。上司陈希亮让他去开会,他耍小脾气没去,然后被罚了俸。陈希亮建了一座凌虚台,让他写一篇文章。他心中有气,文章里夹枪带棒把陈希亮好一顿讽刺。陈希亮也是好脾气,一字不改,刻在凌虚台前。多年以后,苏轼被贬黄州,他花了很长时间才慢慢平静下来,接受农夫的身份。路上有醉汉撞了他,骂骂咧咧地走了。他竟然不恼不怒,莞尔一笑,自喜渐不为人识。当年的锐气已被生活磨平,遭受生活重锤之后的苏轼,内心慢慢变得豁达而谦和。少年时的意气用事,早已烟消云散。他和老农一起唱歌,一起耕田,温柔亲和。历经波澜,苏轼内心慢慢强大,也慢慢温柔。他和当地的农夫打成一片,一起喝酒看戏,一起听书讲故事。他虽然远离朝堂,但日子却无比惬意。他一生中最负盛名的作品都在黄州诞生,上天没有辜负他,他也没有辜负自己。

"我们曾如此渴望命运的波澜,到最后才发现,人生最曼妙的风景,竟是内心的淡定与从容。我们曾如此期盼外界的认可,到最后才知道,世界是自己的,与他人毫无关系。"世界是自己的,只要内心强大,生命自然淡定从容。虽然没有一帆风顺的人生,但是内心强大可以治愈一切。

二、怎样做内心强大的人

艰难处修心。王阳明说:"越是艰难处,越是修心时。"面对的环境越是糟糕,越要守住内心,境转心不转,这是炼心之道。

人生中会遇到很多的艰难困苦,越是在这种时候越能体现人的心性修养。普通人会号哭哀鸣,而真正有修养的人则能淡定自若泰然处之。

那如何才能做到这样的"淡然"呢? 王阳明曾说:"人须在事上磨,方能立得住,方能静亦定,动亦定。"艰难困苦,正是对心性的最好磨砺。向内寻求定力,一个人才能真正强大起来。

静时养心。"养心贵以静,淡泊宜于性。"一个人只有保持安静,才能放松自己,淡泊从容。苏轼被贬黄州,为自己建了一座草堂,他请人将草堂四壁绘满雪花,称之为雪堂。外界复杂纷扰,雪堂却独守一份简单。闲来无事,苏轼便静坐其中,独自面对满墙雪花,内心平静而丰盈。

静能生慧。只有安静下来,才能拥有一份应对复杂的智慧;只有心灵安静下来,才有了观照万物的可能。

独处时守心。古人认为独处可以"神不浊",默坐可以"心不浊"。一个人在自己独处的时候,要守住自己内心的清明。

在别人不知道的情况下,守住内心的准则,守住人生的底线。曾国藩在担任两江总督期间,有个县令送了他一幅王羲之的字,价值连城,珍贵异常。曾国藩晚上拿出来细细观赏之后,便退还给县令,说:"世间尤物,不敢妄取。"

人只有守住自己的良心,上不负天,下不愧地,才能坦坦荡荡面对天地鬼神。守住自己的内心,才能守住人格与尊严。人生就是一场修行,修行贵在修心。一个人唯有内心丰盈坚定,安静澄澈,才能抵抗世间所有的不安与躁动。

三、怎样才能内心强大

内心的强大,从管理习惯开始。

英国哲学家培根曾说过一句话,习惯,真是一种顽强而巨大的力量,它可以主宰人生。想要逆转你的人生,先要学会逆转习惯。

《如何戒掉坏习惯》的作者古川武士,曾经有过一段低迷期。在他28岁时,工作很忙,下班很晚,在回家路上,又买许多零食和可乐,这导致他越来越胖。因为睡得晚,第二天上班他总迟到,客户的投诉电话和各种邮件都来不及处理,这又导致他只能加班去完成任务。

后来,他决定改变现状。为了避免熬夜,他规定自己必须7点准时下班,11点就睡觉。为了戒掉拖延,他每天早起1小时到公司,优先处理重要的事。为了减掉体重,他坚持每天运动半小时。他的作息规律了,工作效率提高了,瘦了8公斤,整个人的状态变得越来越好。

有时,当你养成了好习惯,也就逐渐拿回了生活的主动权。

内心越强大的人越懂管理习惯。

有这样一句话:"我们每个人都是由自己一再重复的行为所铸造的,因而优秀不是一种行为,而是一种习惯。"

一个人的平庸,不是一天形成的。一个人的优秀,也并非一日之功。只有养成好习惯,才能变成更好的自己。以下三种方法,不妨试试。

第一,先从最小的习惯开始改变。

美国作家斯蒂芬·盖斯曾为了改变生活,给自己设定了许多微小目标。在设定了"每天做一个俯卧撑"的目标后,他的身材慢慢地变好;在设定了"每天写50字"的目标后,他坚持不懈,写出了一本书;在设定了"每天看2页书"的目标以后,他的阅读量大增。

在变好的路上,当你开始了第一步,就已经成功了一大半。

第二,改改坏的"惯常行为"。

当你在等车或排队时,总想做点什么打发时间。于是就玩手机,刷视频,打游戏,它们让你感到时间过得快,也没那么无聊。如果你想要改变,只需把"惯常行为"改一改。比如在同样的境况下,你可以听听音乐,读读电子书,或者看一些知识类视频。

第三,要永不放弃。

或许,你会在习惯培养期,偶尔管不住自己。健身,第三天没打卡,就放弃了;读书,第五天做不到,就放弃了;早起,第七天起不来,就放弃了。培养一个好习惯,要有持之以恒的精神。跌倒了站起,失败了继续,你总能在日复一日的坚持中,赢得最终的胜利。

加里·勒曾说,你本人就是你所做事情的累积,若你不断重复正确的行为,成功就不再只是一个状态,而是一个你亲手打造的习惯。

谷歌有位高级工程师叫马特·卡茨,他给自己制订了30天改变的挑战计划,做一些之前未能坚持的事:每天骑自行车上班,每天步行10000步,每天拍一张照片,写一本5万字的小说;不看电视,不吃糖,拒绝咖啡因……坚持30天后,昔日那个肥腻的宅男变成了一个运动达人。他渐渐喜欢上骑自行车,甚至完成了在非洲最高峰乞力马扎罗山的远足。

优秀不是一种行为,而是一种习惯。摒弃坏习惯,才能遇见更好的自己。从现在开始,从生活的细节中养成好习惯,掌握生活的主动权。早睡早起、坚持运动、健康饮食、控制脾气……这些事看起来很难,但是坚持一段时间,你一定会爱上自律的自己。

四、选择什么样的习惯,就会拥有什么样的人生

所有美好,都蕴藏在习惯中。

行为科学家曾得出一个结论,每个人的行为中只有5%是非习惯性,其余95%的行为都属于习惯性。习惯影响行动,行动累计结果,结果决定命运。好习惯能够减少思考的时间,简化做事的步骤,提高做事的效率。而坏习惯长时间的存在,只会让人生大河产生缺口,失去奔涌向前的气势。

我们应让好的习惯占据人生主导位置,活出有价值的一生。有这样一个故事:在一个星期四的下午,企业家比尔·盖茨参观访问了一所学校。临走时,他承诺,以后访问学校时,如果他看到哪位同学的课桌干净,就奖励给他一台电脑。开始时,每到星期四,同学们都将课桌收拾得特别干净,期待能成为那个幸运儿。可是,时间一天天过去,越来越多的同学开始松懈懒散,最后干脆不收拾了。然而,其中一个男孩子却仍然坚持收拾课桌,并且想:如果比尔·盖茨其他时间来学校呢?这个习惯一直保持到他毕业,但是他没能再次见到比尔·盖茨。多年之后,男孩终于如愿以偿地再次见到比尔·盖茨,他想用2.4亿美元购买男孩公司的1.6%股份。这个男孩就是Facebook创始人扎克伯格。

扎克伯格因为比尔·盖茨的一句话,而养成整洁、坚持的良好习惯,这对他后期的事业发展起着举足轻重的作用。

人贵在对自己的习惯有一个清晰的认识,辨别出哪些是有害的,哪些是有利的,灵活调控。

习惯有时比天性更加顽固,现在的习惯,就是以后的命运。

电影《人潮汹涌》讲了两个人阴差阳错互换人生的故事。演员刘德华饰演的周全是一名连环杀手,而肖央扮演的陈小萌则是剧场跑龙套的小人物。这天,陈小萌掉落在澡堂地板上的一块肥皂,让周全不小心摔倒在地,碰到了脑袋,醒来之后完全失去记忆。

潦倒的陈小萌贪恋周全手上戴的名表,明知他是失忆,也不打算说出实情,反而私自和他换了身份,转身开着周全的豪车住进了他的豪宅。

杀手周全醒来之后,被告知自己是跑龙套的陈小萌,出院后他只能回到破旧的出租屋。

周全打开出租屋的房门,一股刺鼻的气味就冲了出来。地上全是随手丢的垃圾,衣服乱扔,物件乱放,根本没有下脚的地儿。虽然失去了记忆,但爱干净卫生的习惯没有丢失。进入屋内,他开始清理地上的垃圾,清洗发霉的床单。而真正的陈小萌,即使西装革履住进周全的家,仍邋里邋遢,生活毫无规律,偌大的豪宅很快又变成了垃圾场。两个人虽然互换了人生,但各自在新的环境里,又过上了原来的生活。这一奇妙的结局完全就是因为两人身上根深蒂固的习惯。

拿到人生新角色的杀手周全,开始重新思考和审视自己的生活,新的环境让他明白内心真正想要的是什么。而故事里的陈小萌,虽然拥有了富人的优渥条件,但因为邋遢的秉性,堕落的日常习惯,活生生地把日子过了回去。最后因为实在难以掩饰自己的假身份,陈小萌引来了杀身之祸。故事虽发生在影片中,但其中传递的价值和道理却无比真实,即你有什么习惯,就有什么人生。

有位哲人说过一句话:"播种行为,可以收获习惯;播种习惯,可以收获性格;播种性格,可以收获命运。"

习惯决定人生状态,拥有良性习惯,直接影响你传递给别人的精神面貌。拥有好习惯,可以让生活节奏按照自己的规划走,变成自己想要的样子。

多培养一个好习惯,让好习惯压倒坏习惯,让生活顺理成章地向前迈进和发展,好结果自会在未来得到见证。

习惯会改变人生的走向。哲学家本杰明·富兰克林,以博学多识闻名于世。但是,富兰克林10岁时就辍学,并没有受过系统的教育。他父亲有17个孩子,富兰克林排行第十五。因为家里贫穷,他10岁起开始打零工,养成了懒散的个性。起初,富兰克林是一个庸庸碌碌混日子的人,后来,富兰克林无意间结识了书店的学徒,慢慢地接触到了书籍,爱上了阅读并入了迷。因为感受到文字的美好,他开始改变自己。富兰克林为自己确立了13条原则:节制、慎言、秩序、果断、节俭、勤奋、诚实、公正、宽容、整洁、镇静、忠贞、谦逊。他把这13条原则,用本子记下来,分别用一个星期专注于一项锻炼,直到都成为根深蒂固的习惯。

因为这些习惯的养成,富兰克林才在众多领域都取得了伟大成绩,成为美国著名的政治家、文学家、科学家。

一位哲人说过,是否真有幸福并非取决于天性,而是取决于人的习惯。由此可见,好习惯还会影响人生幸福程度。生活中很多时候,听到手机一响,就忍不住看一眼;一个视频好玩,就刷了起来;觉得游戏能放松身心,就过度沉迷,不能自拔。本应珍惜的宝贵时间,就这样一分一秒地被消耗。10年、8年过去,那些没有放弃优良习惯的人,早已成了某个领域的专家;而放纵自己滋生坏习惯的人,只能哀叹自己的一事无成。

有所收获,是因为放弃的更多,与其奔走于别人的繁荣,不如经营好自己的习惯。

当下的好习惯能带来当下的好结果,当一连串的好结果聚集在一起,就会改变人生的走向。

相信习惯的力量,它可以改变你的人生。

中国政法大学教授罗翔说过,人最大的痛苦是无法跨越知道和做到的鸿沟。当我们清楚了习惯对人生的影响如此之大,却很难做到改变坏习惯,长久地坚持好习惯。其实培养好习惯也有方法。

养成一个好习惯,就对应铲除一个坏习惯。而以下三步可以帮助大家认识自我,培养好习惯,坚持好习惯,最后在好习惯的加持下收获满意的人生。

第一,认清自己身上的习惯。

想要培养好习惯,践行好习惯,首先需要对身上的习惯进行分类。

我们可以拿出一张白纸,在中间画一条线,然后在线两侧清晰地写出自己身上的好习惯和坏习惯。

静下心来,认真地分析它们。对好习惯替换坏习惯的行动有一个明确的目标,这是改变自己非常重要的一环。

第二,刻意练习,培养好习惯。

选中某个坏习惯,集中精力改掉它。安排自己在接下来的 21 天内,出现这个坏习惯就立刻改正,让身体和大脑形成对好习惯的深刻记忆,让好习惯变成习惯中的一部分。

把坏习惯转化成好习惯的过程虽然痛苦,但养成好习惯却让人终身受益。当好习惯逐渐养成,成为一种自然而然的行为,它所带来的益处很快就会显现出来。

第三,延续好习惯。

每个人都渴望得到肯定,养成好习惯之后希望得到正向反馈是人之常情。每养成一个好习惯,可以根据自身情况给自己合理的奖励。不要小瞧这微不足道的行为,它会使你内心由内而外的意愿和渴望增强,无形中产生一种强大的力量。

五、内心强大的人应具有的习惯

内心强大的人应具有以下五种习惯。

1. 心胸开阔,保持微笑。

微笑是对生活的一种态度。微笑是对他人的尊重,也是对生活的尊重。微笑是一种修养。

当生活像一首歌那样轻快流畅时,笑颜常开乃易事;而在遭遇挫折、身处逆境时,依然还能保持微笑的人,才活得更有价值,更有意义!

微笑是最美的修行,不言时光薄凉,只与阳光相依。不管遇到什么困难,什么烦恼,请记住一路微笑前行,努力做最好的自己。

要做最好的自己,一定要做到内心强大,前提是要看轻得失。患得患失的人,不会有开阔的心胸,不会有坦然的心境。人这一生,谁都有不如意的时候,在失望和希望之间,往往隔着一颗积极向上的心。面对困难时不必太过焦虑,该看开的就要看开,该放下的就要放下。

学会微笑,用积极乐观的心态,迎接每一天的到来,把平淡的日子过得简单而充实。保持内心的平和,不管遇到什么事,都能宠辱不惊淡然一笑。每个人都有不顺遂的时候,积极一点,乐观一点,嘴边的笑容或许能在无形中帮你赢得美好的结果。

一粒沙,聚少成多,就能舞出美丽的轨迹;一株草,努力生长,就能渲染生命的绿意;一只鸟,划过天际,就能为理想展开飞翔的翅膀。一个人,要一直保持微笑,才能温暖自己,照亮前路,也照亮身边的人。所以,输掉什么也别输掉心情,忘了什么也不能忘了微笑。

每个清晨,对着镜子,给自己一个美美的微笑,并说:"亲爱的,美好的一天开始了,你要加油哦!"

发自内心的笑,是一个人由内而外充满正能量的体现。

微笑是最美的语言,是善待人生的态度,是一种积极乐观的精神,也是一种思想境界和人生高度。

一个爱笑的人,心里一定住着太阳,在温暖他人、温暖自己的同时,也照

亮漫漫人生路。

微笑的力量,在任何时候都是直接抵达心灵的。阅尽世事,你会豁然明白:生活百般滋味,除了生死,什么都是小事,只需微笑面对。

微笑的眼睛,才能看见美丽的风景,简单的心境,才能拥有快乐的心情。

世间最美的容颜,是带着如花一样淳朴而灿烂的微笑的容颜;人性最善良的表达,是如月一样朗照的微笑;人间最美的语言,是莞尔一笑的深情,嫣然一笑的甜蜜,粲然一笑的春花烂漫。

微笑是盛开在人们脸上的美丽花朵,时时刻刻散发着迷人的芬芳。

有人说,40岁以后,要和长得好看的人交往,这话我也赞同。当一个人经历了花开花落,看尽人间百态、尝尽世态炎凉以后,依旧不改容颜,脸上风轻云淡,心里安之若素,这样的人是用善良和文化底蕴来化妆的。用了这两样东西,可以抵御岁月的侵扰,容颜自然好看。

生活中多一点微笑,就多一份快乐,多一点乐观,就多一缕芬芳。

2. 学会接受,冷静面对。

人非圣贤,孰能无过?每个人都会犯错,犯错也是成长的重要因素。我们通常能轻易原谅别人的错误,却很难原谅自己的错误,好像原谅自己的错误就是承认失败。你只是一个普通的凡人,伤心委屈的时候,可以流泪,也可以痛哭。直面自己的内心,承认错误和失败,也是人生的必修课。

一个人要想改变玻璃心,走向成熟与强大,就要学会接受。接受世事无常,接受苦难和挫折,接受过去和当下。无论好的坏的,你所经历和感受的一切,都是生活给予的宝贵财富。同时,也要接受自己的不完美,接受自己的错误。如果你觉得不好,可以改变。改变不是件坏事,它是让我们更好成长的一种方式。

要深深懂得,这世界并不是所有的东西都符合我们的想象。有些时候,山是水的故事,云是风的故事,也有些时候,星不是夜的故事,情不是爱的故事。也许,人生原本就是风尘中的沧海桑田,只是回眸处世态炎凉演绎成了苦辣酸甜。一位诗人说:假如生命是一首歌,就要谱写快乐;假如生命是一条路,就要奔腾雀跃;假如生命是一团火,就要燃烧洒脱……

是的,一些得到不一定会长久,失去了未必不会再拥有,重要的是要让心在阳光下学会舞蹈,让灵魂在痛苦中学会微笑。

生活其实很简单,就是给自己微笑,给身边的人温暖。一个人最好的状态,是眼里写着故事,脸上不见风霜,不羡慕谁,不嘲笑谁,悄悄努力,默默耕耘,活成自己喜欢的样子。

3. 保持独立,做一个有主见的人。

为什么自己这么努力,结果还是不如人意?不怕走得慢,就怕方向不对。找对跑道很重要。

成长就是不断打破旧的认知,重建自己的思考方式;就是不断地学习深造,去颠覆自己旧的认知,接受全新的认知。

一个人如果没有主见,凡事依赖别人,就容易处处被动,或是低三下四看人脸色,或是常常被闲言碎语围绕,无法活得坦然而快乐。

无论何时何地,都要保持独立,做一个有主见的人。自己的事情自己拿主意,树立目标,做好计划,靠自己的能力去解决问题。

4. 学会拒绝,懂得说不。

我们常常因为碍于面子而不好意思拒绝,明明心里不情愿,却还犹豫再三,最后往往令自己左右为难。

学会拒绝是走向内心强大的必修课。做不到的事情,就要果断拒绝;触碰底线的时候,就要明确指出。你要学着干脆点,把付出和时间都留给值得的人,不要碍于情面而一味付出,更不要为了取悦别人而卑微讨好。

5. 敢于尝试,持之以恒。

你可以一辈子不登山,但你心中一定要有座山。它使你总往高处爬,它使你总有个奋斗的方向,它使你任何一刻抬起头,都能看到自己的希望。

要做一个积极勇敢乐观的追梦人,永远不说消极的话,坚韧不拔地向着目标奋进,成功将在不远处等待着你的到来。凡尘世界,时光更替,人心转变,万物循环。一花一叶,一草一树,都简简单单地存在着,沐浴着阳光成长,跟随着春风舞动,静观世界的美好。

记得有句话是这样说的:所谓强大,大概就是无论输赢,你都勇于尝试,并且一直坚持。生活最后到底会不会如我们所想,谁也无法预测;明天和意外到底哪个先来,谁都不知道。但我们可以笃定的是,命运不会辜负每一个努力奔跑的人,你越努力,就越幸运。

不要把时间浪费在痛苦和纠结上,身材不好就去锻炼,对现状不满足就努力去拼搏。不辜负自己,不怠慢生活,当你把时间和精力都放在提升自我上,你收获的将会是更多的自由。成长路上,有人走得快,有人走得慢,有人显山露水,有人默默前行。无论以何种姿态前行,都必须坚信:华丽的跌倒胜过无谓的徘徊。

人生路上没有永远的成功,只有永远的奋斗。

六、一种年龄,一种心境,一种领悟

要想成为赢家,必须具备五种素质。"赢"字由亡、口、月、贝、凡五部分组成,这就是人生赢家必备的五种素质和能力——亡,危机意识;口,沟通能力;月,时间观念;贝,取财有道(贝壳是最古老的货币之一);凡,平常心态。具备了这五种素质和能力,再加上努力奋斗,定会走向成功,成为人生赢家。

人生如骑自行车,方向掌握在自己手中,用力蹬才能前进,要去哪里,全凭自己决定。你的未来取决于你的现在,有多少付出就有多少收获。心在哪里,收获就在哪里。人这一生能力有限,但是努力无限。努力做一个善良的人,做一个心态阳光的人,做一个积极向上的人,用正能量激发自己,也感染身边的人。以最美的心情迎接每天的朝阳,你阳光,世界也会因你而绽放光彩。

该养精蓄锐时,不要着急出人头地;该刻苦努力时,别企图一鸣惊人;该磨砺心智时,也不能妄求突然开悟。不要心急,脚踏实地地走好每一天。

生活中难免遇到各种困难和不快,面对同一件事,乐观的人懂得删除不愉快的部分,而悲观的人往往在一件事里越陷越深。做一个乐观向上的人吧,用积极的态度对待生活,生活会回馈你更多美好。

当你感到走进死胡同时,别着急往回走,看看旁边还有没有出口,因为伴随挫折的,往往是转折。

走更远的路,才能看到更多的风景;爬更高的山,才能获得不同的视角。不要畏惧前方山高路远,不要害怕挑战和困难,当你一步一个脚印往前走,就能逐渐领略到世界的精彩,同时收获一个日臻完善的自我。

七、换个角度思考,就会有意想不到的结果

好事,顺其自然,倾力而为;坏事,不钻牛角尖,人也舒坦,心也舒坦;不顺时,多转几个弯,以不变应万变。

生活不会事事如意,我们总会遇到各种各样的问题。面对同样的问题,有的人悲观消极;有的人后退闪躲,到最后沦为泛泛之辈;有的人钻进死胡同,碌碌无为。但一个乐观积极的人,看待问题总会先往好的方面想,无论生活多么繁杂,也不会去抱怨;一个积极乐观的人,不会因为困难而逃避,只会坦然一笑。

人生路上,一程欢歌一程美景,一程风雨一程历练,一程坎坷一程泥泞。所有过往皆为感悟,所有好坏皆是风景。

不管雨下得多大,连续下几天,总有晴天的时候。所以无论遇到什么困难,换一种心境,坚信总会雨过天晴。

你改变不了事实,但可以改变态度;你改变不了过去,但可以改变现在;你不能控制他人,但可以掌握自己;你不能预知明天,但可以把握今天;你不能延伸生命的长度,但可以决定生命的宽度;你不能左右天气,但可以改变心情;你不能选择容貌,但可以展现笑容。

心态好,则事事好;心放宽,则事事安。生活过的是心情,天有阴晴,月有圆缺,人生路上有风,有雨,有挫折,心烦、心累、心碎,只是生活中的插曲而已,看开即是花絮,看淡就是云烟。

人生最重要的,从来不是拥有多少,而是你的心是否满足。不属于你的,别强求;得不到的,就放下。

悲伤难过的日子总会过去,畅快开怀即将来临,只要心中有景,何处不是花香满径?

小机会往往显露在外,大机遇常常深藏于表象之下,想得到绝非易事。在生命的旅程中,不如意不顺心的事常有,生老病死更是自然的规律,一旦遇到不开心的事,不妨换个思路,换个活法,或许会有不一样的剧情。始终要相信生活有欣欣向荣的希望和不期而遇的惊喜。

八、闲人愁多,懒人病多,忙人快活

"道"字,由一个"辶"和一个首要的"首"字组成。这告诉我们,要走出一条人生之"道"来,首要的是迈开脚去走。理想很重要,信念很重要,毅力很重要,坚持很重要,机会很重要;但如果你不迈开脚去走,不去行动,这一切都将等于零。

人,不能过得太闲。尤其对于中年人来说,无论是生理还是心理,忙碌是生命的存在感。到了不惑之年,中年不是停滞,而是择路前进。越到中年,越不能闲。忙碌,是治愈世间一切心病的良药。

一个人如果不懂得勤奋,整天什么都不想做,那么就永远不会做成一件事情,但是如果一个人每天都在坚持做一件事,勤勤恳恳,哪怕每天只是进步一点点,最后也会有很大收获。

人,闲一点是福气,太闲,就会变成一场灾难。《菜根谭》中说:"人生太闲,则别念窃生。"当我们无所事事的时候,内心的杂念便会悄然滋长。

有一对夫妻,相濡以沫很多年,日子虽然过得辛苦,但是也很幸福和睦。有一天,丈夫兴高采烈地回到家,告诉妻子,说自己买彩票中了1500万的大奖。两个人欣喜若狂,一夜无眠。第二天,两个人都辞掉了工作,打算从此游山玩水,不再辛苦劳作。然而逍遥的日子过了没多久,两个人就出现了矛盾。女人在家里闲得发慌,在丈夫的鼓动下,学会了打麻将,越打越大,越输越多。两个人因为钱的事情,开始没日没夜地争吵,最后闹到离婚,曾经的幸福夫妻如今反目成仇。故事中的这两人,就是因为太闲,毁掉了自己,也毁掉了家庭。

人总要让自己有点事情做,精神才不会空虚乏味,身体才不会懈怠无力。人闲则生事,人忙则无事。忙碌的生活使人精力充沛,懒散的生活让人无精

打采。

每个人的时间都是公平的,如何过一天,就如何过一生。忙碌起来,还哪里有时间伤春悲秋?忙碌,是治愈一切自怨自艾的良药。忙碌的人,是最幸福的人。

在一座道观中,有一位德高望重的道长,道长有一个弟子叫若谷,在外游学了20年。等他回来的时候,看见师父充满活力,就像他临走时那般精力充沛。

他心里疑惑,问师父:"您这20年过得怎么样?为什么还像年轻时一样有精神?"

道长笑了笑:"这20年,我过得很好,每天讲学、说法、写字、画画,和你在外游学一样开心。"第二天,弟子们还在睡梦中,道长已经起床开始做早课。早课过后,他紧接着为弟子们讲经说法。有闲暇时间,还要练字作画。从早忙到晚,没有一刻停歇。

是啊,整天做着有意义的事情,就会感觉很充实,自然身心健康。闲不住的人,根本没时间变老。齐白石一生笔耕不辍,在70岁时仍然坚持每天作画。杂交水稻之父袁隆平,89岁仍然忙碌在田间,他说杂交水稻让他没时间变老。

人忙心不忙,心闲人不闲。忙,也是一种修行。太闲,会让人产生妄想。人忙心不忙,我们的心要安详。同样是忙,有些人忙得一团纷乱,有些人却可以忙得气定神闲。

真正有智慧的人,能在忙碌中保持一颗平常心,获得自在洒脱。很多人抱怨工作忙碌辛苦,如果把这种忙碌当作一种压力,人就会活得很累。但是如果能将工作视为兴趣,带着激情去工作,人生就会大不相同。石油大王洛克菲勒非常热爱自己的事业,他曾经说:"我永远不会忘记我的第一份工作,虽然天不亮就得去上班,办公室里的灯光又很昏暗,但是我从未厌烦过这份工作,我甚至为工作而着迷。任何东西都不能阻止我对工作的热爱!"

他还说:"我从未尝过失业的滋味,并不是我运气有多好,而是因为我如此热爱我的工作。如果视工作为乐趣,那人生就是天堂;如果视工作为任务,那么人生就是地狱。"

从忙当中,我们可以体会生命的价值和工作的意义;忙也让我们获得许多知识,认识很多朋友。在忙的同时,我们也要适时享受生活,把生活当作一门艺术,偶尔放慢脚步,会发现更多别样的风景。

人生太闲,则别念窃生;太忙,则真性不现。闲是一种对生命的修复,忙是一种对生命的释放;闲能让生命更加充实,忙能让生命更有意义。

愿我们每个人都能把握好生活的节奏,奏出美妙的乐章!

九、世上最好的养生是忙

当你明白了生命的意义,也就不愿再闲下来了。

我国新闻漫画的泰斗方成老先生,80岁时,背不驼、腰不弓,健步如飞,游泳动辄千米,骑车几十里路更是小菜一碟;90岁时,还照样能骑自行车,走起路来比一些七八十岁的还利索;100岁时,方老身体依旧硬朗,甚至仍在坚持创作。方老说:"我平时每天都忙,脑子从来不停,很多像我这般年纪的人都老年痴呆了,我还能用电脑写文章。"问及他的养生经验,他的回答就是简单的一个字:忙。

方老认为忙既健身又健脑,比啥保健品都好使。他曾作过一幅自画像,题的是:生活一向很平常,骑车书画写文章。养生就靠一个字——忙!这个"忙"是笼统的概念,有忙于写,有忙于养花、养鸟、钓鱼等,只要是真忙,心里想的,手脚为此活动的,都是养生之道。

忙起来可能会很累,你需要把时间分成好几份,甚至像挤海绵那样挤时间,但却可以收获很多,比如财富、幸福、内心的充实。

忙碌的人是幸福的,因为有事情做,生命就有价值。

"忙"的确也是全世界众多大师级人物的养生诀窍。

贝聿铭89岁高龄时,仍旧不知疲倦地工作,设计了苏州博物馆新馆。工作对于他来说,是一种快乐。他笑称自己是"劳碌命",每天就懂得埋头工作,有时忙到凌晨,待在博物馆里的时间一般会超过8个小时,仔细斟酌每一个建筑细节。每天凌晨4点时,季羡林书房的灯就会亮起。他说:"起来好去干活儿呀!"算起来,90多岁的他,每天的工作时间都会超过10个小时。有"汉语拼音之父"之称的周有光,曾说:"我在85岁那年离开办公室,回到家中一间小书室,看报、看书、写杂文。"

这些大师级人物的长寿,让无数人羡慕不已,可大家却不知道,他们的长寿,恰恰是忙出来的。

当我们痛苦地埋怨生活不公时,往往是我们自身努力不够;当我们老觉得自己不够幸运时,只不过是我们忽略了很多已经拥有的东西;当我们每天胡思乱想患得患失时,只不过是因为我们太闲了。

当你走出去忙起来,慢慢地就会忘掉那些缠绕在心里的不开心,就不会有时间去理会任何悲伤和痛苦了。这时的你会发现,健康地活着就是幸福,忙碌地活着就会充实。

人最好的状态就是忙而有价,闲而有趣。

一位作家曾经写道:"人生,有必要的忙,也要有必要的闲。只争朝夕的忙,是为了夕阳看花的闲。"

20岁活青春,30岁活韵味,40岁活智慧,50岁活坦然,60岁活轻松,70岁就成无价之宝。我们可以根据自己喜欢的生活方式,让自己忙起来,生活充实了,整个人就变得神采奕奕。愿你生活不卑不亢,日子不慌不忙,闲世人之所忙,忙世人之所闲,做自己的主人。

第六节　风雨中锻炼,阳光下成长

专业精神是专业成长的前提,专业学习是专业成长的源泉,专业技能是专业成长的基石,专业研究是专业成长的加油站,专业智慧是专业成长的核心。

如果你对现状不满意,那一定是因为你曾经错误的认知、错误的行为,导致现在的结果。想要改变命运,就要改变认知。有了正确的认知,才会有正确的人生目标。改变命运在于对梦想执着追求,在于人生的旅途中一次次做正确的选择。我们的意识、思想、语言、行为、状态,都会影响我们的人生,所以提升觉知力,看到自己的起心动念很重要。很多人的生活状态是随波逐流,没有觉知的状态。那如何改变呢?通过学习让自己成长。

成长的道路上,不怕万人阻挡,只怕自己投降;成长的帆,不怕狂风巨浪,只怕你自己怯懦。真心想做一件事情的时候,再大的困难也可以克服;不想做一件事情的时候,再小的阻碍也会成为却步的理由。

一、自省者进

一个人每天都应该留出自省的时间,把这一天自己的一言一行乃至一念,都做一个自我检讨。

一句话说错了,争取下一次说得更得体、更有分寸,这就是进步;一件事做错了,争取同样的错误不犯第二次,这就是成长;产生了不好的念头,也不能轻易地纵容自己,正面去分析和纠正,这就是一个新的开始。

不妨多给自己留些独处的时间,与内心来一场促膝长谈,沉下心来审视自己、正视生活。

一个懂得自省的人,就拥有了自我更新的能力。你只有肯正视自己的错误和不足,才能不断完善和提高自己。

每天进步一点点,一生就是巨大的进步。我们不要希望奇迹发生,没有人能够一蹴而就。所有的奇迹,都是日积月累的结果。

能看到别人的长处,也是自己的长处。经常看到别人的长处,并懂得赞美的人,靠近也会让人感到温暖。好的言行是一缕阳光,照亮自己,也明媚他人。

爱抱怨的人,眼里看到的全是别人的问题,从不会从自身找原因,也就缺乏自省的能力和进步的机会。学会自省的人,凡事从自己身上找原因,而不是一味地去责备他人。如此方能更好地认清自己,驾驭自己的人生轨迹,越来越接近成功。

曾国藩在每天的日记中,都要对自己一天的言行进行一番彻彻底底的反思、清扫。有一次,曾国藩的朋友窦兰泉来切磋,曾国藩并未理解好友的意思,便"词气虚吐,与人谈理"。本来是一件增益学业的事,结果却适得其反,二人不欢而散。曾国藩后来反省说:"彼此持论不合,反复辩诘,余内有矜气,自是特甚,反疑别人不虚心。何以明于责人而暗于责己也?"道光二十二年(1842)十一月初九,曾国藩去好友陈岱云家为其母拜寿。本是喜庆之事,结果曾国藩出言不慎,弄得大家十分尴尬,宴席一散便匆忙回家。他在当天的日记中反省道:"以后戒多言如戒吃烟。如再妄语,明神殛之!并求不弃我者,时时以此相责。"曾国藩的人生修养和事业都达到了绝顶的高度,这跟他一生的不断自省改过是分不开的。事实上,每个成功的人,定是付出了常人看不到的艰辛与血汗,必定坚持"吾日三省吾身"的自省。

"合抱之木,生于毫末;九层之台,起于累土;千里之行,始于足下。"世上本就没有一蹴而就的成功,只有不断洞见自己,不断前进,才会得到命运的垂青。自省,改过,才是人生最亮的底色。

王小波说:"一个人活在这世界上,第一就是要好好做人。"一撇一捺写个人,一生一世学做人。人这辈子,不管生活有多难,世态多变迁,都要懂得做人之道。那何谓做人之道?其实很简单,真诚+感恩+人品=做人!

凡事都要真诚,不要愚弄自己,也不要尝试愚弄他人。你并不是为了别人而走在人生的道路上。灵性的追求若缺少了真诚就会是空洞的,不会带来任何利益。

与人相处,要真诚。真诚的人,能走进别人的心里;虚伪的人,会淡出别人的视线。人与人之间的相遇,靠的是缘分;人和人的相处,靠的是真诚。不要将别人的给予当作理所当然,不要以为别人对你的好是取之不尽、用之不竭,再浓的感情也禁不起挥霍浪费。人生,薄凉苦涩,光阴,四季冷暖,能腾出手来温暖你的人,多么难得,以真对真,以心换心,才能永远!

莎士比亚说:"老老实实,最能打动人心。"虚伪的人,爱玩心眼,对人机关算尽,让人心寒;真诚的人,不玩心眼,对人真心实意,让人温暖。真诚比任何套路都有用。

看过这样一个故事。

老杜,是一家超市的老板,他的生意十分火爆,为了扩大规模,他张罗在别处也开一家新店。

很多供应商听说后,纷纷来找他合作。经过一番挑选后,他在两个供应商中纠结。两个供应商给出的价格差不多,他便让两家先后供几次货试试。几天后,其中一个供应商阿华,怕另一个人捷足先登,就买礼物去看老杜,表达自己的诚意。老杜谢绝了阿华的礼物,并告诉他自己还在考量中。最后,老杜决定和另一个供应商合作。

阿华很不解,便打电话给老杜问原因。

老杜说:"老实说,你给的价格比他的更优惠。可和你合作的几次供货中,老是出现问题,要么货物数量不对,要么就是新旧批次混着给我,我感觉不到你的诚意呀!"阿华听了无言以对,羞愧不已。很多时候,人们选择信任一个人,不是看重他有多不凡的能力,而是看重他真诚的态度。

有句话说:"没有什么道路可以通往真诚,真诚本身就是道路。"真正的聪明,是以诚待人。你真,别人也真;你假,别人也假。真诚的人,用真心去做事和待人,更能取得别人的信任和认可。

真诚,体现做人的尊严,彰显生命的品格。人字,简单得只有撇捺两笔,但却蕴含着生命的厚与重,承载着灵魂的真与诚。

人,生于世,长于世,行于世,最宝贵而有价值的财富,最珍贵而高雅的品质,最响亮而耀眼的招牌,就是真诚。

真诚,源于一个人心底的善念。真诚最简单,也最珍贵,是人性最崇高的美德,是人与人心灵唯一靠得住的依赖,也是立身处世的根本。真诚,是心灵的开放,胸怀的坦荡,一个人真诚,其语言、表情、情感和行为都体现出灵魂的高贵、品格的高尚和境界的优雅。

人生中最难求的就是真诚,最难遇的就是坦荡。不做作,不敷衍,不世故,就是一个人的真。懂感恩,懂尊重,懂宽容,就是一个人的诚。

人生中最推崇的真善美,首要的就是真,是真实诚恳。

真诚是尊重别人,也尊重自己,亦尊重生活。真诚虽不是智慧,却常常比智慧更诱人,虽不是能力,却往往比能力更有力。

真诚,体现做人的尊严,彰显生命的品格。一个人可以卑微若尘土,但不可出卖真诚;一个人可以忧愁得心若乱麻,但不能遗失灵魂。有得真心在,何惧人世苦?真诚永远是善意的,永远是纯粹的,永远是简单的,永远是温暖的,也永远是最高贵的。

善良不仅仅是我们看到的和善、正义和美好,还包含着一直为别人着想的善意、不故意伤害他人的温暖、对待弱者所表现出来的尊重……

真正的善良是给予别人最起码的尊重、行为上的理解、心里的包容,不伤害别人的心灵、不故意让人难堪……

当一个人经历太多,自然懂得祥和;当一个人失去太多,也就懂了珍惜。当一个人经历了太多复杂的人事,看尽了世间的众生相,能够依然选择相信美好、热爱生活,这样的一颗心一定充满着极大的智慧。

人生的旅途中,我们要有历尽沧桑依旧选择善良的真纯,也要有看尽百态人生依旧心存美好的底气。

善良终有回报。选择善良,选择让自己一直幸福下去,这就是生活给予你最好的答案。愿人世间所有的人,历尽生活的磨难和沧桑,依旧选择善良!

"在我的门诊里,印象最深的或者是接触最多的就是HIV患者。他们来看病的时候就不说话,戴着帽子和口罩,一般我会主动上前说,我们可以抱一下吗?"陶勇医生用他的善良,向这些被偏见裹挟的患者传递了一种温暖。在医院工作十几年,他已经见惯了人情冷暖、生离死别,但这一切并没有让他变得冷漠,反而让他愈发善良温柔。

见过的人越多,越会发现,那些见过世面的人,内心都善良而慈悲。

很认同一句话:"生活中越有料的人越低调,越有实力的人越没有架子,内心越丰盈的人越会理解人,心态越平静的人越懂得尊重人。"

你走过的路,遇见的人,历经的事,都会让你变得温柔。越是见多识广,越能在细微之处不动声色地体谅他人。

曾和钱锺书做过邻居的一位女士讲过一件往事。

她家的前窗正对着钱锺书家的后窗。酷暑时节,钱家就会打开后窗通风降温。她的弟弟是一位智障人士,会在家里突然放声高歌,家人都拦不住他。钱锺书夫妇都是做学问的,需要一个安静的环境。这位女士总觉得自己的弟弟打扰到了钱锺书一家,给他们添了麻烦,心里很过意不去。

一天,她在大院里碰巧遇到了外出归来的钱锺书,刚想开口道歉,没想到钱锺书率先开了口,主动和她打招呼说,令弟的歌喉不错。女士听完既意外又感动,也对钱锺书多了一份敬意。

钱锺书并没有因为受到打扰,便对邻居一家冷言冷语,反而主动帮邻居解围,打消她的顾虑,这就是一种难得的善良。

有句话说得好:"真正的善良,是行善而不扯起善良的旗帜,是风光霁月,暗室不欺。"

央视节目《经典咏流传》有一期邀请了歌唱家李谷一。李谷一唱歌完毕,嘉宾廖昌永说他是李谷一的忠实粉丝,还列举了他翻唱过的很多歌曲。结果李谷一现场指出有一首歌不是她唱的,让站在台上的廖昌永有一丝尴尬。就在这个时候,作为主持人的撒贝宁接过李谷一的话,声称自己也是她的粉丝,列举了很多他听过的歌,其中有一首《思念》。其实《思念》这首歌并不是李谷一的,而是毛阿敏的。

耿直的李谷一当即拆穿了撒贝宁,撒贝宁装出一副委屈巴巴的样子,逗

笑了现场的嘉宾和观众,轻松化解了这场尴尬。撒贝宁真的不知道《思念》不是李谷一的歌吗?其实不是,他只是想替廖昌永解围,把嘉宾的难堪转移到自己身上。

这一小小的举动,既体现了撒贝宁作为主持人的救场能力,也体现了他骨子里的善良。心怀善意的人,一言一行间,不会让人难堪,会于细微之处维护他人的尊严。

看过这样一个故事。

英国王室为了招待印度的一位地方首领,在伦敦举行晚宴。当时还是王子的温莎公爵主持这次宴会。宴会上,宾客们觥筹交错,相谈甚欢。宴会结束后,侍者为每一位客人端来了洗手盘。

印度客人以为是请他喝水,端起盘子一饮而尽,作陪的英国贵族一脸惊异。

温莎公爵见状,也端起自己面前的洗手水一饮而尽。接着,大家纷纷效仿,原本要出现的窘态,在温莎公爵的善意举动下得以避免。

成年人的世界,需要的不是居高临下的同情,而是不动声色的善良。真正见过世面的人,从不把优越感写在脸上。

职场人吴小闲讲过他老总的故事。他的老总是清华双博士学位,身家数亿。有一次,吴小闲跟着老总去谈业务,吃午餐时,酒店免费赠送了一道特色菜。结果由于菜品点得过多,吃完以后,桌上还剩下不少。在离开之际老总将有些还没怎么动筷的菜打了包。

回公司途中,老总刻意将车子开得很慢,见到一个流浪汉时,停下车走到流浪汉跟前,双手把打包的菜递了过去。

还有一次,在公司楼下,一位清洁阿姨正在整理空纸箱,突然天空下起了雨。阿姨只好冒雨拖着纸箱进楼避雨,但是纸箱太多太重,阿姨拖得很费力。这时老总刚好开车路过,他立马跳下车,帮清洁阿姨一起把纸箱搬运到办公楼里。

吴小闲说:"我们公司的人,都很钦佩老总。因为他懂得尊重每一个人。"

一个人身上真正闪耀的东西,是善良、是教养、是包容,是见过世面的涵养,以及悲天悯人的心肠。

越是优秀的人,越是谦卑有礼,以平常心对待每一个生命。

世间的惊喜与好运,许多都源于你积累的温柔与善良。人与人之间,往往都是相互的,爱人者,人恒爱之。

不知不觉中,人生已过半。

岁月让我们学会了世事洞明、随遇而安,即使面对世态炎凉、人心不古,我们也不再愤世嫉俗、怨天尤人。

岁月让我们懂得了把握自己,坚守道德,坚守原则。身处数不胜数的令人目眩神迷的诱惑之中,我们已经可以冷静自持,淡然面对。

岁月让我们学会了担当,学会了自己疗伤。我们不再依赖别人,面对挫折,我们不再推卸责任,不再为自己找借口。我们不再指望别人为自己遮风挡雨,我们为自己撑起一片蓝天,我们真正独立和坚强了。

我们学会了豁达与感恩,我们少了抱怨和计较,多了承受与责任。我们懂得了控制自己善待自己,我们更加珍惜每一份情感,更加热爱平静清淡的生活。

一岁年龄一岁人,一岁年龄一岁心,时光打磨成熟心。岁月,让我们对生命的理解和感悟越来越深。我们坚信,只有经过岁月的打磨,人生才能如沙粒成珠,破茧成蝶。

二、成长标志

成长是成熟而不圆滑,老练而不世故,进取而不鲁莽,果断而不愚蠢,平凡而不平庸,探索而不迷惑,失败而不气馁……

成熟,就是做事情周到,照顾到所有人的利益;圆滑是所有行为都是基于自我保护,自私自利。成长是成熟而不圆滑。

如果一个人到了三四十岁以后不再坚持自己的原则、价值观,不再坚持站在公正公平的立场上考虑问题,这不是老练,而是世故。

人是需要有进取精神的。进取是在对未来前进的方向基本上有把握,并且知道这个道路走不通会给自己带来什么后果的前提下,选择纵身一跃。

愚蠢就是做事果断,但不经大脑思考。果断有时候会出现两种情况:一种是人云亦云,一种是固执己见。这样表面上看起来很果断,其实是一种愚蠢。因为他没有真正地思考其所作所为对身边的一切,包括对他人和社会的影响。

做人可以平凡、朴实、朴素,但是不能平庸。平庸就是自己不动脑子让自己的生命有所提升,心甘情愿地陷入懒惰或迷惘中。平凡只是一种心态,我可以不穿名牌衣服,不住大房子,不买汽车,但是内心依然在追寻更加美好的前途和生活。

迷惑就是不知道东南西北,甚至不知道方向在哪儿,也没有意愿去探索。成长是探索而不迷惑。

很多人遇到困难气馁、放弃,这是不成熟的标志。

你的态度决定未来你是提升,还是继续待在痛苦中。成长是对生命的深度、高度和意义的不停追寻。

三、古代经典成长诗

每个人都在奋不顾身,都在加倍努力,得过且过只会让你和别人的差距越来越大。成长路上,不要总想着何处有捷径,只管向前跑。

在上学的时候,很多孩子看起来差不多,但到了社会上,却是千差万别,过了几年,差距就变得非常明显。都说功夫在课堂之外,学会支配自己的时间、提升自己、充实自己,不管在哪个年龄段都是至关重要的。

我们要学会为自己生长,即使无人看见。直到你破茧成蝶的那一刻,就会明白自己的努力到底有多么重要。

剑客/述剑

〔唐〕贾岛

十年磨一剑,霜刃未曾试。

今日把示君,谁有不平事?

剑客十年才磨好一把剑,但这一把剑锋利无比,一出鞘就能见血封喉。千万别为自己的沉寂而感到不甘心。你现在的默默无闻,是为了有朝一日可以一鸣惊人。

竹　石
〔清〕郑燮

咬定青山不放松,立根原在破岩中。

千磨万击还坚劲,任尔东西南北风。

就如不小心长在岩石缝里的竹子一般,咬定青山不放松,一直坚持,千锤百炼下终于长得挺拔修长。有的时候,我们需要一点"死磕"精神,遇到难题时,不退缩、不放弃,或许过了这个坎儿,你就更上一个台阶了。

白鹿洞二首·其一
〔唐〕王贞白

读书不觉已春深,一寸光阴一寸金。

不是道人来引笑,周情孔思正追寻。

一寸光阴一寸金,逝去的时光不会再回来,但是一味地强迫自己低效率地学习,是没有任何益处的。做一件事,就要专注地去做,这样才能事半功倍。

冬夜读书示子聿
〔宋〕陆游

古人学问无遗力,少壮工夫老始成。

纸上得来终觉浅,绝知此事要躬行。

古往今来,多少科学成果、学术突破都是建立在无数先人的探索基础上。我们不必如此伟大,但必须懂得:纸上谈兵是片面的,不管什么事,都要自己尝试去解决、分析,这样才能更好地成长。

观书有感(其一)
〔宋〕朱熹

半亩方塘一鉴开,天光云影共徘徊。

问渠那得清如许?为有源头活水来。

一方不过半亩地大小的池塘,为什么池水能够如此清澈?那是因为有源源不断的活水不断代谢掉原来的池水。我们要成长也是如此,不能满足于现状而止步不前。

朋友们,拿出你们的耐心、毅力和专注力吧!不必急于求成,不必过于严苛,在你所走的这条路上坚持下去便好。等你再回头看时,就会发现原来自己已经走了很远很远。

四、愿人生如水般坦然

生活不是战场,无须一较高下。人与人之间,多一分理解就会少一些误会;心与心之间,多一分包容,就会少一些纷争。生活中总有烦恼,要学会善待自己,让心归零,亲近自然,微笑前行。

总有一处风景,会因为我们而美丽。不要停留在过去,不要去回忆从前。让一切变得简单些,喜欢就去争取,得到了就珍惜,错过了就遗忘。你容得下世界,世界才会接纳你。人的生命只有一次,做你想做的事,去你想去的地方。淡然一些,岁月会更长。

人往往把自己看得过重才会患得患失,觉得别人必须理解自己。其实,人要看轻自己,少一些自我,多一些换位思考,才能心生快乐。所谓心有多大,快乐就有多少;包容越多,得到越多。

不要背后说人,不要在意被说。一无是处的人没得可说,越是出色的人越会被人说。世间没有不被评论的事,也没有不被评说的人。

嘴上吃些亏又何妨?让他三分又如何?人人都需要被尊重,人人都渴望被理解。水深不语,人稳不言。

事事不能太精,太精无路;待人不能太苛,太苛无友。懂得退让,方显大气;知道包容,方显大度。

凡事不求十分,只求尽心;万事不讲圆满,只求尽力。有些事,努力一把才知道成绩,奋斗一下才知道自己的潜能。淡中有真味,淡中有真香。

以一颗谦卑心,看身边人;以一颗恭敬心,看身边事。他人总有你看不到的优点,总有你发现不了的价值,无须对他人的努力评头论足。

尺有所短,寸有所长,世间没有十全十美的人。合理发挥自己的长处,好好学习别人的优点,才能更好地完善自身。

有些事无须计较,时间会证明一切;有些人无须去看,道不同不相为谋。世间事,世人度;人间理,人自悟。面对伤害,微微一笑是豁达;面对辱骂,不去理会是超凡。

忍耐不是懦弱,而是宽容;退让不是无能,而是大度。计较生是非,无视己清静。愿人生如水般坦然!

五、愿时光许你岁月无忧

喜欢一种岁月,恬淡素雅,宁静安然,纵然冷暖交织,心中依有花开,纵然岁月清寒,依然温和从容。

生命是山一程水一程的奔赴,每一阶段都有属于它的美好。

岁月雕琢,让我们少了年少轻狂,少了无知和浮躁,让我们的生命越来越圆满。时光苍老的是年华,却苍老不了一颗向往年轻的心。

每个人的心里,都藏着一个了不起的自己,只要你不颓废,不消极,一直悄悄酝酿着乐观,培养着豁达,坚持着善良,就没有到达不了的远方。

人人都渴望幸福围绕,长乐未央,但生活却像那窗外的天气,有晴有雨,有风有云。倘若一味地艳阳高照,又怎能感受细雨的温润缠绵?倘若只有风和日丽,又怎观云卷云舒的悠然?倘若生活单纯一味,毫无波澜,生命又何来意义与充实?

人总要学会看得开,放得下。很多事情,搁在心里,你不去释然,它也未必会有所改变。很多时候,过不去的,不是事情本身,而是我们自己。

心情,是一个人状态的风向标。心若明朗,整个人看起来都会积极向上;心若阴郁,生命就会显得黯淡无光。你若积极,高山亦若山丘;你若消沉,沙丘也是越不过的峭壁。

从根本上看问题,不钻牛角尖;从现实角度出发,除了生死,哪一样不是小事?谁的人生不起伏?谁的经历无波澜?

生命如旅,匆匆前行。有多少路途,就有多少尘埃,有多少聚散,就有多少悲欢,不过是寻常,何须伤情,何必多情?

最是时光,胸怀大度,从容静雅。不为你的深情而停留,也不为我的追逐

而加速。

都说,人生是一场修行,我却觉得,与时光共行才是一种禅定。与时光并走,伴时光从容,品时光沉静,随时光优雅。走自己的路,做最好的自己,活出精彩,活成自己想要的状态。

不忧虑潦倒的现在,不畏惧未知的未来,坦然前行,努力奋斗,且去迎接那一场春暖花开的盛宴。待那时,虽然青春不再,容颜已逝,但站在人生的顶峰,你依然美丽。心中有海,便能容纳百川;心中有梦,便能展翅飞翔。但愿青春不老,壮志不衰,时光许你岁月无忧。

六、走在岁月中,活在珍惜里

人生就是一场旅行,开始上路时,会觉得前方路途遥远,三年五载如一生一世,远得不能再远,仿佛有用不完的光阴可虚度。

于是前半生就稀里糊涂地过去了,该珍惜的没有珍惜,该在乎的也没有在乎,等到幡然醒悟,却已不再年轻。

慢慢地,到了一定年龄,开始觉得时光匆匆,转眼就是一天,转瞬就是一年,总觉得有些风景还没看够呢,就已错过,于是开始学会珍惜,盼着日子慢一点,再慢一点。

我们这一生有顺境,也会有逆境,总要经历点什么,来证明我们来过,我们要学会在风雨中奔跑,也要学会静下心来在阳光下喝杯暖茶。

生命的旅途,长的是岁月,短的是人生,在拿得起和放得下之间,人生在悄然远走,时间会带着我们成长,教会我们走向成熟,也终会将美好随手相赠。

走过的路,一花一叶都是生命的写意,一草一木都是风景。待到有一天,在老去后的晨钟暮鼓间,守着一窗淡然之美,对着岁月粲然感恩,这一生,我来过,且活成了自己喜欢的模样。

七、善念,是一个人最高贵的体面

善念,到底是什么呢?

善念,是一束阳光,是一种力量、一种行为,是对生命的尊重,是一个人最高贵的体面。你若挖掘,它便如清泉般汩汩流淌,滋润万物,润泽心田。你若丢弃,厄运便会丛生。小善也是善,在目及之处,存一丝善念,在一步之遥,伸出一双手。或许不经意的一个善举,却无形中改变了一个人的命运。

一个人心里若存善念,这个人就充满了正能量,他就像一束光,照亮身边的黑暗,也照亮了周边。他能让与之交往的人感受到温暖和真诚,也能让身边的人感悟到生命的意义与生活的美好。

心中有德,是慈悲;口中有德,是善良。一个人的涵养来自大度,来自宽容;一个人的修为,是懂得包容,懂得尊重。人生是如此短暂,对身边的每个人都要好一点,因为下辈子不一定能遇见。目中有人,才会有路可走;心中有爱,方能有所作为。

聪明的人,在成长的过程中,是让自己一点点进步,变成更好的自己。不懂得进取和改变的人,要么止步不前,要么沦为世俗的小人。在利益面前变得趋利避害之人,难以看到其有高贵的人格,还有高贵的体面。

体面从来不是一个人被服饰包裹出来的光鲜靓丽,更不是靠包装制造出来的美好。真正的体面,来自自己给予自己的尊重,自己给予他人的善良、理解和温暖,是用点点滴滴的小事写就的爱、善意,还有给予他人的力量。

活在这个世界上,不管别人如何,我们自己先做一个心存善念的人。不要短时间之内要求回报,相信每一种付出都会有收获,每一次善念,都在积累缘分。

人生就是一趟单行旅程,没有机会可回头。人有善念,天必佑之。

相信自己,相信每一种付出都会是一种收获。一直心存善念,做一个善良的人,才可以不畏过去,不畏将来。如此,便可以遇见更多的美好幸福和未来的诗情画意。

老天不会偏袒任何人,却从不亏待善良的人。善良,并不意味着要做出什么惊天的善举,但一定要心怀善念,为自己和家人积福。你若善良,福报必将如影随形。

福从哪里来? 从每个人善良的心上来。

一切善因必有善果。一个人最大的福气,莫过于拥有一颗善良的心。偶尔做件善事并不难,难的是一辈子都不泯灭善良的初心。

种福得福不易,因此更要珍惜。惜福是一种生活态度,这种态度决定你有没有资格享受福报。对待世间的任何东西,都要珍爱,对待日常所用之物,要物尽其用,不要浪费,这就是惜福。

做人懂得知足惜福,天地万物都会眷顾你,让你逢凶化吉。

八、时间是一剂良药,它会沉淀最美的感情,也会带走留不住的虚情

缘分,需要珍惜;感情,需要感恩。爱不是单向,情不是索取,懂得珍惜才会持久,知道不易才能永恒。爱是风雨天悄悄出现在你头顶的伞,爱是困惑时默默陪伴在你身边的不弃身影。

真正的感情,源于一颗珍惜的心;真正的得到,源于一种感恩的心态。真正的朋友,或许不能给你物质上的帮助,却可以给你精神上的鼓励;真正的朋友,不是日日相对,不是吃喝玩乐,而是默默关注你的成长,关心你的一切。

真心对你的人,不是建立在任何利益上;真正陪伴你的人,不是因为你外在的光环。不要轻易挥霍一份看似易得的情,不要轻易伤害一颗默默付出的心,人生没有重来,生命无法倒带,且行且珍惜。人生总要有梦想,岁月总要有追求,珍惜一份情,怀揣一份梦,就是最大的收获。

缘不会随意而来,故要相惜,不会永远无期,故要呵护。世间没有无缘无故的好,也没平白无故的爱,请不要对别人的付出不屑一顾,没有谁本该对你好。人与人是平等的,爱你的人,可以包容你的一切,但不会接受你的鄙视。

成长的道路,并非总是一帆风顺,会有质疑的声音,也会有负面的评价。太在意别人的眼光,只会活得束手束脚;太关注别人的看法,只会过得畏首畏尾。

有人说:"人难免会受到周遭事物影响,但我希望自己做每件事的动机都是自发的,与自己有关的事都能自己掌控。"或许我们堵不住别人的嘴,但可以选择走自己的路。

看过这样一个问题:"原谅别人真的是放过自己吗?"

有一个回答是:"不原谅是一种权利,但让自己活得更好是一种义务。"

不是所有的"对不起"，都能换来一句"没关系"。

有些事，没办法风轻云淡地忘记，也没办法若无其事地释怀。只是，不要拿别人的错误来惩罚自己。毕竟，当你在凝视深渊的时候，深渊也在凝视你。与其浪费心情在一件不值得的事上，不如去做一件会让自己开心的事；与其挖空心思去恨一个不相干的人，不如好好过自己的日子。

第八章　操千曲而后晓声,观千剑而后识器

第一节　身体力行时应明白的道理

一、习劳则神钦

习劳,即身体力行,一个人的衣食住行,与他所行之事、所用之力相匹配,这才符合天道、受人赞许,也就是神钦。

有些富贵子弟,不营一业而锦衣玉食,这必然是不能长久的。为什么有"少年富贵大不幸"的说法?因为不与努力匹配的所得,必将成为他日倾覆的引子。曾国藩即使身居高位,依然以勤勉自励。在许多人眼中,勤奋只是成功的途径,其实,勤奋是为了让自己配得上更大的成功。

如果有一天,你不再寻找爱情,只是去爱;你不再渴望成功,只是去做;你不再追求成长,只是去修;一切才真正开始。

这个世界其实很公平,你想要比别人强,就必须去做别人不想做的事;你想要过更好的生活,就必须去承受更多的困难,承受别人不能承受的压力。

人这一辈子,是由许多个白天、黑夜组成,从婴儿呱呱坠地,到死亡结束一生,其间我们会经历方方面面的事情,从而导致不同的境遇、不同的生活理念和不同的人生。一生中,每个人都有自己的欲望和生活环境,很多时候,我们都在与生活博弈,其中有多少苦辣辛酸,只有自己知道。只是,不一样的经历,注定有不一样的结局,好与坏都得照单全收,不管你愿不愿意。

生活就是这样,我们每天为了生计忙忙碌碌,一晃就是一年,转眼就是一生,如果能做到欢快地迎接每一个黑夜和黎明,把日子过得风生水起,而且异彩纷呈,那就是成功。

人,就这么一生,上天给予我们的机会平等,每一个人都是赤裸裸地来,不带分文地离开,如若过分地奢望,无止境地苛求,只能让自己身心疲惫力不从心,这又是何苦?

要知道,你赚再多的钱,也是一日三餐;你买再大的房,也只睡一张三尺床,又何必费尽心思、绞尽脑汁去拼命?我们来到人世,金钱、权势、地位都不是最重要的,重要的是要好好善待自己,善待亲人,一家人健健康康平平安安,这才是最大的幸福,才是最大的幸运!

二、开心过好每一天,便是最大的安暖

人生当拥有远意,生活需对未来报以期冀,纵使日子没有想象的那么美好,但若有感恩的情怀,懂得知足常乐,也一定能养育出温馨的希望。人活在世上也就短短几十年,就像庄子说的:人生天地之间,若白驹之过隙,忽然而已。

是的!我们来到世上,本就是一次没有返程的旅行,走到尽头也到了生命的终点。这一生,日复一日,年复一年,经历了无数个白天和黑夜不停轮流转换,那许多个昨日就像那东流水,逝去永无再回还,我们唯一能做的,就是珍惜今天,尽最大努力让明天少留遗憾。

要知道我们只能活一回,活的就是一种感受,一种心情,若能做到清心寡欲淡泊明志,安全地实现自身价值,那是最大的幸运。只要以美好之心看大千世界,以平常心看人生成败,以快乐之心对待五味杂陈,包容一切该与不该,让每一个白天和黑天都做到从容、自在,不计较,不埋怨;即便生活很平庸,即便日子很平淡,也活得踏实,活得心安。愿我们都能保持一颗平常心,在有限的余生里,从容地过好每一个白天和黑夜,勤勤恳恳工作,踏踏实实生活!

三、守好四个字,修好一颗心

佛语有云:"一花一世界,一叶一菩提。"人心,亦是如此。人生守好四个字,修好一颗心。

第一个字:柔。老子有言:"天下之至柔,驰骋天下之至坚。"刚者易折,柔者长存。

行事柔者,往往表现得不慌不忙,沉稳大气。王阳明平定"宁王之乱"后,反被诬陷与宁王勾结。武宗半信半疑,就派人围住了王阳明在江西的官署。不明就里的士兵们在官署门前辱骂他与宁王勾结,还贪污了宁王府的大部分

家产。面对寻衅,王阳明不急不恼。他始终态度温和,对将士嘘寒问暖。

当时已入冬,他就动员城里的居民回乡,将房屋腾出来给士兵住,以免其受冻;同时遍贴告示,希望当地居民多加照顾背井离乡的士兵。人非草木,孰能无情?将士们又羞愧又感动,开始认可王阳明,进而停止了滋事扰乱行为。

世事繁杂,若遭遇恶意或无礼,硬碰硬的方式不但解决不了问题,还会使矛盾愈演愈烈,甚至酿成悲剧。以柔克刚,不是软弱,不是退却,恰恰是为人处世的大智慧。人生于世,柔以待人,柔以行事,自能修得内心强大,坦然地与生活和解、拥抱。

第二个字:容。《王阳明家训》中记载:"能下人,是有志;能容人,是大器。"能甘居人下、容忍他人的过失,是处世的中庸之道,更是为人的生活智慧。

王阳明平定"宁王之乱"后,武宗被奸臣鼓动南游检视。随行中,正好有两位宠臣公公。于是,王阳明在镇海楼设宴款待此二人。宴席过半,他令人撤去楼梯,并拿出一沓书信,正是两位公公勾结宁王的证据。王阳明交予他们,表示不再追究。后来,两位公公从中大力斡旋,终使王阳明免于被诬陷之祸。倘若王阳明直接告发或要挟两位公公,又会是何种结局呢?

人这辈子会遭遇形形色色的人和事,有合拍的,也有看不惯的。对待小人,固然不可沆瀣一气,亦不可绝人后路。

还记得轰动一时的火锅店泼汤案吗?

顾客与服务员发生争执,一气之下,发帖投诉。服务员要求删除,遭到拒绝,随后,愤怒的服务员将开水直接浇到顾客身上还对其殴打。最后是两败俱伤:顾客全身被严重烫伤,服务员被判两年有期徒刑。

常言道:"忍一时风平浪静,退一步海阔天空。"

若顾客能忍,不去投诉,或者被要求删除时能忍让一下照做,或许后来的一切都不会发生。若服务员能容忍顾客的投诉,或许就能避免悲剧发生。

人心难测,逢人多包容,少一点戾气,少一点计较;善待他人,也是善待自己。

第三个字:磨。孟子有言:"天将降大任于是人也,必将苦其心志……增益其所不能。"欲戴皇冠,必承其重。生而为人,必将经过心志、性格的磨炼,才能获得原本不具备的才能。

刘瑾当权时,王阳明被贬龙场。那里几乎都是未开化的少数民族,而且瘴气严重,几乎没有汉人能生存下去。

起初,王阳明除了读书写字,大多在痛苦迷茫中度过。偶然间,他发现山民并非真的野蛮,只是不识字,语言不通。于是,他开始普及教育,让他们进化为文明人。而在教化的同时,王阳明悟出了心道:所有眼睛看到的困难,其实都是不存在的。换言之,如果能磨炼好一颗心,在内心战胜困难,你就已经赢了。那么,如何磨炼呢?

人们常说,懂得很多道理,却依然过不好这一生;或者是无事时自觉英明无比,遇事时却惊慌失措。

凡此种种,皆因忽略了:磨砺心性,需落实到行动上。

正如王阳明说:"人须在事上磨,方能立得住。"作为哲学家、思想家,他勤学苦读;作为军事家,他躬身实战,平南赣,擒宁王,破八寨,战无不胜,功勋累累。

而对普通人而言,其实每个人都有"事上磨"的机会。当面对不义之财时,磨炼不被诱惑的心;当需要承担责任时,磨炼有担当的心;当承受压力时,磨炼勇敢的心。

人这辈子,阴晴圆缺,悲欢离合,若始终以正念面对,不断磨砺心性,终可做到遇急不乱,遇事不慌,大器可成。

第四个字:稳。王阳明曾说:"过去未来事,思之何益?徒放心耳。"贪恋过去,忧心未来,只会让自己失去本心,徒增烦恼,甚至造成悲剧。

在龙场时,他记载了这样一件事。

一个小官,从京师被贬,经过龙场时天色已晚,就投宿于苗民家。谁料,第二天,小官一行人陆续而亡。听闻此讯,王阳明很是悲伤。他感慨道:"前日看见这小官忧心忡忡,我就知道他命不久矣。"是何缘故呢?

他写道:风餐露宿,远道而至瘴气严重的龙场,必定疲惫不堪;而小官被贬的哀怨之情,前途堪忧之心,全部淤积于心,已然显现于面容。如此内外夹攻，岂有不死之理？

"怒伤肝，喜伤心，忧伤肺，思伤脾，恐伤肾。"人的各种情绪，直接对应着身体的五脏六腑，心神安稳，方能修得身心健康。而王阳明认为，心神安稳不是天赋，是可以习得的智慧和能力。

现代人的问题，往往都是"想"出来的。想那些没得到的，没做好的，不断地懊恼、后悔；想那些不可测的，不知道的，无来由地忧虑、担心。

当一个人想得多，做得少，自是心神不宁。而当一个人活在当下，专注眼下，自能习得一颗安稳的心，自在做事，乐在其中。

四、修好自己的心，每天都是好日子

在晨光中慢慢醒来，听听鸟语，闻闻花香，让心情更加舒畅。抛却烦恼忧伤，接纳快乐芬芳，让每一天都充满阳光，让每一秒都尽情飞扬。

每个人一生都会经历很多事情，活得快乐轻松，才不虚此行。大家都是普通人，从牙牙学语到心态老成，这一路有艰难，有收获，有辛酸，有憧憬。抱一份深情，活出一份通透，凡事做到不奢望，不强求，不好高骛远，淡然地面对尘世的一切喜怒悲欢，多一些豁达，少一些执拗，尽人事，听天命，拥一份真情，与懂你的人互敬互爱相依相伴走完一生，且行且珍惜，便是幸福，便是安暖。

人生的快乐，是走自己的路，看自己的景，不因外面的浮华而失去自我，不抱怨，亦不辜负，随缘便是自在，心安即是归处。就像杨绛先生说的：这个世界上没有不带伤的人，无论什么时候，你都要相信，真正能治愈自己的只有自己。不去抱怨，不怕孤单，努力沉淀，世界皆苦，唯有自渡。所以，风落无痕，岁序无影，美丽的人生，要靠自己来完成。活着，就是不同的年龄，不同的取舍，不同的岁月，不同的生活。唯有经营好每一个年龄段的自己，让心时时保持年轻的状态，每个季节不因烦心琐事而忧虑，保持健康平安，就是人生最大的收获。

要知道老天是公平的，知足则常乐，多贪忧患多。虽然说天下熙熙，皆为利来；天下攘攘，皆为利往。但学会把自己的心态放低放平，让傲慢的心变得谦虚恭敬，不羡慕谁，也不和谁去攀比，活得用心，便是抵御岁月的最好利剑，便会少留遗憾。

至此,人生苦短,不必追求太多;心房很小,不必装得太满。与其在纷扰中度日如年,不如在舒适中快乐过好每一个今天。只要修好自己的心,立好自己的德,做好自己的事,干好自己的活儿,如此,管它春秋冬夏,每一天都是好日子!

善待自己,活出自己的顽强特色,保持好自己骨子里的那份温暖和不老的心态,不躁不攀,淡定从容过好眼前,就是对生命最好的成全。

只要自己每天健健康康,家人过得安详,就是人生最美的模样。善于在生活中挖掘美好的东西,让内心对这世界充满了期冀,世间才显得美好。正所谓:心有桃花源,何处都是水云间。只有用认真的态度,去对待生活里看似无趣的小事,才能体悟到生命中无处不在的美。

时光煮雨,人生如梦,在简单的生活里浅笑安然度流年,在平凡的人生里从容淡定享清欢。人生总有一些懂得或无奈,只能且行且安;岁月里总有一些情深或缘浅,只能寄于墨韵万千。

站在季节交替的渡口,让光阴零落成泥。每天匆匆忙忙,可还是有好多的事情没去做,又叹息时光远去,总想把未完成的心愿结清。人生的风景总在辗转与徘徊之间,可到底还有多少来不及,被丢在生命的驿站里?

非常喜欢苏轼的那首《浣溪沙·细雨斜风作晓寒》:"细雨斜风作晓寒,淡烟疏柳媚晴滩。入淮清洛渐漫漫。雪沫乳花浮午盏,蓼茸蒿笋试春盘。人间有味是清欢。"

虽然不能像古人那样用一句句美妙词句伴着落花的芳香,融一滴岁月的温婉,去泼墨生活的水墨丹青;但怀着恬淡的清欢,与阳光相拥,植字成行,一笺心语轻捻,岁月便也溢满了馨香的暖。

别说清欢是一种至高的人生境界,它只是我们对平静、疏淡、俭朴生活的追求和热爱,是再简单不过的生活理念。

平常,总是觉得没时间,其实,时间很是公平。需要做的事,应该永远有时间,比如看书、运动,陪老妈晒晒太阳、聊聊天,倾听孩子说说他校园里的趣事……这些点滴温暖,都是人间最美的清欢……

就在这样的简单的生活里坐拥一季烟尘,在烟火人间品一抹简单的香甜,浅携一抹淡然,静赏一份清欢时光,即使是淡泊人生,也会觉得人间烟火有味道!

指缝太宽,时光太瘦,一辈子原来真的很短。蓦然回首,恍然觉得人生忽已晚。那些借故很匆忙,而遗漏的事,却是人生最美的风景。

走过春夏秋冬,历尽沧桑、冷暖悲欢,回眸那些走过的若梦的时光,你会发现,人生最美的岁月便是最平淡的清欢时光。

五、修心,只为做最好的自己

心干净了,世界就干净了;心喜悦了,生活就美好了;心丰盛了,财富就丰盛了;心安定了,日子就踏实了;心通透了,智慧就呈现了,一切为心造。

不羡慕别人辉煌,不嘲笑别人不幸;这辈子,机遇难同,姻缘各异,幸也好,不幸也罢,都是自己的人生,做好事情,做好自己。修一颗善良的心,养一张智慧的嘴,做事有德,行为有品,就是一个人最好的风水。无论经历怎样的苦难,都没什么好抱怨的,所有的开心和难过以及所承受的一切,其实都是为之前的决定埋单。人生没有白走的路,但你走的每一步都算数,那些能让你变好的事,最开始也许不容易,但只要坚持,总会有好的结果。

一切自有因果,包括谁对不起你,也无须计较,因果自有报应,保持纯正善良,你所承受的委屈,都会变成为自己积攒的福报。

人生路长,别忘了保持善良、慈悲、勇敢和乐观,原谅伤害过你的人,做有益众生的事。

凡事有因果,万事有轮回。恶做多了必然报应,善行多了必得福报。笑容滋养生命,慈悲宽容世界。

人生在世,不必纠结于过往,也不必纠缠于琐碎。所谓人生,不过是自己与自己的一场较量。看淡了,放下了,也就释然了。有时候仔细想想,人这一辈子最该做好的事情,是好好照顾自己。除了健康什么都不是你的。少生气,少计较,多开心,否则输了健康,赢了世界又如何?

《半山文集》中有这样一句耐人寻味的话:"生活的磨盘很重,你以为它是将你碾碎,其实它是在教会你细腻,并帮你呈上生活的细节,避免你太过粗糙地度过这一生。"

诚然,遇见的人,都是来渡你的;经历的事,都是来助你的。若是你细心观察生活,就会发现其实所有的好运气,往往都有迹可循。

父母子女这一场人世相逢,是用来相亲相爱,而不是相恨相杀的,人最大的教养,是原谅父母的不完美。就算他们再弱小,就算他们平时再不起眼,为了孩子,他们也会以一个父亲或母亲的名义,与生活针锋相对。孩子就是他们的血,是他们的肉,是融到他们骨头里的牵挂。宽容父母的小过错,原谅他们的不完美,是人最基本的德行。

哪有什么诗歌和远方,我们所有的良辰与吉时,不过都是踩在父母的肩膀上。你觉得该对你好的人,千好万好,错一次你就失望透顶。为什么要记仇不记恩、抱怨不报德呢?

这个世界上,有多少岁月静好,就有多少冷暖自知。每个苦苦坚持的人背后,都有一个咬紧牙关的灵魂。你过得无忧无虑,不过是父母帮你扛着。愿你懂得父母身后苦,愿你懂得父母世道难。为人子女的终极使命,就是接受父母只是一个普通人,并慢慢懂得他们的不容易。

当父母老了,请你一定要记着,要像他们爱你一样去爱他们。请好好对自己的父母,不要做让自己后悔的事,不要等到他们不在了,才懂得珍惜。

做人有高度,做事才会有深度,人品不行,再有智慧,也不会把事情做到极致。不管做什么,先从修心开始,心正了,方向才不会偏,心定了,才会有坚守,心高了,才会有骨力。

这段时间,我又看了一遍电视剧《知否知否应是绿肥红瘦》。在整部剧里,我最欣赏的角色当数赵丽颖所饰演的盛明兰。细品明兰这一生,可以说是靠着自己,将一手烂牌打出了王炸的水平。在盛家,明兰是最不争不抢的,甚至大家都觉得,她就是一个任人欺负的软柿子。可真遇上了事儿才知道,她并非没有能力的人,只是不屑去争。她精读诗书,却从不夸耀。她看似柔弱,却能在马术场上拔得头筹。

最让人印象深刻的,是那次下毒事件。在得知祖母被下毒后,明兰一改温婉的模样,一个人挺着大肚子冲进了盛府。她不仅叫来官兵把院子团团围住,不给任何人通风报信的机会,还巧用计策,逼得下毒的人说出了实情。到了最后关头,明兰更是杀伐决断,直言要把真凶康姨妈提到外面去杀。

其实,我们的身边也有很多像盛明兰一样的人物。他们内藏乾坤,却并不显山露水,总是能在该出手的时候,快刀斩乱麻。能在繁华中自律,在落魄中自强,才是生活真正的高手。

听过一个很有意思的"三七法则":一部手机,70%的功能都是没用的;一间房子,70%的空间都是闲置的;家里的东西,70%都是不会再用的……

你有没有发现,很多时候我们过得不快乐,是因为我们总在为无关紧要的70%疲于奔命,却错过了享受最重要的30%。

你有没有觉得,我们这代人活得越来越累了？简单的衣食住行被不断包装宣传,人的欲望也跟着膨胀。家里没用的东西越堆越多,压得人心烦又疲惫。想要活得轻松,就得从物质极简开始。

第一,定期大扫除,随手小整理。每半个月给家里来次大扫除。好几年没穿的衣服、过期的食品和化妆品、阳台和柜子里堆积的杂物等,都清理掉。养成随手整理的好习惯,用完的东西记得物归原位,没用的小东西随手丢掉。

第二,不要买任何会增加你工作量的东西。花钱是为了生活方便,而不是给自己增加负担。

第三,注重品质,反复使用。拿衣服来说,经典款是百搭利器,黑白灰永不过时。潮流每分每秒在变,品质永远比数量更有价值。一次就落灰的跑步机带来的意义,跟穿了3年的跑鞋根本不能比。不断使用,才是对物品最好的尊重。

第四,永远记住:生活的主角不是任何东西,而是你自己。一个家最贵的装潢,应该是窗明几净的环境与欢声笑语的氛围。一个人最好的衣裳,永远是清爽的外表加上满满的精气神。

我喜欢简单地做人,没有那么多花招,没有那么多心眼,因为简单,才心安;我喜欢简单的朋友,没有钩心斗角,没有无耻手段,因为简单,更安全;我喜欢简单的生活,没有利益的交换,没有钱财的争夺,一人一茶一书,慢慢品,两人两心两情,好好守。简单,是一种生活态度。

简单两个字,渗着智慧,透着静好。简单是清水涤心的纯净,是心素如简的恬淡,是随遇而安的人生态度。

简单,是一种生活方式。

生活就应该简单,无须多求。我们忙来忙去,都是为了生活,因此应该寻求一种适合于自己的寡淡宁静的生活方式。

简单,是一种人生境界。

用简单的心境,对待复杂的人生,方能淡看得失,从容入世,潇洒自如,拨开迷雾,拥抱晴天。心变得简单了,世界也就简单了,快乐便会生成。

简单,是内心的从容和淡定,就像轻轻走过的岁月,不染风尘。简单,是生命中的静美与心安,不抱怨,不灰心,温润地过好每一天。

心若简单,没有繁杂的迷惑,故而能看透;生活简单,拥有明确的目标,自然能行远。

人生有许多东西是可以放下的,只有放得下,才能拿得起。尽量简化你的生活,你会发现那些平时被忽略的,才是最美的风景。

过简单生活,不争不求,顺其自然,一切随缘。拥简单心境,不气不怨,心胸开阔,心怀感激。放下计较矛盾,轻松地活。看淡金钱财富,知足地过。远离是是非非,不理流言蜚语。

简单做人,简单做事,把大事化小,多一些理解,把小事化无,少一些烦恼。

今生为人本来就不易,何必再跟自己过不去?

让简单的人生,简单地活;把简单的日子,简单地过。

曾读过一句哲言:"每块木头都可以成为一尊佛,只要去除多余的部分。"

人生须臾而过,名和利根本留不住,唯有一个充盈的精神世界,才能给人带来极致的享受。

很少有人知道,陈道明在刚出道时,是个对物质要求很严苛的人。当年他出演《末代皇帝》后火遍大江南北,人也变得浮躁起来。陈道明很快就陷入了纸醉金迷的生活,衣食住行方面都很奢侈。三次登门拜访学者钱锺书之后,他的思想发生了巨大的转变。他说:"你知道在钱老先生他们家,唯一响的东西是什么吗?""没有录像机,没有电视机,没有电话,唯一响的就是药锅子。你能在钱老的家里闻到书香,感到安静,看到从容和真实。"那一刻,陈道明才发觉原来自己活得那么可怜。太过于注重物质享受,让他付出了极大的精神代价。从钱老家回来后,他决心从浮名中抽身出来。

他推掉了无意义的饭局,没事就在家里练毛笔字,看看书,有兴致的时候还会弹上一会儿钢琴。他后来所塑造的角色,都有一种渊渟岳峙的深沉感。为此钱锺书还特意给他写了一封信,称赞他的表演十分传神。

一个人最好的模样,从不是穿金戴银,而是能在车马喧嚣中,安静地食一碗人间烟火,品几回人生起落。人活着,不必追求太多外物,保持一身净气,就是最好的活法。

极简,是一种习惯。它能帮我们剔除那些不重要的东西,让我们追求真正想要的生活。老话说得好:大道至简,繁在人心。生活中的很多不快乐,其实都是人自己施加的枷锁。极简,是一场心灵的救赎,也是对自己最好的善待,简单做人,简单生活。

六、修行是走一条路,一条通往我们内心最深远处的路

教书是一场修行。你的每一个学生,无论是孺子可教,抑或是朽木不可雕,无论是爱屋及乌,抑或是恨铁不成钢,他们都是你教书生涯中的一段经历,他们都在帮助你不断成长,不断完善自己。修行是痛苦的,因为在这个过程中不会总是晴空万里,也不会总是一帆风顺;修行也是幸福的,因为在经历过风吹雨打之后,总会有阳光出现,总会有彩虹出现。在修行的道路上,没有"成者王侯败者寇",也没有谁的风景更美丽,只有一段又一段各具特色的人生,只有一处又一处的风景,无论哪一段,都足够细细咀嚼。

教书之修行在于舍得。

舍得把自己的知识、自己的智慧毫无保留、不计名利地付出,舍得把自己的青春年华托付三尺讲台,舍得把自己的挺拔身子弯成一座桥、一架梯。有舍才有得。只有舍了,才会得所愿。

教书之修行在于承受。

承受生活的清苦,承受条件的艰苦,承受各方的压力,承受世俗的种种。只有不断地承受,我们才会不断从青涩走向成熟,从而收获生命的惊喜。承受,使我们不断走向美丽和成熟;承受,更加彰显出风雨后生命的辉煌。

教书之修行在于包容。

包容他人,是一种智慧;包容学生,就是温暖自己。"学生虐我千万遍,我待学生如初恋。"你用欣赏的眼光看学生,用包容的心态对学生,同时也在不断提升和完善自我。只有真正领略到了欣赏的滋味,真正地拥有包容的心胸、那份坦然、那份自然,才是真正地踏上了修行之路。

教书之修行在于淡定。

五彩缤纷的世界,充满个性的世界,让我们很容易找不着自己的坐标。某某人学习不咋地,现在却拥有千万资产;某某弃文从政成了政坛风云人物……我们要学会淡定,淡定看事物,淡定看人生,淡定看周围的变化。我们的天职是教书育人,需要的是一种精神,一种坚持,一种毅力,拥有了淡定,才能拥有为人师表的恒心。

教书之修行在于超脱。

在这样一个物欲横流充满诱惑的时代,人心不由自主地浮躁起来。"捧着一颗心来,不带半根草去。"陶行知先生告诉我们,教师的价值在于奉献,不在于索取。作为教师,甘为人梯,乐于奉献,虽工作艰辛,吃也清淡,穿也素雅。面对大千世界,我们心怀淡泊,像春蚕到死丝方尽,像蜡烛燃烧自己照亮别人,在平凡的三尺讲台上,坚守着心中那片圣地,用青春和生命谱写无怨无悔的人生。虽然平凡,但是我们的脊梁却支撑着祖国的未来!虽然平凡,但是只要我们捧出真心,是爱总会让人感动!

教书之修行在于感恩。

在哭泣自己没有鞋穿的时候还有人没有脚,抱怨每天工作疲惫的时候已有人看不到今天的日出。怀一颗感恩的心,感恩生活,感恩学生,感恩朋友,感恩大自然。每天用快乐的心去承接生活中的一切,因为我们还好好地活着。

教书修行的内容还有很多很多,尤其是今天,我们要面对比任何时候都多的诱惑。如果不能有一颗快乐的心,一颗淡定的心,我们随时都可能成为欲海中的奴隶,在人海中迷失自己。因此,每天每时,我们都要记住:我们教书,是在进行一场盛大的修行。

戏如人生,人生如戏。台下我们看别人,台上我们演自己。每个人既是自己人生的导演,也是自己一生的主角,而如何演自己这个主角,如何导演自己的人生之剧,关键在于各自的修行。

教书修行路上你和我,静看花开花落,漫观云卷云舒,用一颗佛心来感悟人生,感悟尘事,慢慢地就会修炼成一朵莲花,人生也会因此变得幸福和快乐。

七、忠言要接受,在接受中理解,在理解中成长

人生最精彩的不是实现梦想的瞬间,而是坚持梦想的过程。顺境逆境都值得珍惜,没有什么值得我们刻意改变自己,放下一些沉重,丢下一份忧郁,未来才会多一片翱翔的天宇。看看以下几个小故事,有些问题就容易想通了。

有个小孩对母亲说:"妈妈,你今天好漂亮。"

母亲问:"为什么?"

小孩说:"因为妈妈今天没有生气。"

感悟:原来拥有漂亮很简单,只要不生气就行了。

高僧问:你觉得是一粒金子好,还是一堆烂泥好呢?

求道者答:当然是金子啊!

高僧笑曰:假如你是一颗种子呢?

感悟:这个世界上并没有绝对的好与坏,适合你的,就是最好的。

鹦鹉遇到乌鸦,笼中的鹦鹉安逸,野外的乌鸦自由。鹦鹉羡慕乌鸦自由,乌鸦羡慕鹦鹉安逸,二鸟便商议互换。乌鸦得到安逸,但难得主人欢喜,最后抑郁而死;鹦鹉得到自由,但因为长期安逸,不能独立生存,最终饥饿而死。

感悟:不要盲目羡慕他人的幸福,也许那并不适合你。

八、沉淀自己,取舍人生

沉淀,是一种生活态度。

人生完美的事太少,你不可能什么都想要;人生完美的事太少,你不可能什么都能得到。生活想要拿捏好时间,拿捏好岁月,就要沉淀心灵,不可急功近利,想成大事,就要舍小利,不懂得取舍,就得不到你想要的东西。

人生路上,我们会碰到什么样的人?碰到什么事?他们会给我们的人生留下些什么?痛苦也好,欢喜也罢,伤害也好,我们需要把人生的喜怒哀乐沉淀,然后做一个珍重的取舍。

取舍,是一种人生智慧。

沉淀就是取舍,取舍就是为了更好地沉淀。人生有得有失,属于你的,永远都在,不属于你的,终究会离开。做人,要懂得取舍,要知进退,把好的留下,把不好的舍去,适合自己的才是最好的。

俗话说:鱼和熊掌不可兼得。同样我们也不可能同时走两条道,所以,一定要选择最适合自己的路,这样才能走出属于自己的生活。

人的一生该忘的忘,该放的放,该舍的舍,不强求,不纠缠,不纠结,遵从本心,一切归于本真,一切归于自然。

九、近水知鱼性,近山知鸟音

"近水知鱼性,近山知鸟音",这句话意思是:如果在水边待的时间很长,就会知道鱼的习性,如果在山林居住就能听懂鸟儿的鸣叫。再仔细考虑一下这句话,我们能总结出三个启示。

第一,实践出真知。

有诗云:纸上得来终觉浅,绝知此事要躬行。说出了实践的精髓。虽然书本中积累了大量前人的经验,给我们的启示颇多;但如果能再实践一下,就一定可以更上一层楼。

明代李时珍就是实践出真知的典范。李时珍家里有丰富的医学藏书,他阅读时发现里面有错误,决定纠正书中的错误,把新的经验和知识补充进去。编写这本书是非常困难的,一些药材在古籍中记录得并不十分清楚,甚至连药材的性状都真假难辨。这让李时珍意识到,必须到山里去采集药材,进行实地考察。

他带着书本,穿着草鞋,进入山林亲自采药。比如白花蛇,医书记载可以治疗抽搐,但书中对它的描述极少,也没有讲述白花蛇的习性和形态。李时珍请捕蛇人带他前去捉蛇,并认真观察蛇的习性,从而对白花蛇有了详细的了解。

第二,做事专一,熟能生巧。

我们很多人都有理想、有抱负,希望通过勤奋努力来改变命运。但在成功的道路上充满了荆棘,以致很多人放弃自己擅长的领域,一味踏足自己不熟悉的领域,这样又怎么能成功呢?我们要选择自己有优势的领域。这个世界的行业千千万万,而我们了解的只是沧海一粟。三百六十行,行行出状元。在别人擅长的领域中,你可能只是个小学生。

第三,把握实践的主动性。

现实是此岸,理想是彼岸,中间隔着湍急的河流,行动则是架在川上的桥。

每一个人都有自己的理想,它会让我们对生活充满热情,会让我们无视苦难。但有了理想也必须迈出步子,付诸实施理想才能实现。试想一下,到了水边,进了山林,不去仔细观察鱼的嬉戏摆尾,不去欣赏鸟儿动听的鸣叫,我们又如何识别鱼性和鸟音呢?

十、耐得千事烦,收得一心清

过日子,就是麻烦叠着麻烦。因此,"耐烦"是人生中的必修课,处事耐烦,做人耐烦,工作耐烦,读书耐烦。耐得住烦,方能迎来自身的历练与成长,收获内心的清静与安宁。

处事耐烦,有静气。

遇事必须得耐烦去做。害怕麻烦、逃避麻烦,这件事就注定做不成。毕竟,麻烦人人都会遇到;遇事耐烦,却并非人人都能做到。而耐烦的好处,就是浇灭心头的火气,让内心恢复从容平静。从容平静可以产生智慧,遇事才能处变不惊,才能安稳如山。

为人耐烦,得人和。

做人要耐得住烦,才能拥有好人缘。

曾国藩在与属下闲谈时,曾语重心长地说:我年轻时喜欢与人顶着干,稍有不满意,就怨这怨那。现在老了,没力气与人争执,也懒得去抱怨,内心反倒平静,于人际关系上也圆融了许多。所以你们要记住,能不能得人和,就看你耐不耐得烦。表现在外,是要不骄不躁;蕴藏于心,是要自省自查。

工作耐烦,见成长。

曾国藩说:"居官,以耐烦为第一要义。"

古代官场的"耐烦之道",放到现代职场中依然通用。不被领导看好,要坐得住冷板凳;待遇不够丰厚,要过得了苦日子;加班应酬太多,也要勤恳踏实;不仅要安分守己,更要尽心尽力。因为,是金子,总有发光的那一天。而且,曾国藩的亲身经历告诉我们,尽心尽力去工作,自身就会逐渐成长。

读书耐烦,能投入。

必须打好基础,才能建造房子,道理我们都懂,但人总是好高骛远,妄图找到踏平书山学海的捷径。读书须耐烦,一而再、再而三地咀嚼书中妙义,反复思考先贤之道,才能咂出滋味,甘之如饴。

十一、心清,心定,心安

人生这场修行,重在修心。只有内心深处清净、坚定,才可以抵御世间的不安与躁动。

静,是一种品格,沉淀自己,戒除浮躁。"水静犹明,而况精神!"水面平静下来,就会变得清澈透明,人的精神也是一样。

王阳明游南镇,一友指出岩中花树问曰:"天下无心外之物,如此花树在深山中自开自落,与我心亦何相关?"

王阳明回答说:"你未看此花时,此花与汝心同归于寂。你来看此花时,则此花颜色一时明白起来,便知此花不在你的心外。"沉淀下来,便能体察入微,世间万物,皆在我心中。而追逐外物,丢失本心,成为欲望的囚徒,实在是舍本逐末。心若清净,何来闲思、杂想、妄念?人活一辈子,怎样才算活得通透?静水流深,方能经得住时间的摇荡,保持内心的平和与从容。

王阳明少年时,立志要读书做圣贤。在他眼中,圣人就是"为天地立心,为生民立命,为往圣继绝学,为万世开太平"。为实现这一志向,王阳明每日研习兵书战策,甚至独自到居庸关考察边塞地形。王阳明说:"持志如心痛,一心在痛上,岂有工夫说闲话,管闲事?"所谓三心二意、半途而废,只是心不够定、志不够坚。

孔子曰:"三军可夺帅也,匹夫不可夺志也。"欲成志向,就要耐得住寂寞、经得起挫折。志向不够坚定的人,往往无法充分发挥自己的能力,自然也就无法获得最后的胜利。一心不动,才能深入"人迹罕至"的境地,取得常人无法企及的成就。

禅宗要求我们,用"戒、定、慧"的功力,来治自己的"贪、嗔、痴"。

世间万事纷至沓来,有人焦头烂额,有人却泰然处之。只有做到不动心,才能得到真正超然物外的洒脱。

一个人如果放弃积德行善,最大的坏处不是来自外界的惩罚,而是良心的谴责。不为名所拖累,不为利所诱惑,内心才能安然而强大。

外在的危机容易度过,心中的危机不易消解。是非善恶,往往只在一念之间;时刻谨记,不违背良知,才对得起一片澄然本心。

人活在俗世当中,难免触及一些身外物,诸如金钱、名利、地位,关键就在于,能否让自己的本心遵循良知的指引。

俗话说得好:"不做亏心事,不怕鬼敲门。"存善心、做善事,内心自然平和安定。

明代大儒方孝孺说:"交善人者道德成,存善心者家里宁,为善事者子孙兴。"积德行善,不仅关乎自身,更关乎后世子孙。

第二节　命运就是路和车

一、命运

命运是两种事物,定数叫命,变数叫运。所谓的命,就是你的人生道路。这条路是你生下来之前已经修好了。有的人生下来拥有的财富我们这一辈子也攒不出来;有的人生下来颜值很高,我们整容也比不上。在命上面,我们要认识、认知、认同,简称认命。

认命并不代表我们不努力,因为你除了命之外,还有运。运是什么?就是你人生的变数。道路定了,但是在这条路上开什么样的车,是你自己修炼出来的。

命运就是路和车的关系。我们大多数人的路确实一般。不过,通过学习,通过训练,通过提升,如果能修炼出一架小飞机,在悬崖绝壁也能找到广阔的未来。

所谓普通,不是消极逃避,而是知命不忧;不是汲汲名利,而是心有追求;不是强挑重任,而是素位而行。这就是普通人,乐天知命胸襟旷达的普通人,也是乐于奉献、成就英雄的普通人。

佛家有云:"一饮一啄,莫非前定。"意思是,凡事皆有因果,每个人命运的走向早已注定。先天之命由上天注定,后天之命靠自己修行。

现实生活中总有人不努力反而拿"命运"当借口,以图获得心理安慰。

命,是失败者的借口;运,是成功者的谦辞。

二、三类人不同的命运

社会的人分为三个类别:一类人,格局决定成就;一类人,一心解决问题;一类人,专论是非对错。

第一类人,改命运。

中国最需要的,是有大格局的人。他们早已远离是非对错,也不会被具体的问题所牵绊,擅长跳出事情看事情,喜欢总结归纳。

他们不会因为是非对错而伤了感情,他们常常喜欢站在问题的最高点,以大局为己任。同时他们总是把姿态放得很低。

山不畏其高,高者为峰,高是一个人的格局;水不畏其低,低者成渊,低是一个人的姿态;大格局的人既像山一样高远,又像水一样以柔克刚。这类人能与万物融合甚至妥协,所以不招怨恨;愿意去别人不愿意去的地方,因此能"海纳百川";能滋润万物,因此是万物之所向。他们自信,但不自大;他们狂放,但不狂妄。

先天之命已注定,后天之命自己修。改变自己的后天之命,才是人生修行的真谛。

孔子曾周游列国,推行他的政治主张。遗憾的是,当时是春秋末年,各诸侯国忙于扩张争霸,礼乐败坏,仁义之道并没有得到任何一个国家重用。但孔子没有就此认命,而是继续他的教育和编书工作,携门下弟子三千,将儒学发扬光大。

自汉朝到清朝,儒学始终是中国的正统学说,至今仍生生不息,孔子也被世人尊称为"至圣先师"。

第二类人,拼命运。

有些人喜欢对人不对事,而第二类人喜欢对事不对人。

因为他们已经具备解决实际问题的能力,所以他们在潜意识里开始远离各种是非对错。他们往往有自己的兴趣和爱好,有自己清晰的定位。

他们喜欢讲理,一般的人那里传过来的流言蜚语,其中情绪化的东西会被他们自动过滤掉。他们不会和一般的人争吵,不是他们不会吵,而是他们不想降低自己的姿态。他们喜欢彼此协商和理解。总之,他们一切行为都在围绕解决实际的问题。

他们不喜欢沉溺世俗,也不擅长形而上学,喜欢就事论事,埋头做自己的事。

《菜根谭》中说:"天地有万古,此身不再得;人生只百年,此日最易过。"一个人最大的破产是绝望,最大的资产是希望,创造机会的人是勇者,等待机会的人是愚者。世上没有不可认知的事物,关键看是否拥有足够的能力和认知水平。

面对命运,有人哭天喊地埋怨上天不公,有人垂头丧气地低头认命。但难得来人世间走一遭,真正厉害的人,选择拼命向上,以实现跨越。

著名作家邢庆杰曾经谈起自己的过往。他自小家境贫寒,初中毕业就辍学回家,和同村的人一起在工地上搬砖、筛沙、和泥。即使每天累到动弹不得,他也没有放弃读书创作的习惯。认真干完活儿后,别人都在休息闲聊,只有他在不停地写。同行的人不理解,甚至还出言嘲讽,但他始终咬牙坚持创作,哪怕稿件投出去石沉大海。后来他还卖过猪肉,没人光顾的时候,他就趴在案板上,写下心中的所念所想。

苦心人,天不负,无数次投稿被拒后,他的文字终于得到读者认可,知名度也越来越高。

第三类人,认命运。

如果谈问题,他们能力不够,如果论格局,他们高度不够,于是就专论人的是非。他们从不关注问题本身,喜欢凭借内心的臆测给别人戴帽子。由于不善于解决问题和创造价值,他们就只能站在道德和人品的制高点,以传统世俗观念为依据,去批判和非议一个人。

他们一旦否定了一个人,这个人做的一切都是不对的,他们喜欢先给对方扣上一顶帽子,然后尽情往对方身上泼脏水。他们还会互相议论,在自己的群体中产生集体效应,这样就可以打倒和推翻一个人。

他们最在乎的是自尊和面子。一个人越是百无一用,越执念于那些无足轻重的底线,处处都表现出自己强大的自尊心。他们脆弱而敏感,实的不行就来虚的,于是产生了补偿心理,越失败就越要面子,急需获得别人外在的称赞和认可。

我们的一生是和挫折、坎坷斗争的漫漫长途,都有无能为力的时刻。但有人却早早地向命运妥协,失去了对抗的勇气和对成功的期待和坚持。

《红楼梦》中的迎春,父亲荒唐,生母早逝,常被家人轻视甚至遗忘。

在贾府里她不擅交际,习惯了被打压欺侮,情商低下,众人都称她"二木头"。她自己也不想去改变现状,得过且过,麻木不仁,听天由命。后来她被父亲嫁给孙家抵债,出嫁一年后,就被孙绍祖家暴凌辱至死。迎春的一生,就是认命的一生,懦弱怕事,毫无心气和斗志,最后只能是悲剧收尾。

反观同是出身卑微的探春,却活出了不一样的人生。她从不认命,饱读诗书,善于交际,待人和善,靠自己在府中找到了一席之地。

力争上游,改变自己的境遇,才是人生最该有的态度。

三、把握命运,必须解决好四大关系

任何人要把握命运,走好人生道路,创造有价值的人生,都必须协调好这四种关系。

第一,人和人的关系。儒家研究人和人的关系,它的基础概念叫"仁"。人和人之间关系复杂,要学会适应不同场合,随遇而安,有时候沉默也是一种境界。在不同场合接触的人不一样,聊的话题也很广。人际关系是一门学问,多接触多碰壁,自然而然就学会了处理人际关系。

第二,人和自然的关系。道家研究人和自然的关系,它的基础概念是道法自然,清静无为。在唯物辩证法看来,世界上的任何事物都是矛盾的统一体。我们面对的现实世界,就是由人类社会和自然界双方组成的矛盾统一体,两者之间是辩证统一的关系。人与自然是相互联系、相互依存、相互渗透的。人生于自然界中,其本身就是自然界的一部分。

第三,人和规则的关系。法家研究人和规则的关系,讲自律、律人、明规则、潜规则,所以它的基础概念叫"止"。我们都在有规则地生活,我们也都在人情社会中生活,要懂得适可而止。究竟是规则重要,还是人情重要,我们生活久了就会明白。我们需要规则,有些时候也需要人情,当人情大于规则的时候,社会就不正常啦。当规则比人情更重要的时候,人们都会在规则中生活。我们必须在工作生活中处理好这二者的关系,做一个既懂规则又会生活的人。

第四,人和自我的关系。佛家研究人和自我的关系,和尚和尚,以和为

上,求和至上,解脱自在平常心,它的基础概念叫"和"。

认识自我的困难就在于"我"之复杂,每个人身上都有四个"我":一是公开的我,自己知道别人也知道的部分。二是隐私的我,自己知道别人不知道的部分。三是背后的我,自己不知道别人知道的部分。四是潜在的我,自己不知道,别人也不知道的部分。前两种可以说是浅层的,易于认识的,绝大部分人的盲点在于后两种。自我感觉良好,时常沉溺于自恋幻觉中的人,是因为不知道背后的我,总将当面的恭维和逢迎的捧场视为全部的评价。自卑自贱自惭形秽者则失落于不知有潜在的我。

认识自己的一个关键是要正确分辨烦恼,不要被无谓的烦恼遮蔽,影响自我的判断。有心理学家对烦恼进行了数字化分析,认为人们的烦恼中,有40%属于杞人忧天,30%是无论怎么烦恼也没有用的既定事实,12%是事实上并不存在的幻想,还有10%是日常生活中微不足道的事。也就是说,我们心中有92%的烦恼都是自寻的。

清除自我认识中的盲点,是一种积极的自我开拓。当然,即使到了生命结束的时刻,我们都无法穷尽自我的潜能,但是时时警醒自我、激励自我仍是十分必要的。唯有如此,我们才能不虚此生。人类不断成长,是因为能不断认识自我,磨炼自我,提升自我,善待自我,而认识自我则是人生"自觉"的起点,人生永恒的主题。

磨炼自我,自强不息,是实现自我价值的起始和前提,是对中国人积极人生态度最集中的理论概括和价值提炼,也是人类在认识自我之后首先要建立的立命之说。

传统文化、诸子百家,其实都是在围绕四大关系做探讨、做研究,只不过大家侧重点不一样。在这四大关系中,最难、最具有挑战性、最基础的,是第四种关系——人和自我的关系,这个关系应该怎么处理?怎么解决?须得去除邪知邪见,调整认知框架。

虽然苏东坡一生中坎坷不断,但是他写的作品乐观、豁达,充满了正能量。苏东坡的《念奴娇·赤壁怀古》写得特别豪迈,特别大气。当时小人正在算计他,朝廷正在打压他,他身边的朋友正在背叛他。在这种情况下,苏东坡能写出如此豪放的词让人特别佩服。苏东坡用强大的"去除邪知邪见,调整认知框架"的能力,把人生路上的每一坛苦水都转化成了美酒,这种转化能力特别让人佩服,值得我们好好学习。

四、知命,不怨天;知己,不怨人

曾国藩说:"人生有可为之事,也有不可为之事。可为之事,当尽力为之,此谓尽性;不可为之事,当尽心从之,此谓知命。"

知命,是一种生活的态度,是一种生命的豁达,要求我们抑制欲望,心存敬畏,遵循生命的规律,面对现实的人生,改变可以改变的,接受不能改变的,做好能够做到的,正视无法做到的。

成熟的人不问过去,聪明的人不问现在,豁达的人不问未来。释迦牟尼佛说:"一个人如果有觉悟的人生,虽然睡卧草皮,也会觉得很快乐。不懂得人生的人,就算是跑到天堂上去,也活得不快乐。"知己者不怨人,与其抱怨天太黑,不如自己来点灯。

时时见人不是,即诸恶之根;时时见己不是,乃万善之门。人生至愚是恶闻己过,人生至恶是善谈人过。人之不自知,正如"目不见睫"——人的眼睛可以看见百步以外的东西,却看不见自己的睫毛。自以为是者不足,自以为明者不明。自明,然后能明人。

流星在灿烂的星空中炫耀自己的光亮时,也就结束了自己的一切。论起荣华富贵,原不过是过眼云烟;荣枯得失,犹如水月镜花,事过即忘。持身不可太皎洁,一切污辱垢秽,要容纳得;与人不可太分明,一切善恶贤愚,要包容得。

知命者不怨天,知己者不怨人。人只要掌握自己,便什么也不会失去。

五、认命修运,把握人生

每个人都希望在自己的人生路上,能有如指明灯一般的人,给予一两句箴言,指引自己前进。经历过人生的起起落落才发现,人生的很多智慧,其实就藏在生活的点点滴滴之中。读读以下几个小故事吧,虽然很短,但蕴含的道理很深。

天亮不亮不是鸡说了算

鸡叫了天会亮,鸡不叫天也会亮,天亮不亮不是鸡说了算,关键是谁醒了。

感悟:每天醒来,都是新生。健康地活着,是世界上最重要、最幸福的事。趁着阳光正好,出去走一走吧!这世间的一草一木、一花一鸟皆是美好,不要辜负了这美好的时光。

珍惜当下,积极快乐

有个人买了一箱梨,天气热怕梨坏了可惜,每天挑几个最差的吃掉,最后却吃了一箱烂梨。

感悟:人生亦如吃梨,因为在意每天不开心的事,一辈子都得糟心下去;把糟心的事放下扔掉,每天阳光一点,你就灿烂一辈子。时刻留意,不要让自己栽在坏情绪中。

做一个大格局、高情商的人

一滴墨汁落在一杯清水里,这杯水立即变色,不能喝了;一滴墨汁融在大海里,大海依然是蔚蓝色的。为什么?因为两者的肚量不一样。

不熟的麦穗直刺刺地向上挺着,成熟的麦穗低垂着头。为什么?因为两者的分量不一样。

感悟:宽容别人,就是肚量;自己谦卑,缘于分量;合起来,就是一个人的质量。格局越大,越懂得宽容;情商越高,越懂得低头。愿我们都能成为一个具有大格局的高情商之人。

坚　　持

香水,95%都是水,只有5%不同,那是各家秘方。人也是这样,95%的东西基本相似,差别就是其中关键性的5%,包括人的修养、品格,这些决定了人的快乐、痛苦。

感悟:秘方要研究5年、10年才加到水里成为香水,人也是一样,要经过成长锻炼,才有自己独一无二的味道。所以,学习很重要!坚持很重要!

比别人多一点努力,你就会多一点成绩;比别人多一点执着,你就会多一点机会;比别人多一点坚持,你就会多一点收获。

请相信,只要有所坚持,时光的流逝就会少些遗憾;只要有所坚持,岁月的旅途就能充满期待。

人,不能活在别人的议论之中

一对父子牵着驴上街,两人都步行,有人说他们脑袋笨;儿子骑,有人说儿子不孝顺;父亲骑,有人说父亲太狠心;父子同骑,有人说他们不爱驴。最后,父子俩只好抬着驴回家了。

感悟:如果自己没有主见和定力,处处为别人的言行所左右,只能干出父子抬驴的傻事。

学会休息和快乐很重要

狐狸发现一窝鸡,因太胖钻不进鸡窝,于是饿了三天终于进入。饱餐后又出不来了,只好重新饿三天才出来,最终它哀叹自己在这个过程中除了过嘴瘾,就是白忙活。

感悟:人生何尝不是如此?赤条条来,赤条条去,无人能带走一生经营的财富与功名。

用青春赚的钱,难以买回青春;用生命赚的钱,难以买回生命;用时间挣来的钱,难以挣回时间。即使用一生挣到全世界的钱,用全世界的钱也买不回自己的一生。

100-1=0的人性道理

家长会上,一位老师在黑板上做了这4道题:

2+2=4

4+4=8

8+8=16

9+9=20

家长们纷纷说道:"你算错了一道。"

老师转过身来,慢慢地说道:"是的,大家看得很清楚,这道题是算错了。可是前面我算对了3道题,为什么没有人夸奖我,而只是看到我算错的一道呢？"

老师接着意味深长地说："家长们，教育的真谛不在于发现孩子的错误之处，而是赏识他们做得对的地方。"

感悟：做人也是这样，你对他百次好，也许他忘记了，但如果有一次不好，也许会抹杀所有！这就是 100-1=0 的人性道理。朋友之间如此，亲戚家人之间亦如此。今天提此话题，就是为了让友谊长存，亲情永在。朋友之间退一步为上，亲人之间让一步为高。受过人滴水之恩，理应涌泉回报。这才是做人的真谛。

对路上坑洞的不同描述

有两个观光团去旅游，遇到一段很坏的路况，到处都是坑洞。一位导游连声说："路面简直像麻子一样。"而另一个导游却诗意盎然地对游客说："我们现在走的正是当地有名的迷人酒窝大道。"

感悟：虽是同样的情况，然而如果用不同的眼光看待，就会产生不同的态度。思想是何等奇妙的事！如何去想，决定权在自己。

第九章 沐浴关怀,登山则情满于山,观海则意溢于海

第一节 情深如海,山高水长

"读书育己、教书育人、著书育世"一直是我的教育理想和追求,我认为,这才是一个人读书后应该达到的境界,即学以致用,否则,读与不读都无所谓。

读书能育己。读书能让自己的视野开阔,能让自己的思维灵活起来,读书是自己最好的修行与提升。

教书需育人。育人才能在教育实践中贴近教育本质,才能让自己真实地聆听孩子们的心声,才能让自己的教育和教育写作有生命力。

著书能育世。用自己的笔把自己对教育的实践和思考写下来,站在教育的立场,而不是教师的立场写文章,希望自己的教育思考能够贴近教育的本质和真谛,能够引起更多教育人士的关注和思考,启示大家深入思考和总结我们眼下丰富的教育实践,能够正确对待眼前纷繁复杂的教育现象,理性从事自己的教育事业,从而泽被教育或者促进教育的长足发展。

读书育己、教书育人、著书育世这三者,离开任何一个方面,都不能真正达到读书的目的和宗旨。读书不是炫耀,而是内在心灵的成长和完善。好书如水,似茶,细细品,慢慢尝,个中滋味才能体会。

专业阅读,是站在大师的肩膀上前行;专业写作,是站在自己肩膀上攀升;专业交往,是借助集体的翅膀飞翔!

我是1987年7月于河南大学毕业,2001年6月于中国人民大学研究生院文学院毕业,中共党员,现任河南省教育学会语文教育专业委员会主任委员、河南省松静匀乐教育科技中心主任、河南省松静匀乐融媒体中心总策划、河南语文网主编、河南网总编、《大语文教育》主编。先后出版的著作有《考场作文指南》《中学作文艺术选评大观》《中学语文知识疑难辨析》《敬业爱岗和教育情怀》《语文人生》等40多本。承担河南省教育科学规划重点项目,其成

果《中学生怎样学习》一书作为中学开设的学法课教材,由河南人民出版社出版发行。在报刊上发表论文200多篇。1995年以来,先后应邀到江苏、河北、山西、陕西、海南、山东等20多个省讲学600多场,2016年10月应邀到马来西亚10余所大、中、小学讲学。《中小学教与学研究》《河南教研》《语文教学通讯》《语文知识》《东方青年教师》等杂志以封面人物先后作了介绍。先后被评为河南省优秀教研员、全国优秀教研员。

我的奋斗精神和取得的成绩引起教育理论界有关领导、专家、学者的关注和鼓励,他们题词、致信或赠书给予嘉勉。这给予我勇气和动力,时时激励我沿着"教书、读书、著书"之路,踔厉奋发、笃行不息。回首岁月,感慨万千,在我的人生道路上,他们的名字永驻我的心中,他们的教诲永远铭刻在我的心田。

每一个特殊的日子都值得纪念。这样的日子,记录了曾经的美好与厚重,日历上简单的数字其实写满了岁月的峥嵘与繁茂。纪念,应该由内而外,应该内外合一。如此,这些日子才会真正成为警示的钟声或奋进的锣鼓声。真心希望在不息的钟声与锣鼓声中,我们每个人都能不忘初心,以昂扬的姿态奔向灿烂辉煌的前方。

纪念日,不是我洗去风尘、稍事休息的驿站,而是我追忆过往、整装待发的长亭。纪念日,不断提醒着我笃行如初,行稳致远。

如果说时间是一条单行道,那么纪念日就是道路两侧最醒目的路标,它告诉我怎样从昨天走到了今天。时间永不停步,纪念日不会消失。记住它,可以让日历上简单的数字成为岁月厚重的注脚,而它也不断提醒着我带着初心奔向前方!

第二节　心中长存感激,学会感恩

一、感恩生命里遇见的每个人

幸福源于对生活的满足,感恩源于心灵的美好,喝水不忘挖井人,吃粮感恩耕地民。心存感恩,我们会更加热爱这个世界,热爱生活,热爱生命。

有一种快乐,相互感应;有一种关怀,感动心灵;有一种想念,纯洁温馨;有一种祝福,真诚厚重。无论我们平时多么沉默,多么不愿表达自己,在今天,勇敢说出我们的感谢!朋友如山重,情谊大无边;余生皆牵挂,相互都平安;同享自然福,潇洒天地间。

人的一生,需要感谢的人很多,而在这些值得感谢的人中,我们最先要感谢谁?

要问这个世界上谁的爱是最无私的,答案只有一个,那就是父母。我们应该感谢给予自己生命、养育自己长大、宠爱自己的父母。他们让我们有机会体会酸甜苦辣的滋味,有机会感受成功的喜悦、爱情的甜蜜,走完人生的每个篇章。

在曾经工作过的单位,同事可以成为朋友;社会各界有过交集在同一个频道者会成为朋友。在遇到困难时,朋友会毫不吝啬地提供帮助,在面临不易选择的问题时,朋友也会帮着分析研究。有朋友在的日子,孤独的感觉从未光顾,忧愁可以分担,快乐也能分享。

我们应该感谢无私传授知识、耐心讲解道理的老师。不管是课堂上的,还是生活中的,只要是教导过自己的,都应铭记于心,因为一日为师,终身为父。

爱情之所以为爱情,是因为它可以让身在其中的人发现生命的另一种意义,让还未涉足爱河的人有了可以期待的理想。虽然会有泪水,会有失望,但我们还是应该好好感谢自己的爱人,感谢她们陪伴我们成长,陪伴我们经历,陪伴我们走过最美与最苦的日子。

感谢自己的坚持,感谢自己的努力!有时,看重自己才会得到别人的重视,无论是收获成功还是面对挫折,都需要自己去体会,去跨越。感谢自己,不曾辜负如歌的青春岁月。

人有时总会害怕寂寞,感谢一直陪伴在左右的同学或同事。有他们在身边,我们就不会感到孤单。

长途漫漫的奋斗过程中,支持我们的人值得我们感谢,他们肯定与赞成的话语是我们前进的动力。

我们应该感谢那些愿意包容我们的人。在我们犯错的时候,他们给予包容;在我们纠结时,他们小小的鼓励打消我们的忧虑,让我们以轻松的心态面对以后更多的困难。

感谢所有的家人作为坚强的后盾,让我们在受伤时能得到安慰,失败时能得到鼓励。

有时候,人总是会固执极端,直到被无情地伤害至心痛才恍然大悟。感谢那些伤害过自己的人,他们让我们明白了什么才是自己值得珍惜的。

一个人的开心是有限的,而那些能够带给我们快乐的人,是值得我们真心感谢的。

不断地寻求创新,赶超对手的同时,我们也在超越自己。感谢生命中那些对手,让我们在竞争中不断提高自己。

我们可能来自天南海北,我们不曾谋面,不知彼此真实姓名,甚至不知道彼此的性别,但是,我知道,你一直关注着我,支持着我,鼓励着我,感动着我。每天你会盼望等待我的出现,我发的每一篇文章你会细心品读,我写的每一段心语你会深深喜爱,我选的每一首音乐你会静静聆听……你的名字,你的足迹,你的殷殷问候,都给我带来贴心的温暖,我的每一个平凡的日子,因为有你而变得不再平凡,我的周而复始的枯燥的生活,因为有你而变得美丽丰盈。我想由衷地告诉你:认识你真好!感谢这一路上,你陪我走了这么远的路,和我一起欢笑一起忧伤,一同幸福一同祝福。虽然我们不是肝胆相照的朋友,不是情同手足的兄弟姐妹,但是,我依然感谢和欣喜能够拥有这份情谊,遥远地注视,默默地支持,静静地等待,深深地祝福!

生活,就是朝起暮落的辗转。人生,就是月缺月圆的浮沉。行于尘世,重要的是有一颗感恩的心。感恩,是人生的阳光和雨露,一个懂得感恩的人,定是一个善良的人,一个虚怀若谷的人,一个心地澄明的人。心怀感恩,便能感受到一滴水的纯净,一朵花的芬芳。

茫茫人海,遇见是一种缘。我们生命里遇见的那些人,都不是偶然,而是一种必然。他们有的是来欣赏你的,有的是来帮助你的,有的是来修炼你的,有的是来保护你的……无论是哪一种人,我们都感恩这份遇见。因为他们给了我们经历,让我们不断成长,让我们懂得了人生的幸福和珍惜。

二、常怀感恩之心,世界如此美好

世界上最可贵的四个词:相信、认真、坚持和感恩。相信的人拥有了机会,认真的人改变了自己,坚持的人改变了命运,感恩的人留住了福报。

人一辈子,不能忘恩。俗话说:"滴水之恩,当涌泉相报。"电视剧《请回答1988》,讲述的就是住在双门洞那些人的相处日常。可就是这平平无奇的日常,打动了无数的观众。

美兰家的条件在双门洞是最好的,但她从来没有看不起任何人,反而经常帮助其他人。买了贵的食材,要分给大家;冬天会订很多煤球,分给大家取暖。有次,德善妈妈因为家里窘迫,想向美兰借钱,可因为开不了口,悻悻地回家了。回家后她发现,美兰早就把钱放在她的菜篮子里了。美兰对大家的好,大家都看在眼里。

当美兰有烦恼的时候,大家都会开解她;当得知美兰有梦想没实现,也会尽力帮助她实现。他们之间相互付出,也相互感恩,才有了那么温暖有爱的相处模式。

有人说:"人性最大的恶,是不懂感恩。"深以为然。不懂感恩,会让人情变得冷淡,会让社会变得更加冷漠。在这个世界上,没有什么事情是理所应当的。别人对你好,是因为别人善良;别人帮助你,是看重你们之间的情分。所以,任何时候,我们都要记住别人的好。虽不能及时偿还,也要心存感激,铭记在心。

正所谓,心存感恩之心,身行积德之善。懂得感恩的人,能得到更多人的温暖和帮助。

随着年龄的增长,越发觉得日子过得很快,转瞬就是一天,转眼就是一年。回望生命的路途,好像没有什么可以抓住的,无论开心的还是痛苦的,都已经远去了,唯留下爱、留下感动在心底,唯留下感恩在心间。

感谢生活给我的一米阳光,让我在每一个清晨,都带着希望开始一天的奔波,那些为工作为梦想而拼搏努力的汗水和泪水,待到多年以后翻阅,终是人生的一笔财富。感谢命运赐予我的一方晴空,让我守着寻常烟火,与在乎的人一起平静、安稳地度过每一天。

人生不可能都是风和日丽,有顺境也有逆境,感谢生命中那些春暖花开的情意,给我们鼓励和信心,让我们以一颗强大的心战胜困难,走过人生的一程又一程。

三、心中常存感激,学会感恩,心路才能越走越宽

感恩是一种美德,感恩更是一则芬芳的誓言;感恩是一种幸福,感恩更是一个永恒的支点。

人好遇知音,心诚交善人,厚德行天下,人慈福满门。感恩是一种处世哲学,是一种生活态度,是一种优秀品质,是一种道德情操。感恩是生活中的大智慧,也是一种歌唱生活的方式,它来自对生活的爱和希望。

一个懂得感恩并知恩图报的人,才是天底下最富有的人。感恩是一份美好感情,是一种健康心态,是一种良知,是一种动力。人有了感恩之情,生命就会得到滋润,并时时闪烁着纯净的光芒。

永怀感恩之心,常表感激之情,原谅那些伤害过自己的人,人生就会充实而快乐。

人自有生命的那刻起,便沉浸在恩惠的海洋里。一日为师,终身为父;滴水之恩,涌泉相报。心存感恩,知足惜福,人与人、人与自然、人与社会才会变得如此和谐,我们自身也会因此变得愉快而又健康。

心存感恩的人,才能收获更多的人生幸福和生活快乐,才能摒弃没有意义的怨天尤人。心存感恩的人,才会朝气蓬勃,豁达睿智,好运常在,远离烦恼。

我们成长的每一步,都有人指点;我们生活的每一天,都有人帮助。所以,我们才能渡过一个个难关,一步步走向成功,创造并享受美好生活。

尤其对于父母的养育之恩,我们应该用一生来报答。我们应该在父母的身边站成一棵树,开满一树感恩的花,花叶不败,感恩无终。

在我们的心中树立一座感恩碑吧,永远地感激亲人和朋友!

第三节　不管走多远,勿忘初心

"不忘初心,方得始终。"什么是初心?

1912年春天,哈佛大学教授桑塔亚纳正站在课堂上给学生们上课,突然,一只知更鸟飞落在教室的窗台上,欢叫不停。桑塔亚纳被这只小鸟吸引,静静地端详着它。

过了许久,他才转过身来,轻轻地对学生们说:"对不起,同学们,我与春天有个约会,现在得去践约了。"说完,便走出了教室。那一年,49岁的桑塔亚纳回到了他远在欧洲的故乡。数年后,《英伦独语》诞生了,桑塔亚纳为他的美学绘上了最浓墨重彩的一笔。原来,初心就是在人生的起点所许下的梦想,是一生渴望抵达的目标。

初心给了我们一种积极进取的状态。苹果公司创始人乔布斯说,创造的秘密就在于初学者的心态。初心正如一个新生儿面对这个世界一样,永远充满好奇、求知欲和赞叹。因为如此,乔布斯始终把自己当作初学者,时刻保持一种探索的热情。

每个人都拥有自己的初心。在这个时代,初心常常被我们遗忘。

人生只有一次,生命无法重来,要记得自己的初心。经常回头望一下自己的来路,回忆当初为什么启程;经常让自己回到起点,给自己鼓足从头开始的勇气。

不忘初心,才会找对人生的方向,才会坚定自己的追求。

就像一首诗所言:从前,所有的甜蜜与哀愁,所有的勇敢与脆弱,所有的跋涉与歇息,原来都是为了向着初来的自己进发。

白岩松说,在墨西哥有一个离我们很远却又很近的寓言。一群人急匆匆地赶路,突然,一个人停了下来。旁边的人很奇怪:为什么不走了?停下的人一笑:走得太快,灵魂落在了后面,我要等等它。

是啊,我们都走得太快。然而,谁又打算停下来等一等呢?如果走得太远,会不会忘了当初为什么出发?

无论时间如何飞快流逝,我们都要过好每一天,热爱每一天,接纳每一次境遇,接受每一次考验,直面每一回选择,不辜负每一段陪伴。愿我们在每一天,等一场精彩,留一份安静,记一份成长,立一个信念,遇见一个更美好的自己！无论何时何地,让我们带上积极向上的心态,保持对生活的热爱,继续一路前行。愿往后的日子,都是崭新的;愿我们每个人追逐内心,过自己喜欢的生活,即使平凡,也要过得洒脱。

后　记

教师是人类灵魂的工程师，是人类文明的传承者，承载着传播知识、传播思想、传播真理，塑造灵魂、塑造生命、塑造新人的时代重任。怎样让广大教师安心从教、热心从教，《敬业爱岗和成长智慧》应运而生。

我牢记冰心老人1994年教师节给我的题词："教书、读书、著书。"本书全面描述了我走过的人生之路，对年轻的老师来说，就是自己的未来之路。

倾情赋予教师能量，点燃教师成长热情。《敬业爱岗和成长智慧》以岁月为笔，情感为线，深情描画出一条敬业爱岗和成长智慧之路；以生活为经，以语文为纬，织出一幅立德树人的精品画卷。本书以激发教师工作热情，使教师守住赤诚初心为宗旨，激励教师敬业爱岗，不负自己，不负学生，不负家长，不负社会，牢记教书育人的使命，履行人民教师的神圣职责，快乐、自信地过好每一天。

生命路上，我们都不是孤立的个体，总有一些人与我们因各种因缘际遇相会在一起。而在文字间能够相知相守的人，便是岁月为我们留下的最真的人，让我们想起来就心中温暖。

缘分的渡口，有缘遇见的人总会在文字里共度每一个晨昏，在两个灵魂之间，尽显文字的浪漫与风流，注定相伴走过美好的一程。

高山流水遇知音，相依相伴文字中。即便此生未曾谋面，也会似久别的故人。

当历史的烟云散尽，昔日的岁月依旧闪烁着智慧的光芒。穿行于泛黄的书页间，在文字的海洋里淬炼、身处浮华俗世的我们，染一缕浩渺星辰的微芒，照耀自己，也辉映别人。那些清澈干净的文字经过朝夕相处，就如我们灵魂的亲密伴侣，给我们带来红尘深处最好的精神的洗礼。跨越时光的长河，那些曾经仰望的智者，不知在何时何地，便悄然来到我们身畔，与我们一起度过寂寞而丰盈的美好时光。有一种陪伴，一直在心间。愿时光不老，我们不散。

  本书得到了谢迪、张卫华、李正林、秦远晴、丁品森等诸多教育界前辈和各地教育界专家学者的热情帮助和大力支持。特别感谢国家教委原副主任柳斌作序,著名教育家魏书生题写书名,著名作家冰心、著名教育家钱梦龙等人题词。真诚感谢文心出版社牛小海、贾利娟、左清敏同志的精心策划,感谢河南省松静匀乐教育科技中心、河南梦龙教育科技有限公司在满足各地用书及后续讲学方面提供的至诚优质服务,感谢所有对本书提出修改意见、提供过帮助和支持的专家、学者、教师和社会各界的朋友。在使用本书的过程中,有好的意见和建议请您及时反馈过来(电话:0371-65033693　邮箱:709990215@qq.com)。对此,我将深表谢意。让我们携手同行、同心同德,共同完成立德树人的教材建设工作。